조선왕조실록을
보다

조선왕조실록을 보다 3

2판 1쇄 발행 2021년 1월 10일

지은이 박찬영 펴낸이 박찬영 편집 김지은, 이신애, 박일귀, 주유정 교정·교열 김지은, 안주영
그림 문수민 디자인 박경민, 박민정, 이재호, 류아름 마케팅 조병훈
발행처 (주)리베르스쿨 주소 서울특별시 성동구 왕십리로 58, 서울숲포휴 11층
등록번호 제2013-16호 전화 02-790-0587, 0588 팩스 02-790-0589 홈페이지 www.liber.site
커뮤니티 blog.naver.com/liber_book(블로그)
e-mail skyblue7410@hanmail.net ISBN 978-89-6582-283-7(세트), 978-89-6582-286-8(04910)

리베르(Liber 전원의 신)는 자유와 지성을 상징합니다.

조선왕조실록을 보다

3

숙종~순종

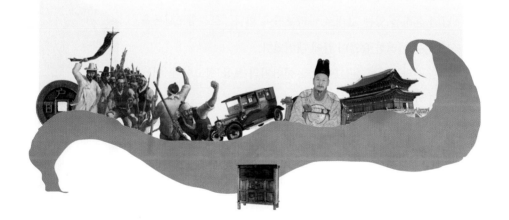

㈜리베르스쿨

머리말

'이미지 독서'와 스토리텔링으로 '역사 지능'을 높여라!

이 가을이 가도록 내내 가을앓이를 했다. 왕릉, 사당, 서원, 싸움터, 명승지 등 조선의 왕과 신하, 그리고 백성의 애환이 깃든 곳이라면 어디라도 마다치 않고 들렀다. 그들의 흔적이 가슴이 먹먹할 정도로 아름다울지는 미처 몰랐다. 그 아름다운 흔적들이 지금까지 읽은 획일적인 텍스트에 메타포를 부여하며 다시금 생생하게 이야기를 건네 온다. 신의 정원에 내리는 석양, 굳게 잠긴 사당에 잠들어 있는 영정들, 아련한 도시를 품은 천상의 성, 아름다워서 두려운 성, 침범할 수 없는 천연의 요새를 범한 가을 햇살, 세상 속까지 들여다보일 것 같은 맑은 물가, 그 물가에 연꽃처럼 떠서 노니는 도도한 정자. 아름답고 애련하다.

조선 왕조를 답사하며 문득문득 떠오른 생각. '내가 머문 텍스트는 겉핥기였구나.' 아름다움의 이면을 보지 못하면, 우리는 그 이면에서 벗어나지 못한다. 조선 왕조의 주역들, 그들이 남긴 흔적을 있는 그대로 바라보아야 한다.『조선왕조실록을 보다』는 이러한 속앓이 끝에 태어났다.

『조선왕조실록』은 그야말로 이야기의 보물 창고이다. 어느 시기 가릴 것 없이 모두 극적인 내용을 담고 있어 드라마와 소설의 소재로 반복해 등장하고 있다. 이성계, 정도전, 세종, 태종, 세조, 장희빈, 장녹수, 폐비 윤씨, 연산군, 광해군, 이순신, 인조, 정조 등 우리가 알고 있는 내용 중에 드라마나 영화로 제작되지 않은 소재가 드물 정도다.

그런데 조선 왕조를 다룬 드라마나 영화를 보고 난 후에도

제대로 된 내용이나 교훈이 머릿속에 남아 있는 경우는 그다지 많지 않다. 조선 왕조에 관한 흐름이 잡혀 있지 않기 때문이다. 드라마나 영화를 더 잘 감상하기 위해서라도, 아니 세상을 더 잘 알기 위해서라도 『조선왕조실록』을 제대로 이해할 필요가 있다.

이뿐만이 아니다. 논쟁이나 대화를 할 때 상대방을 올바른 방향으로 설득하기 위해서라도 역사적 배경과 사실을 알아 두면 좋다. 역사적 사실을 논거로 제시하면 주장의 신뢰도를 높일 수 있기 때문이다.

"젊어서는 『수호지』를 읽지 말고, 늙어서는 『삼국지』를 읽지 말라."는 경구가 있다. 혈기 방장한 젊은 시절에 『수호지』를 읽으면 만용을 일삼을까 우려되고, 나이가 들어 『삼국지』를 읽으면 가뜩이나 경험이 많고 교활한데 더욱 교활해질까 봐 우려되기 때문일 것이다. 『조선왕조실록』은 『삼국지』를 넘어서는 처세의 교훈을 담고 있다. 『조선왕조실록을 보다』에서는 만용과 잔꾀를 넘어 용기와 지혜를 얻을 수 있도록 의미 있는 내용을 담는 데 유의했다.

조선 왕조를 돌아보면 여러 가지 착잡한 생각이 떠오른다. 가장 아쉬운 점은 집권 세력이 기득권에 집착하느라 폐습의 고리를 끊지 못했다는 것이다. 고려 권문세족의 부패를 제거하기 위해 신진 사대부 세력이 등장했지만, 이내 그들도 부패한 훈구 세력이 되었다. 또한 훈구 세력을 비판하며 등장한 사림도 기득권 세력이 되자 붕당을 형성해 당파의 이익을 추종했다. 조선 선비들은 실용적인 제도 구축에 힘쓰기보다는 검

증된 바 없는 유교 이론을 내세워 자신들만의 세상을 만들어 나갔다.

하지만 잘못된 길로 빠져든 실수마저도 과감히 드러낸 기록의 정신은 인류의 역사 어디에서도 찾아볼 수 없는 우리의 자산이다. 그 기록을 발판 삼아 세계의 흐름 속에서 우리가 나아갈 방향을 제대로 설정할 필요가 있다.

이를 위해 역사 속에서 찾아낸 교훈을 되새겨 보았다. 역사를 미사여구로 늘어놓기보다는 진짜 속살을 들여다보는 것이 필요하다. 나쁜 역사라도 들추어내 기억해야 하는 이유는 그런 실수를 다시는 반복하지 않기 위해서다. 영국 역사가인 토인비는 "역사를 모르는 민족은 기억 상실증에 걸린 사람과 같다."라고 말했다. 성리학에 갇혀 다른 세상을 보지 못한 조선은 어쩌면 기억 상실증에 걸린 나라였는지도 모른다.

『조선왕조실록을 보다』에서는 왕조사뿐만 아니라 생활사, 경제사, 사회사, 문화사도 함께 다루었다. 따라서 이 책을 읽다 보면 즐거운 상상을 넘어서 각종 시험 대비까지도 자연스럽게 해결할 수 있을 것이다.

『조선왕조실록』은 각종 한국사 시험의 배경지식이 되거나 직접적인 출제 대상이 되기도 한다. 『조선왕조실록을 보다』를 제대로 읽는다면, 한국사 교과서의 절반 이상은 이미 배경지식과 함께 공부한 셈이 될 것이다.

나열된 역사적 사실을 달달 외는 게 우리에게 무슨 의미가 있을지 고민한 적이 있다. 오히려 주입된 지식이 창의적 사고를 방해할 수도 있겠다고 생각했다. 이런 문제를 바로잡기 위

해서라도 역사의 이면을 읽는 작업을 게을리하지 않았다.

『조선왕조실록을 보다』는 기존의 난해한 실록 서술 구조에서 벗어나 내용을 쉽고 재미있게 구성했다. 너무 깊이 들어가 집중력을 흩뜨리거나, 너무 요약해 흐름을 제대로 파악하지 못하는 일이 없도록 유의했다. 또한 간혹 이야기가 어색하게 연결되는 기존 책의 구조를 앞뒤가 꼬리에 꼬리를 무는 스토리텔링 구조로 개선했다. 쉽게 와 닿는 소제목은 주제와 내용을 파악하는 데 도움을 줄 것이다.

'콘텐츠의 보물 창고'인『조선왕조실록』은 처세와 실용의 차원에서도 꼭 읽어 두어야 할 필독서이다. 역사는 흘러가도 그 흔적은 우리 주변에 남아 지난날을 증언하고 있다. 역사적 유물과 유적이 무엇을 말하고 있는지를 파악하는 것은 오늘을 사는 우리에게도 시사하는 바가 크다. 이런 점에서『조선왕조실록을 보다』는 내용과 어우러진 그림과 유물·유적 사진이 읽고 보는 재미를 높여 즐거운 상상을 할 수 있도록 도와줄 것이다. '이미지 독서'와 스토리텔링으로 조선 왕조사를 되살려 오늘을 반추할 수 있기를 기대한다.

역사가 흘러가듯, 기어이 찬란했던 가을빛도 간다. 가을빛에 담긴 애련한 아름다움을 탐하는 시간도 마냥 허락되지는 않았다. 역사 가을앓이는 그렇게 지나갔다. 겨울, 봄, 여름이 지나가면 가을빛이 또다시 세상을 반추할 것이다.

그리고 그렇게
세상은 계속된다.

지은이 씀

차례

16 숙종실록 | 환국 정치의 전개

숙종은 선대의 왕들과는 달리 당쟁의 소용돌이에 휘말리지 않으려고 안간힘을 썼어요. 왕권을 강화하기 위해 붕당 세력의 갈등을 오히려 정치적으로 역이용했지요. 숙종은 세 번에 걸쳐 정국이 급격하게 바뀌는 환국을 주도했어요. 남인과 서인에게 정국의 주도권을 번갈아 넘겨줌으로써 어느 한편에 권력이 쏠리지 못하도록 했지요. 하지만 신뢰가 기반이 된 정치 운영이 아니다 보니 왕의 뜻에 반하는 세력에게는 철저한 응징이 이어졌어요. 조정은 말 그대로 피비린내 나는 살육의 현장이었습니다. 이 와중에도 숙종은 나라의 경제와 군사를 재정비해 민생 안정과 국방력 강화에 힘썼어요. 한편, 안용복은 일본으로 건너가 울릉도와 독도가 조선 땅임을 확인하고 돌아왔지요.

- **1674년** 2차 예송 논쟁이 일어난 후 송시열이 파직되고 남인이 조정을 장악하다.
- **1680년** 허적의 유악 사건을 계기로 남인이 축출되고 서인이 실권을 잡은 경신환국이 일어나다.
- **1689년** 남인이 희빈 장씨의 아들을 세자로 추대하고 서인을 몰아낸 기사환국이 일어나다.
- **1694년** 갑술환국이 일어나 중전이 된 장씨와 남인의 세력이 약화되고 서인 소론계가 득세하다.
- **1712년** 청과 영토 분쟁을 겪은 후 국경선을 확정해 백두산정계비를 세우다.

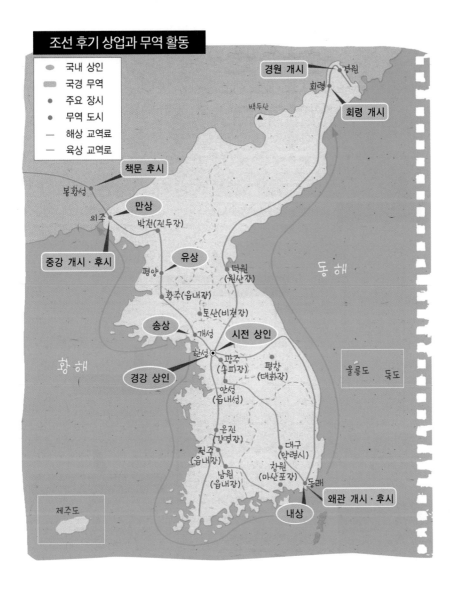

조선 후기 상업과 무역 활동

- 국내 상인
- 국경 무역
- 주요 장시
- 무역 도시
- 해상 교역료
- 육상 교역료

경원 개시
경원
회령
백두산
회령 개시
책문 후시
봉황성
만상
의주
박천(진두장)
중강 개시·후시
유상
평양
덕원(원산장)
황주(읍내장)
동해
토산(비현장)
송상
개성
시전 상인
한성
광주(송파장)
경강 상인
평창(대화장)
안성(읍내성)
황해
울릉도
독도
은진(강경장)
대구(약령시)
전주(읍내장)
창원(마산포장)
남원(읍내장)
동래
왜관 개시·후시
내상
제주도

1 환국 정치

숙종 때까지 이어진 예송, 서인을 내치면서 일단락되다

1674년(현종 15년) 8월 중순 들어 현종의 병세가 갈수록 심해졌어요. 결국 현종은 영의정 허적, 좌의정 김수항이 지켜보는 가운데 34세의 나이로 숨을 거두었지요. 현종의 뒤를 이어 세자(숙종)가 창덕궁 인정전에서 즉위했습니다.

숙종은 열네 살의 어린 나이에 즉위했지만 대비의 수렴청정도 받지 않고 바로 친정을 시작했어요. 숙종이 즉위하자 남인이 조정을 장악했습니다. 현종이 죽기 전에 예송(禮訟, 예절에 관한 논란)에서 서인이 아닌 남인의 손을 들어 주었기 때문이에요. 허적

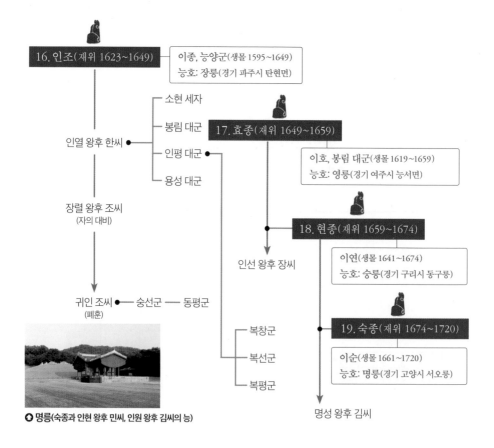

❂ **명릉**(숙종과 인현 왕후 민씨, 인원 왕후 김씨의 능)

을 영의정으로 임명하면서 본격적으로 남인이 집권당이 되어 정권을 장악했습니다.

현종이 죽었을 당시에도 인선 왕후의 상이 끝나지 않아 송시열을 비롯한 서인 세력은 여전히 예송 문제를 들고 나왔어요. 하지만 현종의 외아들인 숙종은 송시열이 사대부의 관점에서 효종과 현종의 정통성을 부정하려 했던 것에 대해 탐탁지 않게 생각하고 있었지요.

예전에 송시열을 비롯한 서인은 국왕도 사대부의 예법에 따라야 한다고 주장했습니다. 이에 따라 효종을 작은아들로, 효종비 인선 왕후를 작은며느리로 여겨 인선 왕후의 장례 때 시어머니인 자의 대비(장렬 왕후 조씨)가 상복을 9개월간 입어야 한다고 보았어요. 반면, 남인 측은 효종이 왕위 계승자이므로 장자로 대우해 일 년 상복을 입어야 한다고 주장했지요. 이에 현종은 남인의 손을 들어 주었어요.

숙종이 즉위한 해 9월 송시열에게 현종의 묘비문을 짓도록 맡

○ 창덕궁 애련정
(서울시 종로구)

숙종이 '애련(愛蓮)'이라는 이름을 붙인 정자다. 숙종은 「애련정기」에 "내가 연꽃을 사랑하는 이유는 더러운 곳에 처해도 맑고 깨끗하여 은연히 군자의 덕을 지녔기 때문이다."라고 이 정자의 이름을 지은 까닭을 밝혔다.

◐ 옥류천 소요암(서울시 종로구)

바위 아래쪽에 새겨진 '玉流川'이라는 글자는 인조의 친필이다. 그 위에는 옥류천 일대의 경치를 읊은 숙종의 시가 새겨져 있다.

◐ 창덕궁 옥류천(서울시 종로구)

창덕궁 후원 북쪽의 골짜기에 위치한 개울이다. 소요암이라는 커다란 바위를 깎아 내고 그 위에 홈을 판 후 물을 끌어 들어 작은 폭포를 만들었다. 조선의 왕들은 옥류천을 흐르는 물 위에 술잔을 띄우고 시를 지었다고 한다.

기면서 문제가 불거지기 시작했어요. 숙종의 결정에 반발한 진주 유생 곽세건이 상소를 올렸습니다.

"송시열에게 선왕의 묘지문을 짓게 하는 것은 실로 잘못된 일입니다. 송시열은 효종과 선왕께 죄를 지은 자인데, 어찌 죄인에게 함부로 붓을 잡게 하시나이까?"

발끈한 서인은 "곽세건을 국문해 멀리 귀양 보내야 한다."라고 주장했어요. 숙종은 허적의 의견에 따라 곽세건에게 과거를 보지 못하게 하는 선에서 사태를 마무리 지었지요. 현종의 묘비문은 결국 **김석주**(숙종의 생모인 명성 왕후 김씨의 사촌 동생)가 맡아 지었어요.

얼마 후, 송시열의 제자인 이단하가 지은 현종의 행장(行狀, 죽은 사람이 평생 살아온 일을 적은 글)이 또 문제가 되었습니다. 이단하는 스승 송시열을 보호하기 위해 문제가 된 복제 개정에 대해 두루뭉술하게 서술했거든요. 숙종은 "선왕 때 예를 그르친 대신들을 분명히 지목해 다시 쓰라."고 엄하게 명했습니다. 이단하는 눈물을 머금고 숙종의 명을 따랐어요. 이에 따라 예를 그르친 송시열의 죄가 공식적으로 거론되었지요.

1674년 12월 13일 현종의 장례가 끝나자 남인 측은 송시열을 본격적으로 탄핵했고, 숙종은 그날 바로 송시열을 파직했어요. 남인이 파직 정도에 만족하지 않자, 숙종은 송시열을 웅천에 위리안치(圍籬安置, 유배된 죄인이 거처하는 집 둘레에 가시로 울타리를 치고 그 안에 가두어 두던 일)했지요.

송시열이 유배된 직후부터 남인 일부가 고묘(告廟), 즉 예를 바로잡는 일을 종묘에 고하자고 주장했어요. 고묘 주장이 끊임없

❍ 김석주(1634~1684)
숙종 초반에 활약한 문신이다. 1674년에 일어난 갑인예송 때 서인이면서도 남인과 결탁해 송시열, 김수항 등을 비판했다. 이후 남인 세력이 강화되었을 때는 다시 서인과 제휴해 남인을 견제했다.

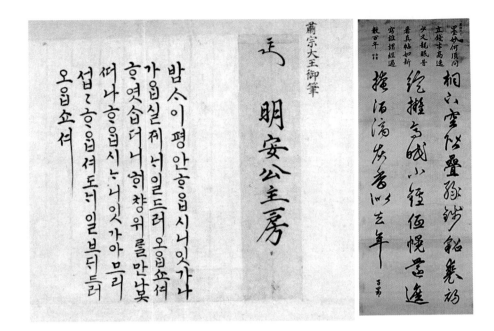

밤소이 평안호읍시니잇가

가읍실제 너일 드려 오읍쇼셔

호엿습더니 허챵위를 만낫놋

떠나 호읍시느니 잇가 아 모리

섭々호읍셔 도니 일브터 드러

오읍쇼셔

○ 숙종어필간찰
(왼쪽, 보물 제1220호, 강릉시
오죽헌·시립박물관)

숙종이 명안 공주의 집으로
보낸 어찰이다. 숙종은 누이
동생인 명안 공주를 지극히
사랑했다고 한다. 공주의 집
은 1,200간으로 짓는 것이
관례였지만 숙종이 1,826간
으로 지어 주려 해 논란이 일
었고, 결국 조정의 반대에 못
이겨 1,400간으로 줄이도록
했다.

○ 숙종어필판본
(보물 제1220호, 강릉시오죽헌
·시립박물관)

위의 글은 숙종이 직접 짓고
썼다. 촉체(蜀體)를 구사했던
숙종은 김좌명, 조태구, 오태
주 등과 함께 촉체의 대가로
손꼽힌다.

이 이어지자 송시열은 늘 생명의 위협을 느껴야만 했지요. 일부 남인은 고묘를 이용해 서인 세력을 완전히 제거하려고 했어요. 이로써 윤휴, 허목, 허적 등 남인이 조정을 확고하게 장악하게 되었습니다.

윤휴와 허목은 깨끗하다는 의미로 스스로 '청남(淸南)'이라고 불렀어요. 반면, 예송 논쟁에서 한 발을 뺀 채 서인 정권에서 벼슬한 허적, 민암 등은 '탁남(濁南)'이라고 불렸지요. 허목은 80세를 넘긴 고령이어서 젊은 윤휴가 청남 세력을 이끌었어요. 허적의 탁남 세력이 안정적인 정국 운영을 모색했다면, 윤휴의 청남 세력은 개혁적인 성향을 보였습니다. 중국에서 명의 장수 오삼계가 청과 손잡고 반란을 일으켰을 때도, 윤휴는 청이 종국에는 패퇴할 것으로 여겨 북벌을 주장했어요. 이를 위해 호패법을 시행해 양반에게도 군포를 징수했고, 오가작통법을 강화해 전국의 백성을 조직적으로 관리하고자 했지요.

남인 허적, 군용 천막 무단 사용으로 실각하다(경신환국)

서인과 남인이 극렬히 대립하던 숙종 때 세 차례의 환국(換局, 시국이 바뀜)이 일어났어요. 국왕의 외척이었던 김석주는 숙종이 환국을 주도할 수 있도록 국왕의 눈과 귀 역할을 했지요.

김석주는 서인이었지만 소수파에 속했어요. 서인의 주류는 송시열과 그의 제자들이었지요. 송시열은 산림에 물러나 있었지만, 조정에 나가지 않고도 정사에 영향을 끼치는 강력한 존재였어요. 김석주는 이런 송시열을 제거하고 서인 안에서 주도권을 잡으려 했지요.

이때, 서인의 주류를 견제하려는 국왕과 권력을 장악하려는 남인 세력, 그리고 외척 김석주 등의 이해관계가 서로 맞아떨어졌습니다. 숙종은 서인을 내치고 남인의 편을 들었지요. 이렇게 해서 인조반정 이후 50여 년간 권력의 주변부를 맴돌던 남인이 권력의 중심부를 차지했습니다. 남인의 영수 **허적**이 이미 영의정 자리를 차지하고 있었고, 승지였던 김석주는 숙종 6년에 병조 판서가 되었지요.

하지만 남인의 세상은 그리 오래가지 않았습니다. 남인의 권세가 강해지자 숙종은 이제 남인을 견제하기 위해 고심했어요. 이때 사소한 사건을 계기로 남인이 축출되고 서인이 집권하는 경신환국이 벌어졌습니다.

○ 허적(1610~1680)
제2차 예송에서 서인에 맞서 기년설을 주장했고, 이 주장이 받아들여지면서 영의정에 올랐다. 송시열의 처벌 문제로 남인이 청남과 탁남으로 분열되었을 때, 탁남의 영수가 되기도 했다. 남인이지만 서인 송시열과 가까이 지냈다.

1680년 3월 허적은 조부 허잠이 시호(諡號, 왕이나 신하가 죽은 후 공덕을 칭송하여 붙인 이름)를 받은 것을 기념해 성대하게 잔치를 벌였어요. 하필 그날 비가 내리자 허적은 궁궐의 유악(油幄, 기름 먹인 천막)을 가져다 썼습니다. 그런데 예기치 않은 변수가 발생했어요. 숙종이 "비가 오니 영의정 허적에게 특별히 유악을 내어 주라."고 지시한 것이지요.

이미 허적이 유악을 가져갔다는 사실을 보고받은 숙종은 크게 화를 냈어요. 유악은 나라의 군수 물자여서 개인적으로 사용할 수 없었기 때문이었지요. 유악이 필요한 경우에는 왕의 허락을 받아야 사용할 수 있었어요. 하지만 군권과 조정을 장악하고 있던 남인이 허적의 권세를 믿고 왕에게 보고도 하지 않은 채 유악을 내주었던 것이지요. 이것이 '허적의 유악 사건'입니다.

숙종은 유악 사건에 대한 첫 조처로 남인이 차지하고 있던 병권을 서인에게 넘겨주었습니다. 훈련대장에는 자신의 장인인 김만기를, 총융사에는 신여철을 임명했어요. 또한 남인의 미움을 받아 철원에 귀양 가 있던 김수항을 영의정에 앉히고, 도승지에 남구만을 임명했지요. 어영대장은 병조 판서인 김석주가 맡고 있었으므로 그대로 자리에 머물게 했습니다.

김석주가 숙종의 마음을 읽은 것일까요? 인사이동이 있은 지 얼마 되지 않아 이른바 '삼복의 변'이 일어납니다. 김석주의 사주를 받은 정원로가 "허적의 서자인 허견이 효종의 동생인 인평 대군의 세 아들(삼복, 즉 복창군, 복선군, 복평군), 특히 복선군과 결탁해 역모를 꾸미고 있습니다."라고 고변하였어요. 정원로의 고변 내용은 다음과 같습니다.

"허견과 삼복 형제들은 숙종이 자주 병을 앓을 것으로 보고 왕위를 넘겨다보았고, 도체찰사부 소속 이천 둔군(屯軍, 군대를 주둔시키거나 또는 그 군대)에게 여러 차례 군사 훈련을 시켰다."

도체찰사부의 둔군을 개인적으로 움직인 것은 왕권에 도전하는 행위로 간주할 수 있었어요. 남인이 북벌론을 내세우며 만든 도체찰사부는 영의정을 도체찰사로 하는 전시 사령부인데, 숙종은 영의정 허적을 견제하기 위해 부체찰사로 김석주를 임명해 놓은 상태였지요.

주모자인 복선군과 허견은 사형에 처해졌고, 복창군은 사사되었으며, 복평군은 유배되었습니다. 남인의 두 핵심 인물인 허적과 윤휴도 연이어 사사되었어요. 이로써 '삼복의 변'이 일어난 지석 달도 채 되지 않아 남인의 주요 인물이 대부분 제거되었습니다. 아이러니하게 고변자 정원로도 역모자로 지목되어 처형당했지요.

○ **박세채(1631~1695)**
윤증과 달리 벼슬길에 올랐다. 1694년(숙종 20) 이후에는 우의정과 좌의정을 두루 거쳤다. 윤증을 직접 찾아가 함께 국사를 논할 것을 청하기도 했지만 끝내 거절당했다.

서인이 노론과 소론으로 나뉘다

숙종은 '삼복의 변'을 계기로 주요 관직을 서인으로 교체했고, 서인의 영수 송시열을 불러들여 최상의 예우를 베풀었어요. 송시열에게는 남인을 몰아낸 김석주가 은인이나 다름없었습니다. 송시열은 그동안 남인의 끊임없는 상소로 언제 죽을지 모르는 사형수처럼 유배 생활을 해야 했거든요. 김석주도 숙종과 송시열 모두에게 예우를 받으며 최강의 권력자로 부상했지요.

이즈음 사림에서 **박세채**가 영수로 떠오르며 신진 세력을 형성했는데, 이들을 '소론(少論)'이라고 합니다. 중신 남구만과 재

◆ 윤증(1629~1714)
노론의 영수인 송시열과 대립했다. 특히 윤증이 송시열에게 쓴 편지인 신유의서를 통해 둘의 불화가 깊었다는 사실을 알 수 있다.

◆ 논산 명재 고택(충남 논산시)
윤증의 옛집은 조선 시대 중부 지방의 전형적인 양반 가옥을 보여 준다. 'TT'자형을 이루고 있는 안채의 남쪽에 행랑채가 위치하고 있어, 전체 구조는 'ㅁ'자 모양을 하고 있다. 안채 앞에 위치한 사랑채에는 행랑채나 대문이 없고 전면이 개방되어 있다. 줄지어 놓은 장독대에서 우리나라 살림집의 정겨운 분위기를 느낄 수 있다.

야에 있던 **윤증**도 소론의 입장에 섰어요. 반면, 김수항과 김만기 등 송시열을 따르는 노장 세력은 '노론(老論)'으로 불렸지요.

윤증은 자신을 찾아온 박세채에게 자신이 조정에 나아갈 수 없는 세 가지 이유를 밝혔어요. "첫째, 남인의 원한을 화평하게 할 수 없고, 둘째, 김석주, 김만기 등 외척의 위세를 저지할 수 없고, 셋째, 송시열의 세도를 변화시킬 수 없기 때문이오."

윤증은 낙향한 후 죽는 날까지 벼슬자리에 오르지 않았지만 노론과 소론 간 논쟁의 중심에 있었습니다. 윤증은 아버지의 뜻에 따라 송시열 문하에서 공부했어요. 하지만 송시열 주변의 인물들이 자신의 아버지를 비난하는 말을 듣게 되었지요. "윤증의 아비 윤선거는 병자호란 때 강화도가 함락되자 구차하게 목숨을 부지했다."

이 말에 화가 난 윤증은 "송시열은 대의를 내세웠지만 실제로 거둔 것은 없고 세력만 확대했다."라며 스승을 공격했어요.

이후 송시열과 윤증은 편지를 주고받으며 치열한 논쟁을 벌였습니다. 이 과정에서 노론은 송시열을 중심으로 결집해 대의명분을 존중하고 민생 안정을 강조했어요. 반면, 소론은 윤증을 중심으로 결집해 실리를 중시하고 적극적인 북방 개척을 주장했지요.

희빈 장씨, 남인의 지지로 중전이 되다(기사환국)

숙종의 정비인 인경 왕후는 아들 없이 20세의 꽃다운 나이에 세상을 떠났어요. 이후 숙종은 민유중의 딸(인현 왕후)을 계비로 맞아들였지요. 같은 시기에 숙종은 나인 장씨를 특별히 총애했어요. 이를 못마땅하게 여긴 숙종의 생모 명성 왕후가 장씨를 궁궐에서 내쫓았지만 숙종의 총애는 변함이 없었어요. 명성 왕후가 죽은 후 인현 왕후는 "성상의 은혜를 입은 여인을 사가에 둘 수

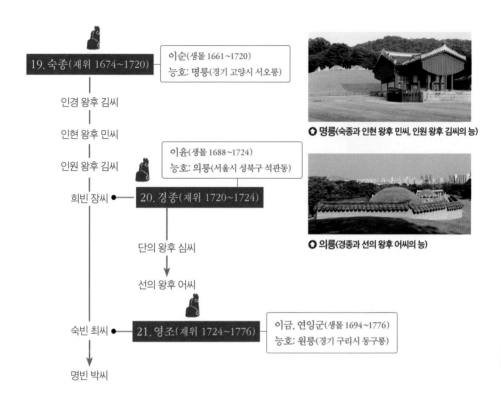

19. 숙종(재위 1674~1720)

이순(생몰 1661~1720)
능호: 명릉(경기 고양시 서오릉)

인경 왕후 김씨

인현 왕후 민씨

인원 왕후 김씨

이윤(생몰 1688~1724)
능호: 의릉(서울시 성북구 석관동)

희빈 장씨 ● 20. 경종(재위 1720~1724)

단의 왕후 심씨

선의 왕후 어씨

숙빈 최씨 ● 21. 영조(재위 1724~1776)

이금, 연잉군(생몰 1694~1776)
능호: 원릉(경기 구리시 동구릉)

명빈 박씨

○ 명릉(숙종과 인현 왕후 민씨, 인원 왕후 김씨의 능)

○ 의릉(경종과 선의 왕후 어씨의 능)

없으니 불러들이시옵소서."라고 청했고 자의 대비도 이에 동의
했어요. 숙종은 못 이기는 척 장씨를 다시 궁으로 불러들였지요.

　인현 왕후는 장씨를 다시 불러들이기는 했지만 장씨가 숙종의
총애를 믿고 방자하게 굴자 더 이상 참을 수가 없었습니다. 화가
난 인현 왕후는 장씨를 불러 종아리를 때리기도 했지요. 현실을
직시한 장씨는 궁 안에 자기 편이 되어 줄 사람을 찾기 시작했습
니다. 의지할 데 없던 자의 대비의 마음을 사기 위해 온갖 노력을
다했고, 자의 대비의 동생 조사석을 통해 남인의 지지를 이끌어
냈어요. 장씨와 조사석을 연결해 준 사람은 장씨의 어머니였습니
다. 조사석과 장씨의 어머니는 한때 내연 관계였기 때문에 장씨
가 조사석의 딸이라는 소문도 들렸지요.

○ 김만중(1637~1692)
문신이자 소설가인 김만중은 형 김만기와 함께 송시열의 추종자였다. 김만중은 『구운몽』, 『사씨남정기』 등의 작품을 남겼다. 장희빈의 음해로 인현 왕후가 폐위된 사건을 빗대어 지은 『사씨남정기』는 가정 소설의 시초가 된 작품이다. '유연수는 사씨가 후사를 보지 못하자 교씨를 첩으로 맞고, 사씨는 교씨의 중상모략으로 집에서 쫓겨난다.'라는 내용으로 구성되어 있다.

장씨는 자신을 지원해 준 인조의 서자 승선군과 그의 아들 동평군 이항에게도 공을 들였어요. 동평군을 끌어들인 사람은 장씨의 오빠 장희재였습니다. 동평군은 왕실 종친이었지만 이례적으로 선혜청 제조를 맡고 있어서 궁중을 자유롭게 출입할 수 있었어요. 장희재는 바로 그 점을 이용하기 위해 동평군에게 접근했지요.

나인 장씨는 숙원을 거쳐 소의에 올랐어요. 소의 장씨는 마침내 왕자를 출산했습니다. 하지만 인현 왕후는 혼인한 지 8년이 되도록 아들을 얻지 못했어요. 대를 이을 후사가 없어 고민하던 숙종은 스물여덟에 왕자를 얻게 되자 더없이 기뻤습니다. 숙종은 이듬해 1월 왕자 윤을 인현 왕후의 양자로 들여 원자로 삼으려 했어요.

영의정 김수흥을 비롯한 서인 노론계는 이에 강력하게 반대했습니다. "왕과 왕비가 아직 젊어 왕자를 충분히 생산할 수 있는데 태어난 지 두 달밖에 안 된 후궁 소생을 원자로 정하는 것은 부당합니다." 숙종은 "나라가 위태로워 종사의 큰일을 늦출 수 없다."라며 노론의 반대를 물리치고 왕자 윤이 원자가 되었음을 종묘사직(宗廟社稷, 왕실과 나라를 통틀어 이르는 말)에 고했어요. 소의 장씨는 희빈으로 격상했지요.

서인이 윤의 원자 책봉을 반대한 근본적인 이유는 희빈 장씨가 남인과 가까웠기 때문입니다. 서인의 영수 송시열은 "그런 전례는 중국에도 없었나이다."라며 후궁 소생의 왕자 윤을 원자로 확정한 것에 정면으로 반대했지요. 숙종은 "이미 종묘사직에 고했는데도 반대 상소를 하는 것은 왕을 능멸하는 처사다."라며 크게 화를 냈어요. 숙종은 그날 바로 송시열의 관직을 삭탈하고 외지로 쫓아 버렸습니다. 노론인 이이명, 김수항, **김만중** 등도 반대하다가 유배형에 처해졌어요.

다시 권력을 잡은 남인은 송시열과 **김수항** 제거에 나섰어요. 김수항은 사사되기 직전에 자식들에게 다음과 같은 말을 남겼다고 합니다. "나를 경계 삼아 현관과 요직을 멀리해 몸을 복되게 하고 가정을 지킨다면 더없이 다행이겠다." 권력의 중심에 서 있는 사람은 늘 목숨을 담보로 해야 한다는 사실을 일깨워 주는 말이지요.

어느 날, 숙종이 대신들에게 다음과 같은 인현 왕후의 말을 전했어요. "꿈에 선왕이 나타나 '숙원에게 아들이 없을 것이다.'라고 말했나이다." 이어 숙종은 "하지만 중전의 말과는 달리 원자가 탄생했다. 선왕까지 거론하며 투기한 예는 일찍이 없었다."라

○ **노강 서원(충남 논산시)**
1675년(숙종 원년)에 김수항이 창건을 발의해 지은 서원이다. 이곳에서는 윤황·윤문거·윤선거·윤증 등 4인을 배향하고 있다.

며 노론 출신의 중전을 내칠 뜻을 비쳤습니다. 오두인, 박태보 등 86명이 반대 상소를 올렸어요. 화가 난 숙종은 오두인과 박태보에게 참혹한 고문을 명했고, 이들은 후유증으로 유배 길에서 죽음을 맞았지요.

숙종은 인현 왕후 민씨를 서인으로 폐출해 사가로 내보낸 후 희빈 장씨를 왕비로 책봉했습니다. 중전을 바꾼 숙종은 남인의 뜻대로 80세가 넘은 서인의 영수 송시열을 사사했어요. 이듬해인 1690년(숙종 16년) 원자 윤이 세자에 책봉되었습니다. 후궁 소생의 왕자를 세자로 책봉하는 과정에서 서인이 축출되고 남인이 재집권한 이 사건을 '기사환국'이라고 합니다.

○ 암서재(충북 괴산군)
금사담 물가의 큰 반석 위에 있는 서재이다. 정계에서 은퇴한 송시열이 학문을 닦고 제자들을 가르치던 곳으로 알려져 있다.

소론, 숙빈 최씨를 내세워 갑술환국을 일으키다

기사환국처럼 갑술환국도 궁중의 문제와 연결되어 일어났습니다. 1693년(숙종 19년) 숙원 최씨(훗날 숙빈 최씨)가 총애를 받기 시작하면서 장씨의 입지가 좁아졌습니다. 야사에서는 최씨가 폐비인 인현 왕후 밑에서 허드렛일을 하던 무수리였다고 전하지요. 우연히 숙종은 폐비에게 정성을 다하는 최씨를 충직한 여인으로 눈여겨보게 되었어요. 이는 인현 왕후에 대한 그리움이 남아 있었다는 것을 의미할 수 있겠지요.

　노론의 김춘택과 소론의 한중혁 등이 폐비 민씨의 복위 운동을 전개했어요. 그러자 남인의 실력자 민암이 인현 왕후 복위 운

○ **남간정사(대전시 동구)**
1683년(숙종 9)에 송시열이 능인암 아래에 지은 건물이다. 정사(精舍)는 성균관·향교·서원과 같은 일종의 교육 기관이었다.

동의 주동자들을 잡아들여 심문했고, 그 사실을 숙종에게 보고했지요.

폐비 사건 이후 숙종은 중전 장씨보다 숙빈 최씨에게 빠져 있었어요. 숙종은 중전 장씨와 남인의 힘이 지나치게 커지는 것을 탐탁지 않게 여겼고, 인현 왕후 민씨를 폐위한 것을 후회하기까지 했습니다.

이런 상황에서 서인이 인현 왕후 복위 운동을 도모하고 있다는 보고를 받자, 숙종은 오히려 서인을 제거하려던 남인을 축출하기 시작했어요. 기사환국 당시 국문을 주관한 민암을 귀양 보내고, 훈련청 대장에 소론인 신여철을, 어영청 대장에도 역시 소론인 윤지완을 등용했지요.

숙종의 의도를 파악한 소론은 본격적으로 정권 재탈환 작전을 전개했습니다. 한중혁은 집권 남인 측의 막후 실력자인 장씨의 친동생 장희재와 동평군 이항에게 뇌물을 주고 "폐비 민씨를 복위시키되 별궁에 거처하도록 하겠다."라며 타협책을 제시했어요. 이는 남인과의 정면충돌을 피하고 동시에 세력을 잃은 노론과 소론의 정계 진출을 꾀하는 시도였지요.

○ 남구만(1629~1711)
1698년(숙종 13)에 영의정이 되었으나 불과 2년 만에 기사환국으로 남인이 득세하면서 강릉에 유배되었다. 이후에도 시국의 변화에 따라 부침을 거듭하다 1707년(숙종 33)에 관직에서 완전히 물러나 기로소(耆老所)에 들어갔다.

한편, 소론은 기사환국 이후 왕의 사랑을 받게 된 숙빈 최씨와도 손을 잡았어요. 소론의 사주를 받은 숙빈 최씨는 숙종에게 "중전 장씨가 저를 질시해 괴롭히고 있나이다. 민암, 이의징 등 남인은 소론 측이 폐비(인현 왕후)에게 동정적이라는 이유로 소론을 제거하려 하고 있나이다."라며 남인을 헐뜯었어요.

최씨의 말을 들은 숙종은 남인을 더 이상 신뢰하지 않았습니다. 숙종은 태도를 갑자기 바꾸어 남인인 민암, 이의징 등을 유배 보내 사사하고, 중전 장씨를 빈으로 강등했어요. 이 사건으로 남인이 대거 축출되고 **남구만**이 영의정에, 박세채가 좌의정에, 윤지완이 우의정에 임명되었습니다. 이어 소론이 집권하고 폐비 민씨가 복위되었지요.

노론, '무고의 옥'으로 조정의 주도권을 잡다

1689년(숙종 15년) 인현 왕후가 폐위되고 희빈 장씨가 왕비가 되었으나, 5년 후인 1694년(숙종 20년) 폐서인된 인현 왕후가 복위되고 장씨는 다시 희빈으로 강등되었습니다.

이때 희빈 장씨의 오빠 장희재가 희빈에게 보낸 편지가 발각되었는데, 편지에는 인현 왕후를 음해하려는 계획이 적혀 있었어요. 조정에서는 장희재를 죽여야 한다는 여론이 일었지만, 소론인 남구만은 장희재가 세자의 친척이라는 이유를 들며 적극적으로 변호해 무마되었지요. 소론은 희빈 장씨의 소생인 세자를 지지했기 때문에 세자에게 미칠 영향을 고려했던 것입니다.

권력을 둘러싼 궁중의 갈등은 인현 왕후 복위 7년 후 비극적으로 종결됩니다. 1701년(숙종 27년) 인현 왕후가 죽은 후 취선당 서쪽 신당에서 희빈 장씨가 인현 왕후의 죽음을 기원하고 자신의 복위를 기도한 사실이 발각되었어요.

인현 왕후는 친정 식구인 민진후 형제에게 "지금 내 병의 증세가 아주 이상한데, 사람들은 모두 반드시 빌미가 있다고 말했다."라고 전했어요. 여기서 '빌미'란 희빈 장씨의 저주로 병에 걸렸다는 뜻이었지요. 숙빈 최씨는 숙종에게 몰래 그간의 일을 고했어요. "희빈 장씨가 날마다 저주를 해 대니 중전마마의 몸이 성하셨겠습니까?"

실제로 인현 왕후가 죽었기 때문에 신당 문제는 정치적인 문제로 확대되었습니다. 이때도 소론 측의 남구만은 세자를 위해 희빈 장씨를 용서해 줄 것을 요청했어요. 하지만 숙종은 이 말을 무시하고 희빈 장씨를 사사했습니다. 희빈의 오빠 장희재와 무속인 등은 국문한 후 죽였지요.

남구만은 자리에서 물러난 후 낙향해 전원에서 풍류를 즐기며 지냈습니다. 이때 남구만은 그 유명한 「권농가」를 남겼어요. 아래 시조에서 '동창'은 숙종, '노고지리'는 조정 대신, '소'는 백성, '아이'는 목민관으로 보기도 합니다.

동창이 밝았느냐 노고지리 우지진다
소 치는 아이는 상기 아니 일었느냐
재 너머 사래 긴 밭을 언제 갈려 하나니

○ 무령(국립중앙박물관)
무당이 굿을 하거나 점을 칠 때 손에 들고 흔드는 방울이다. 무당은 잡귀를 쫓고 신령을 부르기 위해 무령을 흔든다고 한다.

인현 왕후 저주 사건에서 비롯된 '무고의 옥'으로 소론 세력은 약해지고 노론이 조정의 주도권을 잡았습니다. 이후 세자 지지 문제를 놓고 노론과 소론의 대립이 거세었지만, 점차 대등한 세력을 형성하게 되었어요.

● 「무녀신무」(간송미술관)

무당이 갓을 쓰고 굿을 하는 장면을 묘사한 신윤복의 작품이다. 무속 신앙에서는 무당이 굿을 벌여 귀신에게 빌면 인간의 길흉화복을 조절
할 수 있다고 믿는다. 희빈 장씨는 이러한 무속 신앙에 따라 자신의 복위와 인현 왕후의 죽음을 기원했다.

● 대빈묘(경기 고양시)

희빈 장씨의 묘이다. 희빈 장씨는 조선 역사상 유일하게 궁녀의 신분에서 왕비 자리까지 오른 인물이다. 그녀는 권력을 잡기 위해 온갖 모
략을 꾸미고 암투를 벌였다. 희빈 장씨의 극적인 인생은 수많은 작품의 소재가 되기도 했다.

재위 46년 숙종의 치적과 한계

46년에 걸친 긴 치세 동안 숙종은 많은 업적을 남겼습니다. 우선 대동법을 경상도와 황해도까지 확대한 것을 들 수 있어요. 또한 강원도와 삼남 지방에 양전 사업을 시행해 서북 지역의 일부를 빼고는 전국의 토지를 측량했지요.

1678년(숙종 4년) 1월부터 숙종은 **상평통보**를 유일한 공식 화폐로 채택해 보급하기 시작했습니다. 상평통보는 인조 때 상평청에서 주조했지만 청의 침략으로 제대로 보급되지 않았어요. 시장에서는 한동안 현물만이 유일한 교환 수단으로 사용되었지요. 그러다가 숙종의 화폐 정책으로 상평통보가 활발하게 유통되면서 조선 후기의 경제와 상업 발달에 크게 이바지했습니다. 이후 상평통보는 1894년 고종이 주조 중단 명령을 내리기까지 널리 유통되었어요.

인조 때는 군사 기관인 어영청(한성 수비), 총융청(북한산성 방어), 수어청(남한산성 방어)이 설치되었는데, 숙종 때는 금위영(궁궐 수비)이 추가되어 훈련도감과 함께 5군영 체제가 갖추어졌습니다. 이로써 임진왜란 때 훈련도감이 창설된 이후 추진된 군제 개편이 완료되었지요.

숙종의 향촌 정책 가운데 가장 두드러진 것은 오가작통법의 강화였습니다. '오가작통'은 말 그대로 다섯 가구를 하나의 통으로 묶는 마을 조직입니다. 세종 때 오가작통법이 건의되었지만 논의에 그쳤고, 이후에도 유민 방지, 부역과 조세 확보를 위해 오가작통법을 꾸준히 시도했지만 실효를 거두지는 못했어요. 마을 개념이 이미 굳어져 있었으므

○ 상평통보

상평통보는 17세기 말에 전국적으로 유통되었다. 18세기 후반부터는 조세와 지대의 금납화가 진행되어 세금과 소작료도 동전으로 냈다. 이에 따라 동전은 쌀이나 베 등 현물 화폐를 제치고 일차적인 유통 수단이 되었다.

로 오가작통이 주민의 착취와 감시를 위한 조직으로 인식되었던 것이지요. 숙종 때 비로소 북벌을 추진한 남인의 거두 윤휴의 건의로 1675년 '오가통사목'이 제정됨으로써 오가작통법이 전국적으로 시행되었어요. 하지만 이 시기에도 백성들 사이에서는 오가작통에 대한 부정적 인식이 강해 잘 지켜지지 않았어요.

숙종은 말년에 **북한산성**을 쌓도록 지시했어요. 병자호란을 거치며 남한산성과 강화도가 외적 방어에 불안정하다고 여긴 것이었지요. 이에 대신들은 "북한산성은 도성과 유기적으로 연결되어 있지 않고 오래 머물 수도 없나이다."라며 반대했어요. 그럼에도 숙종은 험한 바위가 북한산성을 겹겹이 지켜 줄 것이라고 판단해 공사를 강행했습니다. 하지만 북한산성은 실제로 한 번도 사용하지 않은 성이 되고 말았지요.

안용복, 울릉도와 독도가 조선 땅임을 확인하다

1693년(숙종 19년) 봄, 울산 어부 40여 명이 울릉도에 갔다가 일본 어부들과 마주친 일이 있었습니다. 수적으로 우세한 일본 어부들은 동래 수군 출신의 어부 안용복과 박어둔을 잡아갔어요. 이때 안용복은 돗토리현 태수와 담판을 벌여 울릉도와 자산도(**독도**)가 조선 영토임을 인정하는 문서를 받아 냈어요. 하지만 대마도에서 문서를 빼앗겼고, 강제 구금되어 있다가 그해 겨울 조선으로 돌아왔습니다. 안용복과 함께 온 대마도 사신 귤진중은 "조선 어부 40여 명이 죽도에 들어와 고기잡이를 했는데, 앞으로 그런 일이 없도록 해 주십시오."라고 조선 정부에 요청했어요.

귤진중이 이같이 억지 주장을 한 것은 당시 일본이 울릉도와 독도에서 어로 작업을 하고 있었기 때문이에요. 울릉도는 512년(지증왕 13년) 신라에 복속되었다가 태종의 쇄환 정책으로 사실상 무인도로 방치되어 있었습니다.

광해군 시절 돗토리현의 한 일본인 어부가 울릉도로 표류해 왔다가 고기, 전복, 재목 등이 풍부하다는 것을 알게 되었어요. 이후 동업자와 함께 독점적으로 어로 활동을 하면서 울릉도가 일본 영토로까지 인식되었지요.

당시 갑술환국으로 서인 정권이 들어서면서 영의정이 된 남구만은 일본 측에 단호하게 대응할 것을 주장했어요.

"삼척 부사를 보내 실태를 조사하게 하고 필요하면 진을 설치해 방어해야 합니다."

돌아가는 상황을 주시하던 안용복은 자신의 주장에 동조하는 승려, 어부들과 함께 다시 울릉도로 향했어요. 이때도 일본 어부들이 어로 활동을 하고 있었지요. 안용복 일행은 솥단지를 걸어차며 이들을 몰아냈고, 도주하는 일본 어부들을 쫓아 일본으로

쇄환 정책(刷還政策)
왜구의 약탈로 말미암은 피해를 막기 위해 섬에 사는 주민들을 육지로 이동시켜 섬을 비우는 정책이다.

들어갔어요.

관리 복장으로 위장한 안용복은 태수를 만나 "지난번에 받아 간 문서를 빼앗겼소. 관백에게 상소해 죄상을 밝히겠소."라고 협박했습니다. 결국 안용복은 태수로부터 "나중에 침범하는 자가 있으면 엄중히 처벌하겠소."라는 확답을 받아 냈어요.

하지만 조선에 돌아온 안용복은 곧바로 서울로 압송되었어요. 정부의 허락도 없이 국경을 넘나들었고 관리의 옷을 입고 관리 행세를 했으니 그 죄가 죽어 마땅하다고 여겼던 것이지요. 다행히 안용복은 영의정 남구만의 도움으로 사형을 면하고 대신 귀양을 떠나게 되었어요.

안용복에게 죄가 있다면 나라가 하지 못한 일을 백성이 했다는 것이었어요. 안용복 사건을 계기로 조선 정부는 일본 막부와 울릉도 귀속 문제를 확정하고 울릉도 지도를 제작하는 등 울릉도 경영에 적극적인 자세를 보였습니다.

그 이후에도 일본 어민의 출입이 계속되자, 19세기 말 조선 정

○ **독도(경북 울릉군)**
동도(東島)와 서도(西島) 및 작은 섬들로 이루어져 있다. 독도 해역은 고등어, 전갱이, 미역 등이 풍부한 좋은 어장이다. 최근 중국 어선이 불법 조업을 일삼고 있어 어민들의 피해가 크다.

○ 백두산정계비
조선과 청의 국경선을 표시
한 비석이다. 백두산 정상이
아닌 해발 2,200m 지점에 세
워졌다. 1931년 만주 사변 당
시 일제가 철거했다.

부는 울릉도에 군을 설치하고 관리
를 파견해 독도까지 관할하게 했습
니다. 또한 주민의 울릉도 이주를 장
려했지요.

조선 후기의 실학자 이익은 안용
복을 높이 평가했어요.

"안용복은 뛰어난 영웅이다. 일개
미천한 병사로서 죽음을 무릅쓰고
나라를 위해 간사스러운 싹을 잘라
논란거리를 해결하고 한 고을의 땅을 되찾았다. 걸출한 자가 아
니면 해내기 어려운 일이 아닌가."

1712년 조선은 청과도 영토 분쟁을 겪었어요. 간도는 옛 고구
려와 발해의 영토였으나 발해 멸망 이후 여진족이 거주했습니
다. 청이 중국을 차지하자 만주 지역에 살던 여진족이 중국 본토
로 이동했어요. 만주에는 사람들이 살지 않았지만 청은 자신들
의 근거지였던 만주 지역에 조선인이 함부로 드나들지 못하게
했습니다. 그런데 몇몇 조선인이 두만강을 건너가 인삼을 재배
하거나 사냥을 하는 바람에 청과의 국경 분쟁이 자주 일어났어
요. 이에 숙종 때 조선과 청의 관리들이 백두산 일대를 답사하고
서쪽으로는 압록강, 동쪽으로는 토문강을 경계로 국경선을 확정
해 1712년 **백두산정계비**를 세웠습니다. 이후 대한 제국 때에는
토문강의 위치에 관한 양국의 의견이 갈라져 간도의 영유권 문
제가 발생했습니다.

공물을 쌀이나 동전으로 내는 대동법이 전국적으로 시행되다

광해군 즉위년에 경기도 지역에 시범적으로 시행된 대동법은 숙종 연간에 이르러서야 전국적으로 시행되었습니다. 기득권을 지닌 양반 지주층이 격렬하게 반대해서 거의 100년이나 걸리고 말았지요.

대동법이란 임금에게 바치는 특산물(공물)을 쌀이나 동전으로 대신 내도록 한 조세 제도입니다. 대동법의 시행으로 조선 후기에는 상품 화폐 경제가 발달했습니다.

대동법이 시행되기 이전에 조정은 필요한 물품을 각 지방에 배정해 공납하도록 했습니다. 국가가 일 년 치 수요품을 결정한 후 각 지역의 관청에 배정하고, 지역 관청은 농민에게 지역 특산물을 거두어들여 중앙 관청에 보냈지요.

문제는 그 지역에서 생산되지 않는 것도 요구하는 경우였습니다. 내륙 지역에서 소금을, 바닷가에서 버섯을, 섬에서 인삼을 찾는 식이었지요. 또한 거두어들이는 수량이나 횟수도 제각각이었어요. 벼농사를 짓는 대다수 농민에게는 과중한 부담이 아닐 수 없었습니다.

그래서 방납(防納, 납부를 방해한다는 의미를 지님)이 성행하게 되었어요. 방납이란 농민이 아전이나 상인에게 웃돈을 주고 특산물을 사서 관청에 바치는 것을 뜻합니다. 이 과정에서 엄청난 폭리가 취해졌어요. "공물은 손에 들고, 웃돈은 말에 실어 나른다."라는 말이 나올 정도였지요. 관리에게 물건을 직접 사서 바치면 공연히 트집을 잡아 번번이 퇴짜를 놓았는데, 이를 피하려면 울며 겨자 먹기 식으로 방납에 응할 수밖에 없었어요.

조세 부담이 커진 농민들은 결국 농토를 떠나야만 했습니다. 유랑하는 농민이 많아지자 걷히는 세금이 줄어들어 국가 재정도

○ 대동법이 확대 시행된 과정

1608년(광해군 즉위년) 이원익의 건의로 대동법이 경기도에서 처음 시범적으로 시행되었고, 1623년(인조 즉위년) 조익의 건의로 강원도에서 시행되었으며, 1651년(효종 2) 김육의 건의로 충청도에서, 1658년(효종 9) 전라도 일부에서 시행되었다. 1708년(숙종 34)에는 허적의 건의로 평안도와 함경도를 제외한 전국에서 시행되었다.

악화되었어요. 조정에서는 농민의 부담을 덜기 위해 대동법을 시행했지요.

공물을 쌀로 낼 수 없을 때는 삼베나 무명, 동전 등으로 내게 했어요. 쌀로 내는 세금을 전세라고 했으므로 대동법은 '공납의 전세화'라고 할 수 있습니다. 또한 세금을 돈으로도 낼 수 있었으므로 '조세의 금납화'라는 의미도 있지요.

납부 기준도 바꾸었어요. 이전에는 각 호마다 세금을 매겼지만, 대동법이 시행되면서 토지의 결수에 따라 세금을 매겼습니다. 덕분에 토지를 가지지 못하고 남의 땅을 부쳐 먹는 소작농이나 적은 땅을 경작하는 영세 자작농의 세금이 줄어들었어요. 반대로 양반 지주들은 많은 땅을 가지고 있었기 때문에 세금을 더 내야 했어요.

세금은 얼마나 냈을까요? 대동법에 따라 공납은 대체로 토지 1결당 쌀 12두를 냈습니다. 결은 토지의 생산력에 따라 면적이 다르지만 1결은 학교 운동장 넓이 정도이고, 1두는 500cc 맥주잔을 기준으로 12잔 정도예요.

대동법이 시행되면서 조정에서는 지역 특산물 대신 쌀, 포, 동전 등을 거두었으므로 필요한 특산물은 상인에게서 사들여야 했어요. 이때 등장한 상인을 '공인(貢人)'이라고 합니다. 공인은 공물에 대한 값을 관청에서 미리 받아 필요한 물품을 사들여 관청에 납품했어요. 대동법을 주관한 선혜청과 공인의 관계는 지금의 조달청과 조달 납부 업체와 유사하다고 보면 됩니다.

공인이 시장에서 많은 물품을 구매하자 상품의 수요가 증가했어요. 농민들도 대동세를 내기 위해 토산물을 시장에 내다 팔아 쌀이나 베, 돈을 마련했지요. 이처럼 물품의 수요와 공급이 증가하면서 조선에서는 상품 화폐 경제가 한층 발전하였어요.

공인이 취급하는 물품에는 수공업 제품도 있었습니다. 공인은 수공업자에게 미리 돈을 주고 제품을 만들게 했어요. 일종의 주문 제작 방식이었지요. 덕분에 수공업도 활기를 띠었어요.

공인은 나라 살림에 필요한 물건을 대신 구매했기 때문에 물품을 독점적으로 공급하는 이권을 누렸어요. 게다가 단번에 많은 물품을 거래하면서 거래 비용을 아낄 수 있었지요. 막대한 부

○ 대동법 시행 기념비
(왼쪽, 경기 평택시)
1659년(효종 10)에 세웠다. 김육이 죽자 백성들이 대동법 시행에 대한 고마움으로 앞다퉈 부조를 했으나 상주가 받지 않자 부조 대신 기념비를 세웠다.

○ 대동법 시행 기념비
탁본

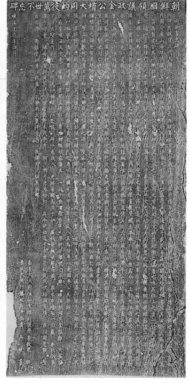

를 축적한 공인은 '도고'라고 하는 도매상이 되거나 막대한 자본금을 가진 자본가가 되었습니다.

상품 화폐 경제가 발전하자 신분 질서에 변화가 생겼습니다. 농민이나 상민이

○ 시장 상인의 모습
조선의 상인은 시장에 앉아서 파는 좌상(坐商)과 이리저리 돌아다니며 파는 행상(行商)으로 나뉘었다. 사진 속 좌상은 좌판 위에 가위, 인두, 빗, 손거울 등 가정용품을 벌여 놓고 손님을 기다리고 있다.

부를 얻거나 반대로 양반이 몰락해 소작농이 되기도 했지요. 같은 농민이라도 어떤 이는 많은 땅을 가진 지주가 되었지만, 어떤 이는 땅을 잃고 날품팔이가 되었어요. 전래 동화 「흥부와 놀부」에서 흥부와 놀부는 바로 이 시기의 계층 이동을 보여 주지요.

대동법이 농민들에게 도움을 주기는 했지만, 별공(別貢, 특수한 지역 특산물을 현물로 받던 세)은 여전히 남아 있었어요. 현물 징수로 말미암은 폐단이 완전히 사라진 것이 아니었지요. 악덕 지주가 소작인에게 대동세마저 전가하는 경우도 있었습니다. 이처럼 대동법은 토지 제도와 신분 제도까지 포함하는 전면적인 개혁이 아니었기 때문에 백성의 생활을 안정하는 근본적인 대책은 될 수 없었어요.

생각해 보세요

숙종이 붕당을 급격히 교체함으로써 어떤 결과가 초래되었나요?

숙종은 왕권 강화를 위해 고비마다 조정의 권세를 쥔 당파를 일거에 교체했어요. 정국이 급격하게 바뀌는 환국이 일어나면서 견제와 균형을 통한 상호 공존이라는 붕당 정치의 원칙이 무너지고 특정 붕당이 정권을 독점하는 일당 전제화의 경향을 띠게 되었지요. 게다가 정치적 변화가 궁중의 갈등과 맞물려 일어났고, 이 과정에서 국왕의 사사로운 감정까지 개입돼 국정의 혼란이 가중되었어요. 왕이 환국을 주도하면서 왕과 직결된 외척이나 종친의 정치적 비중이 커졌고, 당파의 이익을 대변했던 3사와 이조 전랑의 비중은 줄어들었어요. 권력이 고위 관리에게 집중되었기 때문에 자연히 비변사의 기능은 강화되었지요. 숙종은 인사 관리를 통해 붕당 간의 세력 균형을 유지하려는 탕평론을 제시했지만 실제로는 한 당파에 치우치는 인사 관리를 했습니다. 그 결과 붕당 간의 세력 균형이 무너지고 왕권 자체도 불안해졌어요. 이에 강력한 왕권을 토대로 붕당의 균형을 유지하려는 탕평론이 영조, 정조 대에 걸쳐 등장하게 되었지요.

숙종이 관원들에게 갖춰야 할 자세를 훈시한 문서

17 경종실록, 영조실록 |
탕평 정책 실시

어머니 희빈 장씨의 죽음 이후 병약해진 경종은 왕이 되어서도 시름 시름 앓았습니다. 결국 이복동생인 영조에게 왕위를 물려주고 세상을 떠났지요. 여전히 당쟁은 치열했지만 영조는 탕평책으로 당파 간의 세력 균형을 꾀하며 정국을 운영해 나갔어요. 극단적인 환국 정책이 아닌 탕평책에 동의하는 온건한 인물들을 등용하는 방식을 택했습니다. 또한 재야 산림을 정치권에서 배제했고, 붕당의 기원인 서원을 대폭 정리했으며, 탕평 의지를 내세우기 위해 탕평비도 세웠지요. 영조는 어느 정도 정국을 안정했지만 개인적으로는 매우 불행한 일을 겪었습니다. 자기 손으로 아들 사도 세자를 뒤주에 가두어 죽였지요. 역시 배후에는 권력을 둘러싼 암투가 도사리고 있었습니다. 이 사건을 계기로 조정은 사도 세자의 죽음을 당연시하는 벽파와 동정하는 시파로 또 한 번 분열했습니다.

- **1721년** 소론이 신축옥사로 실권을 잡고 다음 해 임인옥사를 일으켜 노론 세력을 축출하다.
- **1725년** 영조가 탕평 교서를 발표하고 노론 세력으로 정권을 구성한 을사처분을 단행하다.
- **1728년** 이인좌 등 소론 강경파가 경종 독살설을 제기하며 난을 일으키다.
- **1762년** 사도 세자가 뒤주에 갇혀 죽는 임오화변이 일어나고 벽파와 시파가 대립하다.

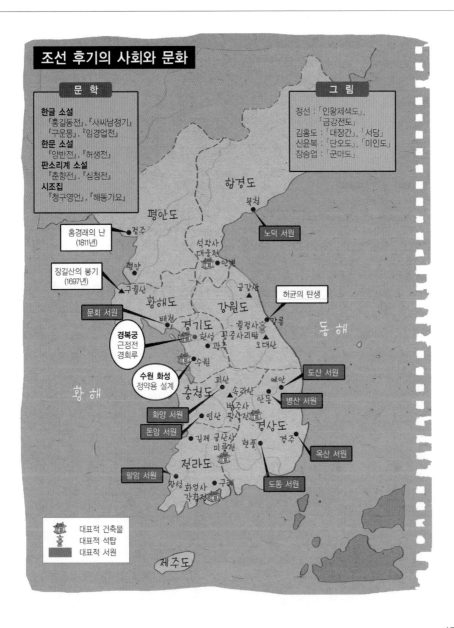

1 경종실록

장희빈의 아들 경종, 연잉군을 제치고 대리청정 끝에 왕이 되다

경종은 1688년(숙종 14년) 숙종과 희빈 장씨(장희빈) 사이에서 맏아들로 태어났습니다. 태어난 지 두어 달 만에 원자로 봉해졌고, 3세 때는 세자로 책봉되었어요. 희빈 장씨는 왕비로 책봉되었지요.

어머니 희빈 장씨가 숙종의 총애를 받던 시절, 세자는 주변으로부터 총명하다고 칭송받았고, 아버지 숙종의 극진한 배려 속에서 성장했어요. 하지만 시간이 흘러 숙빈 최씨가 숙종의 총애를 받고 이복동생인 연잉군(훗날 영조)을 낳자 상황이 180도 달라졌습니다. 숙종과 희빈 장씨의 관계는 멀어졌고, 세자 또한 숙종의 관심에서 멀어지기 시작했지요.

폐위되었던 인현 왕후가 갑술환국으로 복위하고, 한때 중전에 올랐던 희빈 장씨가 빈으로 강등되었어요. 왕세자 윤은 인현 왕후에게 인계되어 인현 왕후의 양자가 되었지요. 소론과 남인의

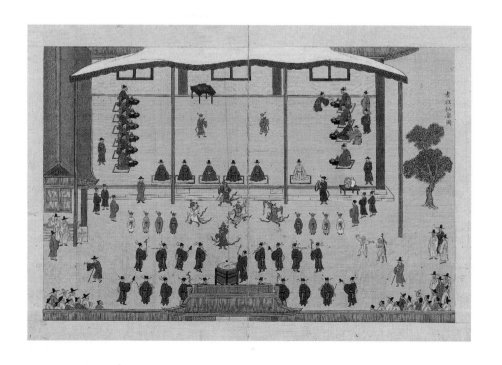

○ 『기해기사첩』
(국립중앙박물관)

숙종이 신하들에게 베푼 경로 잔치를 글과 그림으로 기록한 책이다. 숙종이 내린 글, 서문과 발문, 행사 장면을 그린 그림, 참석한 중신들의 초상과 그들이 직접 쓴 축시(祝詩) 등으로 구성되어 있다.

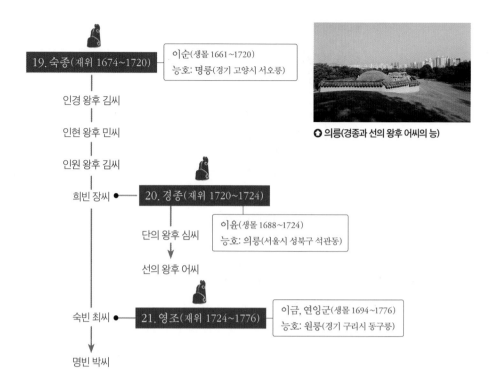

19. 숙종(재위 1674~1720)

이순(생몰 1661~1720)
능호: 명릉(경기 고양시 서오릉)

인경 왕후 김씨

인현 왕후 민씨

인원 왕후 김씨

희빈 장씨 ● 20. 경종(재위 1720~1724)

단의 왕후 심씨

이윤(생몰 1688~1724)
능호: 의릉(서울시 성북구 석관동)

선의 왕후 어씨

숙빈 최씨 ● 21. 영조(재위 1724~1776)

이금, 연잉군(생몰 1694~1776)
능호: 원릉(경기 구리시 동구릉)

명빈 박씨

❂ 의릉(경종과 선의 왕후 어씨의 능)

지지를 받던 희빈 장씨는 인현 왕후를 저주했다는 죄로 쫓겨나 사사되고 말았어요. 세자는 숙종의 미움을 받아 우울증까지 앓았다고 합니다.

1717년(숙종 43년) 7월 숙종은 좌의정 이이명을 은밀히 불러 세자를 연잉군으로 바꿀 의사를 내비쳤어요. 세자가 아들을 두지 못했고 병치레를 많이 한다는 것이 이유였지요. 임금의 일거수일투족을 지켜보며 임금과 대신의 말을 기록하는 사관과 임금의 비서인 승지의 참석도 배제한 은밀한 회동이었어요.

숙종은 좌의정과 독대(獨對, 국왕과 대신이 단 둘이 만나 사관이 배석하지 않은 상태로 현안을 논의함)를 마치자마자 영의정 김창집과 우의정 조태채를 불러서 접견했습니다. 숙종은 "지금 안질이 심해 물체를 보아도 희미해 분명하지 않다. 지금 시력을 관리한다면 그래도 장님이 되지는 않을 것이다."라면서 세자에게 대리청정(代理聽政, 세자가 임금을 대신하여 정사를 돌보는 일)을 맡기자고 제안했어요. 세자의 국정 운영이 미숙하다는 트집을 잡아 세자를 연잉군으로 교체할 속셈이었지요.

숙종이 대신과 독대를 벌인 것과 세자의 대리청정 문제는 소론 세력의 반발을 불러왔어요. 독대 자체가 금기시되는 행동이었고, 좌의정 이이명이 노론의 4대신(김창집, 이이명, 이건명, 조태채) 중 한 사람이기 때문이었지요. 소론은 노론이 세자를 음해하기 위해 숙종과 독대했다고 생각했어요. 당시 소론은 세자를 지지했고, 노론은 연잉군을 지지했답니다.

소론의 극렬한 반대에도 불구하고 세자의 대리청정은 철회되지 않았어요. 모두의 예상을 깨고 대리청정을 맡은 세자 윤은 매우 신중하게 처신해 숙종과 노론에게 빌미를 주지 않았지요. 1720년 병치레에 시달리던 숙종이 승하하자 33세의 세자가 부왕의 뒤를 이었어요. 그가 바로 조선의 제20대 왕, 경종이었습니다.

○ 명릉(경기 고양시)
숙종과 첫째 계비인 인현 왕후, 둘째 계비인 인원 왕후의 무덤이다. 숙종과 인현 왕후의 능이 나란히 놓여 있고, 인원 왕후의 능은 다른 쪽 언덕에 자리하고 있다. 인원 왕후는 인현 왕후가 사망한 다음 해 왕비에 책봉되었다.

세제의 대리청정을 요구한 노론, 역모로 몰리다(신임사화)

경종이 즉위한 지 얼마 지나지 않아 사간원 정원 이정소가 노론을 대신해 상소를 올렸어요.

"국세가 위태로우나 대신들이 후사를 세울 것을 청하지 않으니 심히 개탄스럽나이다. 대비마마와 의논해 사직의 대책을 정하도록 하옵소서."

경종의 나이는 서른넷이었고, 재혼한 왕비 선의 왕후 어씨는 열일곱에 불과한데도 노론이 후사를 거론한 것은 보기에 따라서는 역모로 여겨질 수도 있는 문제였어요. 하지만 경종의 몸이 약해 후사를 볼 가능성은 거의 없었어요. 야사에는 인현 왕후 저주해 죽게 했다는 죄목으로 사약을 받게 된 희빈 장씨가 이씨 왕조의 씨를 말리기 위해 아들 경종의 고환을 잡아당겨 고자로 만들었다는 설이 전해지고 있습니다. 그래서인지 몰라도 경종이 혼인은 했지만 단 한 명의 후궁도 두지 않았다고 합니다.

밤중에 모인 노론 중심의 대신들은 "이정소의 말이 지당하니

속히 처분하소서."라며 목소리를 높였습니다. 국가의 대사를 정하는 과정에서 불참한 소론 세력은 배제되었어요. 경종은 별다른 이의를 제기하지 않았고, 곧 **연잉군**이 세제(世弟, 왕위를 이어받을 왕의 아우)가 되었습니다.

연잉군을 세제로 올린 노론은 두 달도 채 되지 않아 경종에게 세제의 대리청정을 요구했어요. 1721년(경종 1년) 10월의 일이었습니다. 경종이 비망기(備忘記, 임금이 명령을 적어서 승지에게 전하던 문서)를 내려 왕세제의 대리청정을 허락하자, 승지 이기익이 대리청정을 철회할 것을 간청했어요. 소론인 좌참찬 최석항도 입궐해 경종에게 대리청정 철회를 눈물로 호소했지요. 경종은 일단 대리청정의 명을 거두어들였어요. 하지만 자신의 병이 언제 나을지 모른다며 불과 3일 만에 다시 세제에게 대리청정을 시키겠다는 하교를 내렸지요.

신하들의 반대 상소가 줄기차게 올라오자 경종은 "본심은 그

○ 김창집
(왼쪽, 1648~1722)
기사환국 때 사사된 김수항의 아들이다. 아버지가 죽은 후 한동안 은거했지만 나중에 철원 부사가 되어 업적을 쌓았다. 이후 주요 관직을 두루 거쳐 1717년 영의정에 올랐다.

○ 이이명(1658~1722)
성리학에 정통했던 조선 중기의 문신이다. 숙종이 죽은 1720년에는 고부사(告計使)로 청에 다녀오기도 했다.

게 아니었는데 역적들에게 속아 대리청정을 명하게 했다."라며 대리청정을 환수했어요. 그런데 며칠 후 경종은 다시 대리청정을 시행하라고 명했습니다. 이번에는 연잉군을 지지하는 노론 측 대신들도 대리청정 환수를 간했지요.

경종이 대리청정의 뜻을 굽히지 않자 영의정 **김창집**, 영중추부사 **이이명**, 판중추부사 조태채, 좌의정 이건명 등 노론의 4대신은 마지못해 대리청정을 받아들이겠다는 상소를 올렸어요.

이 소식을 들은 소론 우의정 조태구가 경종의 부름을 받고 급히 입궐했습니다. 조태구는 경종에게 대리청정이 부당하다고 간곡하게 아뢰었어요. 그러자 노론은 또 말을 바꾸어 대리청정 명령을 거두어 달라는 청을 올렸지요. 노론의 일관성 없는 모습은 소론의 입지

○ **연잉군 초상화(국립고궁박물관)**
영조가 임금이 되기 전인 연잉군 시절의 모습을 그린 초상화다. 그림 오른쪽이 훼손된 상태지만 연잉군의 옷차림이 완전하게 남아 있어 18세기 초 관복 연구에 귀중한 자료로 쓰인다.

만 강화해 주는 결과를 낳았어요. 사건이 발생한 지 일주일 만에 경종은 대리청정 명령을 없던 일로 했습니다.

1721년 12월 경종을 지지하는 김일경과 소론의 과격파 여섯 명은 다음과 같은 상소를 올렸어요.

"세제의 대리청정을 요구한 조성복과 이를 뒷받침한 김창집,

이이명, 이건명, 조태채 등 노론 4대신에게 왕권 교체를 기도한 죄를 물어 엄히 법으로 다스리옵소서."

경종은 상소를 받아들였어요. 김일경의 탄핵으로 노론 4대신은 삭탈관직(削奪官職, 죄를 지은 자의 벼슬과 품계를 빼앗고 벼슬아치의 명부에서 그 이름을 지우던 일)을 당하고 유배형에 처해졌지요. 이를 '신축옥사(辛丑獄事)'라고 합니다.

신축옥사로 정권을 잡은 소론은 노론 축출에 더욱 속도를 더했습니다. 1722년 소론 실력자 김일경은 목호룡을 끌어들였어요. 서얼 출신으로 풍수지리를 공부해 지관(地官, 풍수설에 따라 집터나 묏자리 따위의 좋고 나쁨을 가려내는 사람)이 된 목호룡은 전형적인 기회주의자였습니다. 처음에는 풍수설을 이용해 노론 편에 섰으나 소론이 조정을 장악해 나가자 소론 편으로 돌아섰

❂ 사충서원(경기 하남시)
신임사화 때 죽은 노론의 4대신, 즉 김창집·이이명·이건명·조태채를 기리기 위해 세운 서원이다. 1725년(영조 1)에 처음 건립된 이후로 노론·소론 당쟁의 결과에 따라 철폐와 재건이 거듭되었다. 지금의 서원은 1968년에 하남시로 옮겨 지은 것이다.

어요. 목호룡은 삼급수(三急手, 세 가지 계책)로 경종을 시해하려는 모의가 있었다고 고변했어요. 첫째로 대급수는 선왕의 국장 때 자객인 백망(세제의 왕자 시절 수하)을 궁중에 침투시켜 왕을 시해하는 방법입니다. 둘째는 중급수로 궁인이 음식에 독약을 타서 왕을 죽이는 방법이에요. 셋째는 평지수로 폐위 교지를 위조해 경종을 폐출하는 방법이지요.

경종은 즉시 의금부에 명해 목호룡이 역적이라고 지적한 백망, 김용택(이이명의 사위) 등 노론 세력을 잡아들였습니다. 백망은 심문을 당하면서 "경종 시해 모의는 세력을 잃은 소론이 왕세제 연잉군을 모함하려고 조작한 것"이라고 주장했으나, 당시 심문을 담당한 소론은 이를 무시했어요. 목호룡의 고변으로 역모 혐의자로 지목된 60여 명이 죽임을 당했어요. 이를 '임인옥사(壬寅獄事)'라고 합니다.

임인옥사를 주도한 소론은 유배 중인 노론 4대신을 사사한 후 노론의 핵심 인물들을 숙청했어요. 노론 4대신 중 한 명인 김창집은 김수항의 아들입니다. 김수항은 희빈 장씨의 세자 책봉을 반대하다 사사되면서 "현관과 요직을 멀리해 몸과 가정을 지켜라."라는 유언을 한 적이 있었어요. 김수항의 유언은 예언이 되어 결국 아들 김창집도 똑같은 운명을 맞이하였습니다. 반면, 아버지의 유언을 따라 벼슬을 멀리한 김창집의 아우 김창협과 김창흡은 학문으로 일가를 이루었지요.

이이명은 자신뿐 아니라 자식, 손자까지 삼급수에 연루되었다는 죄로 처형의 위기에 빠졌어요. 이이명의 아내는 손자를 살리기 위해 종에게 손자 역할을 해 달라고 간곡히 부탁했지요. 종은 주인의 가문을 위해 기꺼이 강물에 뛰어들었어요. 이이명의 아내는 종을 손자인 것처럼 장례를 치렀고, 손자는 피신했다가 영조가 즉위한 후 다시 돌아와 끊어질 뻔했던 가문을 간신히 이었다고 합니다.

대대적인 옥사가 신축년과 임인년에 연이어 일어났다고 해 두 사건을 아울러 '신임사화(辛壬士禍)'라고도 합니다. 이후 김일경 중심의 소론 정권은 노론에 대한 가혹한 탄압을 벌여 경종의 재위 4년 동안은 당쟁이 절정을 이루었어요.

임인옥사 보고서에는 왕세제도 모역에 가담했다는 내용이 기록되어 있었습니다. 연잉군은 지지 기반이었던 노론이 신임사화로 대거 축출되고 자신도 신변의 위협을 느끼자, 대비인 인원 왕후 김씨(숙종의 둘째 계비)를 찾아가 결백을 호소하며 왕세제 자리를 내놓는 것도 감수하겠다고 읍소했어요. 평소 노론의 입장에서 왕세제 편에 섰던 인원 왕후가 왕세제의 간절한 호소가 담긴 언문 교서를 내려 연잉군은 가까스로 목숨을 부지할 수 있었지요. 경종은 정적이나 다름없던 연잉군을 제거할 수도 있었지만, 왕실의 안녕을 위해 사적인 감정을 억눌렀는지도 모릅니다.

⊙ 의릉(서울시 성북구)
경종과 선의 왕후의 무덤이다. 어려서부터 병약했던 경종은 단의 왕후와 선의 왕후 등 두 부인을 두었으나 자녀를 낳지 못했다. 선의 왕후는 소현 세자나 인평 대군의 후손 가운데 한 명을 양자로 삼으려고 했지만 실패했다.

2 영조의 탕평 정치
탕평 교서를 내린 영조, 노론과 소론을 번갈아 부르다

혼란스러운 정국과 비정한 살육의 정치 속에서 경종의 건강은 날이 갈수록 나빠졌어요. 즉위한 지 4년이 되던 1724년 어느 날, 경종의 건강이 갑자기 악화됐고 자리에 누운 지 며칠 안 되어 세상을 떠났습니다.

경종의 죽음에는 의문스러운 점이 있어요. 경종은 특별히 병이 없었는데, 세제인 연잉군이 보낸 게장과 생감을 먹은 후 고통을 호소하면서 죽어 갔습니다. 소론 일부는 영조가 경종을 독살한 것이라고 주장했어요. 소론 신치운은 영조가 자신을 신문할 때 "신은 갑진년(경종이 사망하고 영조가 즉위한 1724)부터 게장을 먹지 않습니다."라며 경종 독살설을 비꼬아 대답했습니다. 이 말을 들은 영조는 분통을 터뜨리며 눈물을 흘렸다고 해요. 영조의 눈물이 '악어의 눈물(거짓 눈물 또는 위선적인 행위를 일컫는 말)'이었는지는 알 수 없지요.

경종의 갑작스러운 죽음으로 1724년 왕위에 오른 영조는 먼저 붕당의 폐해를 지적하는 탕평 교서를 발표했습니다. 영조는 왕세제 책봉과 대리청정 과정에서 노론과 소론이 정쟁을 확대하는 것을 지켜보았어요. 정치적 소용돌이에 휘말려 생명까지 위협받게 된 영조는 탕평의 필요성을 절실히 느꼈지요.

영조는 즉위 후 소론인 이광좌를 영의정으로, 유봉휘를 좌의정으로, 조태억을 우의정으로 임명했어요. 한편, 자신을 해치고 죄인으로 몰려고 했던 김일경과 삼수역의 고변자인 목호룡은 처형했지요.

탕평 교서를 발표한 영조는 왕의 논리에 동의하는 탕평파를 육성하고 이들을 중심으로 정국을 운영했어요. 붕당의 시비를 가리지 않고 타협적인 인물을 중심으로 왕권에 순종하게 하는 영조의 탕평책을 '완론 탕평'이라고 합니다. 영조는 1725년에 발표한 탕평 교서에서 다음과 같이 붕당의 폐해를 지적했어요.

"붕당의 폐해가 요즈음보다 심한 적이 없었다. 처음에는 성리학 문제로 분쟁이 일어나더니 이제는 다른 편 사람들을 모두 역적의 무리로 몰아붙였다. 근래에 와서 인재 등용이 붕당의 명단에 들어 있는 사람만으로 이루어지고 있다. 이러한 폐단이 그치지 않으니 조정에 벼슬할 사람이 몇 명이나 되겠는가."

당쟁의 폐해를 몸소 겪은 영조는 붕당의 뿌리를 없애기 위해 공론의 주재자로 여겨지던 산림의 존재를 인정하지 않았고, 산림의 본거지인 서원을 대폭 정리했어요. 학파의 원로 학자이자 정신적 지주인 산림은 학식과 덕망을 겸비해 많은 선비들에게 추앙받고 있었지요. 하지만 이들의 가르침이 백성의 의견을 완전히 반영하고 있는 것은 아니었어요.

영조는 이조 전랑으로부터 후임자 추천권과 3사 관리 선발권

○ 영조(1694~1776)
연잉군 시절 당쟁의 희생양이 될 뻔했던 영조는 즉위 후 당쟁을 없애기 위해 탕평책을 실시했다. 민생 안정을 위해 세금 제도를 개혁하고 백성이 억울한 일을 하소연할 수 있도록 신문고를 되살리는 등 여러 가지 개혁도 단행했다.

산림(山林)
'산림처사(山林處士)'의 준말이다. 시골에 은거해 있던 학덕이 높은 학자 가운데 국가의 부름을 받아 특별한 대우를 받던 인물들을 일컫는다. 각 학파에서 학식과 덕망을 겸비한 인물이 산림이라는 이름으로 재야에서 여론을 주재했다.

을 박탈해 붕당의 전위대 역할을 하지 못하게 했어요. 이렇듯 영조가 탕평 정치를 시행하면서 붕당의 정치적 의미는 점차 퇴색되었어요.

하지만 영조의 탕평책은 붕당 정치의 폐단을 근본적으로 해결한 것이 아니라 강력한 왕권으로 붕당 사이의 치열한 다툼을 일시적으로 누른 것에 불과했습니다. 노론의 지지에 힘입어 즉위한 영조는 탕평책을 펼치면서도 노론을 우대할 수밖에 없는 한계도 지니고 있었지요.

정세가 어느 정도 안정되자 영조는 자신의 지지 세력인 노론을 정계로 불러들여 노론 정권을 구성하면서 신임사화로 죽은 노론 4대신을 비롯한 노론 수십 명의 죄를 모두 없애고, 그 충절을 포상하는 '을사처분(혹은 을사환국, 1725)'을 단행했어요. 영의정 정호, 좌의정 민진원, 우의정 이관명 등 노론은 을사처분에 만족하지 않고 소론에 대한 보복까지 요구하고 나섰지요. 영조는 왕권 강화와 탕평 정국을 위해서라도 노론을 견제할 필요가 있었어요. 1727년(영조 3년) 영조는 노론을 일시에 축출하고 이광좌를 영의정으로, 조태억을 좌의정으로 임명해 소론 정권을 형성했습니다. 이를 '정미환국'이라고 해요.

○ 복원된 청주성
(충북 청주시)
청주성은 이인좌의 난이 발발한 곳이다. 이인좌는 상여에 무기를 숨긴 채 청주성에 진입해 성을 함락시켰다. 청주시청 제공

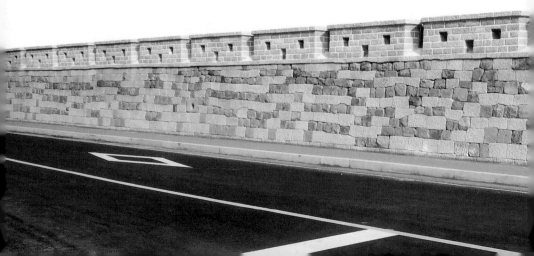

이인좌, 경종 독살설을 퍼뜨리며 난을 일으키다

경종의 편에 서 있었던 소론은 연잉군이 왕세제로서 경종의 뒤를 이어 즉위했지만, 대체로 이를 수용하는 입장이었어요. 하지만 김일경을 위시한 소론 과격파는 무수리의 아들인 영조의 정통성을 인정하지 않았어요. 경종의 죽음에 영조가 관련되었다는 의문을 품고 있었기 때문이었지요.

더구나 김일경이 처형되고 을사처분으로 노론 정권이 들어서자, 온건한 소론마저 불만을 드러냈습니다. 결국 1694년(숙종 20년) **이인좌**, 정희량, 박필현 등 소론 강경파는 갑술환국 이후 정권에서 배제된 남인을 포섭해 영조와 노론을 제거하고 밀풍군 탄(소현 세자의 증손자)을 왕으로 추대하려고 했어요.

○ 청주성 청남문
(충북 청주시)

청주성에 있었던 4개의 문 가운데 하나인 남문이다. 동문을 벽인문, 서문을 청추문, 북문을 현무문이라고 불렀다. 청남문(淸南門)은 일제 강점기에 모두 헐려 지금은 터만 남아 있다.

소론 강경파는 "영조가 경종을 독살했다."라는 유언비어를 퍼뜨렸고, 전국 곳곳에 이런 내용의 흉서나 괴서도 유포했어요. 지방에 유민과 도적이 증가해 백성들의 저항적인 분위기가 형성된 것도 소론 강경파가 군사를 모집하는 데 도움을 주었지요. 하지만 1727년(영조 3년) 정미환국으로 소론 정권이 들어서면서 모반 계획은 시들해졌어요. 급기야 모반과 관련된 정보를 입수한 최규서가 모반 계획을 고변했고, 영조는 가담자 색출을 지시했지요.

그러자 이인좌가 먼저 군사를 일으켰어요. 1728년 3월 15일 장례 행렬로 위장해 **청주성**에 들어가 성을 점령했습니다. 영조는 영의정 겸 병조 판서 이광좌를 비롯한 소론 온건파에게 토벌을 맡겼어요. 소론 오명항은 박문수, 조현명 등을 거느리고 토벌에 나섰지요. 이인좌는 경종의 원수를 갚는다는 명분을 널리 알리면서 한양으로 북상하고 있었습니다.

○ **상당산성(충북 청주시)**
1728년(영조 4) 이인좌의 난이 일어났을 때 반란군이 이곳을 점령했다. 당시 비장(裨將)이었던 양덕부가 반란군과 내통해 성문을 열어 주었다.

반란군은 군대를 둘로 나누어 안성과 죽산으로 올라왔어요. 오명항은 직산으로 가는 척하면서 이인좌가 있는 안성으로 향했습니다. 이인좌는 관군이 직산으로 간 것으로 오판했지요. 오명항의 군대를 안성

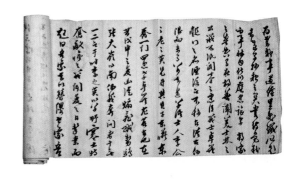

○ 이인좌의 난 관련 문서
(국립중앙박물관)
이인좌의 난에 가담한 일반 군사는 점령지의 관군이거나 돈을 주고 동원한 사람들이었다.

읍성의 오합지졸 정도로 여긴 이인좌는 횃불을 밝히며 덤벼들다 기다리고 있던 관군의 집중 포격을 당했어요. 미리 작전 지시를 해 놓은 오명항은 전투가 진행되는 와중에 코를 골며 자기까지 했다고 합니다. 기세가 꺾인 반란군은 다음 날 죽산에서도 맥없이 무너졌어요. 청주성에 남은 세력도 상당성에서 박민웅 등의 창의군에 의해 무너졌지요.

영남에서는 정희량이 군사를 일으켰으나 경상도 관찰사가 지

❖ 박문수(1691~1756)

훌륭한 암행어사로 알려진 인물이다. 1727년 영남의 암행어사가 되어 부정한 관리들을 찾아낸 것은 사실이지만 설화 속 내용은 과장된 면이 있다. 소론 온건파로서 이인좌의 난에서 전공을 세웠다.

❖ 안성 객사

이인좌의 난은 안성에서 진압되었다. 역사적으로 유례가 깊은 안성에는 시대를 아우르는 유적이 많다. 14세기에 축조한 것으로 추정되는 안성 객사도 그 중 하나다. 객사란 고려 · 조선 시대에 각 고을에 설치하던 관사를 일컫는다. 안성시청 제공

휘하는 관군에 의해 토벌되었어요. 호남에서는 태인 현감 박필현이 군사를 일으켰지만 전라 감사 정사효가 변심해 성문을 열어 주지 않아 도주했고, 경상도에서 잡혀 참수되었지요. 이인좌의 반란군을 토벌한 오명항은 우의정에 제수되었지만 몇 달 후 숨을 거두었어요. 안성과 죽산에서 전공을 세운 **박문수**는 경상도 관찰사에 발탁되었지요.

이광좌, 오명항 등 소론이 이인좌의 난 진압에 적극적으로 참여했으나, 주모자 대부분이 소론 측 인물이었기 때문에 이후 조정 내에서 소론의 입지가 약해지고 노론의 권력 장악이 가속화되었어요. 하지만 영조는 탕평책을 강화할 수 있는 명분을 확보했기 때문에 왕권은 오히려 더 강해졌지요. 이인좌의 난 이후 중앙 정부에서는 지방 세력을 억누르는 정책을 강화했어요.

당쟁의 폐해로 변란까지 겪게
된 영조는 1729년 노론과 소론에
게 공동으로 정권을 맡기는 '기
유처분'을 내렸습니다. 공동 정권
을 구체화하기 위해 분등설(分等
說)과 쌍거호대(雙擧互對)가 적용
되었어요. 분등설은 노론과 소론
모두 벼슬길에 나올 수 있도록 하
고, 벌을 줄 때도 양쪽의 문제점을
함께 따진다는 것이에요. 쌍거호
대란 인사 정책 방식으로 예를 들
면, 노론 홍치중이 영의정으로 임
명되면 소론 이태좌를 좌의정으
로 임명하여 상대하게 하는 것이
지요. 두 방식에 따라 노론과 소론

❂ **탕평비(성균관대학교)**
영조는 탕평비를 유학의 본
산이자 관학의 최고 학부였
던 성균관에 세웠다. 탕평비
에 새긴 내용은 『논어』 위정
편 14장에 있는 구절을 재구
성한 것이다.

간의 연합 정권이 구성됨으로써 비로소 안정적인 탕평 정국이
실현되었어요.

1742년(영조 18년) 영조는 탕평 정책을 알리고 의지를 표명하
기 위해 직접 쓴 글을 비에 새겨 성균관의 반수교 위에 **탕평비**를
세웠습니다. 탕평비의 내용은 다음과 같아요.

"신의가 있고 아첨하지 않는 것은 군자의 마음이요 아첨하고
신의가 없는 것은 소인의 사사로운 마음이다."

3 사도 세자의 죽음

대리청정을 맡은 사도 세자, 나주 벽서 사건의 덫에 걸렸나

탕평 정국이 오랫동안 지속되자, 각 당파는 다시 정권을 독점하기 위한 계략을 꾸미기 시작했습니다. '사도 세자 사건'이 대표적인 경우라 할 수 있지요.

영조는 정성 왕후 서씨와 계비 정순 왕후 김씨로부터 아들을 얻지 못하고 정빈 이씨로부터 효장 세자를, 영빈 이씨로부터 사도 세자를 얻었어요. 사도 세자(이선)는 맏아들 효장 세자가 10세의 나이에 병으로 요절한 지 7년 만에 얻은 귀한 아들이었습니다. 사도 세자가 태어났을 때 영조의 나이는 42세였는데, 당시로서는 적지 않은 나이였어요. 영조는 "삼종(효종, 현종, 숙종)의 혈맥이 끊어지려고 하다가 비로소 이어지게 되어 열성조(列聖朝, 여러 대의 임금)를 뵐 면목이 서게 되었다."라며 기쁜 마음을 감추지 않았지요.

영조는 즉시 이선을 중전인 정성 왕후의 양자로 들여 원자로 삼았고, 1736년(영조 12년)에는 두 살 된 원자를 왕세자로 책봉했어요. 조선 역사상 가장 빠른 세자 책봉이었습니다.

사도 세자는 만 2세 때 '왕'이라는 글자를 보고는 영조를 가리켰고, '세자'라는 글자를 보고는 자신을 가리켰으며, 천지, 부모 등 63자를 알고 있었다고 합니다. 3세 때 이미 영조와 대신들 앞에서 『효경』을 외웠고, 7세 때 『동몽선습』을 독파했다고 해요.

세자는 8세 때 홍역을 앓기도 했지만, 상투를 트는 관례를 치른 후 **홍봉한**의 동갑내기

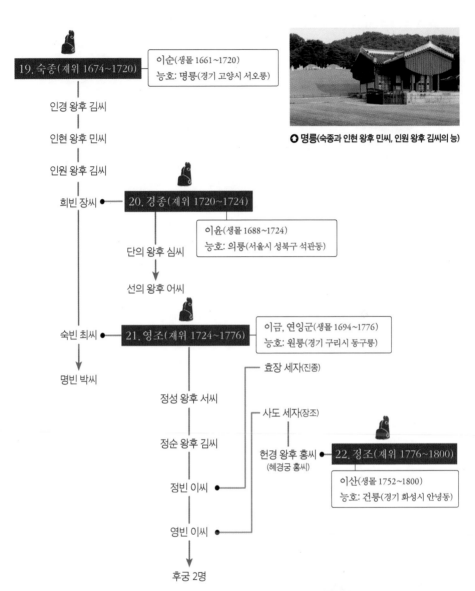

19. 숙종(재위 1674~1720)

이순(생몰 1661~1720)
능호: 명릉(경기 고양시 서오릉)

인경 왕후 김씨

인현 왕후 민씨

인원 왕후 김씨

○ 명릉(숙종과 인현 왕후 민씨, 인원 왕후 김씨의 능)

희빈 장씨

20. 경종(재위 1720~1724)

이윤(생몰 1688~1724)
능호: 의릉(서울시 성북구 석관동)

단의 왕후 심씨

선의 왕후 어씨

숙빈 최씨 ● 21. 영조(재위 1724~1776)

이금, 연잉군(생몰 1694~1776)
능호: 원릉(경기 구리시 동구릉)

명빈 박씨

효장 세자(진종)

정성 왕후 서씨

사도 세자(장조)

정순 왕후 김씨

헌경 왕후 홍씨 ● 22. 정조(재위 1776~1800)
(혜경궁 홍씨)

정빈 이씨 ●

이산(생몰 1752~1800)
능호: 건릉(경기 화성시 안녕동)

영빈 이씨 ●

후궁 2명

○ 의릉(경종과 선의 왕후 어씨의 능)

○ 융릉(사도 세자와 헌경 왕후 홍씨의 능)

딸과 혼인했어요. 홍봉한의 딸이 바로 유명한 『한중록』의 저자 혜경궁 홍씨입니다. 홍봉한은 딸이 세자빈으로 간택되기 전까지는 두각을 드러내지 못했지만, 딸의 간택을 계기로 오늘날 비서실장에 해당하는 도승지에 임명된 후 우의정을 거쳐 영의정 자리까지 올랐어요.

세자는 영특했을 뿐 아니라 무인 기질도 강했습니다. 영의정까지 올랐던 조현명은 책봉 의식을 보고서 "세자가 효종을 닮았으니 종사의 끝없는 복입니다."라고 경하했어요. 세자는 어릴 때부터 군사놀이를 하면서 놀았고 병서도 즐겨 읽었어요.

기운도 대단했지요. 힘 좋은 무사들도 효종이 쓰던 청룡도를 옮기기 어려워했지만, 세자는 불과 15세의 나이에 자유롭게 사용했다고 합니다. 무예도 뛰어나 활을 쏘면 반드시 명중했고, 나는 듯이 말을 몰았지요. 주변 사람들은 조현명이 올린 세자에 대한 평가에 고개를 끄덕였습니다.

세자는 『무기신식』이라는 무예에 관한 책을 엮었어요. 이 책은 정조 때 간행된 『무예도보통지』의 원본이 되기도 했지요. 『한중록』에 따르면 세자는 늘 군복을 입고 다녔으며, 홍역에 걸렸을 때도 혜경궁 홍씨에게 제갈량의 「출사표」를 읽어 달라고 부탁했다고 합니다.

무인 기질이 강했던 세자는 자연스레 학문과 조금씩 멀어지기 시작했어요. 영조가 세자에게 규율과 규칙을 엄격하게 강조하자, 세자는 부왕을 어려워했지요.

사도 세자가 15세 되던 해인 1749년(영조 25년) 영조는 건강이 나빠지던 차에 세자에게 미리 경험도 쌓아 보게 할 겸 대리청정을 맡겼어요. 사도 세자가 대리청정을 시작하자, 남인과 소론 세력은 세자를 등에 업고 정권을 장악하려는 움직임을 보였지요.

**○ 사도 세자에게 올린
보고서(국립중앙박물관)**
전라도 관찰사 겸 전주 부윤
이었던 한익모가 대리청정
을 하던 사도 세자에게 올린
업무 보고 문서이다. 임금의
명을 받고 지방에 파견된 관
원이 대리청정하는 왕세자
에게 서면으로 보고한 문서
를 장달(狀達)이라고 한다.

이에 맞서 노론 세력과 계비 정순 왕후 김씨 등은 세자와 영조
사이를 갈라놓기 위해 이간질을 해 댔어요.

사도 세자가 대리청정하던 1755년(영조 31년) 소론의 윤지 등
이 모역 사건을 일으켰습니다. 윤지는 숙종 때 과거에 급제했
으나, 1722년(경종 2년) 김일경이 일으킨 임인옥사에 연좌되어
1724년 나주로 귀양을 갔어요. 윤지는 오랜 귀양살이 끝에 노론
을 제거할 목적으로 아들 윤광철, 나주 목사 이하징 등과 모의했
어요. 나라에 불만이 있는 자들과 소론 출신 집안을 중심으로 동
조자 규합에 나섰고, 민심 동요를 위해 나라를 비방하는 글을 나
주 객사에 붙였지요. 윤지는 '나주 벽서 사건'이 발각되어 거사
전에 붙잡혀 서울로 압송되었어요.

사도 세자는 '나주 벽서 사건'을 처리하며 노론의 제거 대상이
되었다고 보는 사람들도 있습니다. 세자는 노론이 소론을 제거
하기 위해 사건을 과장했다고 보았지만, 영조는 노론의 주장에
동조했어요. 사건 관련자 조사 과정에서 경종과 소론을 지지하
는 발언이 쏟아지자, 노론은 관련자를 모두 잡아들여 죽여야 한
다고 상소를 올렸습니다. 하지만 대리청정을 맡았던 사도 세자
는 이를 거부했어요. 이런 일을 계기로 노론이 사도 세자 제거에
나섰다고 보는 것이지요.

사도 세자의 처분을 못마땅하게 여긴 영조는 세자를 수시로 불러 꾸짖었어요. 이로 말미암아 사도 세자는 정신 질환 증세를 보이기 시작했습니다. 궁녀를 죽이거나 왕궁을 몰래 빠져나가는 돌발 행위를 하기도 했어요. 장인 홍봉한이 "(사도 세자는) 병이 아닌 것 같은 병이 수시로 발작한다."라고 말한 것으로 보아 사도 세자는 조울증을 겪고 있었던 것으로 보입니다.

1756년에는 지평 이휘중이 "세자가 서연에 태만해 2년 동안 『맹자』를 마치지 못했고 『강목』은 첫 부분만 보았다."라고 지적하기도 했어요. 영조는 처음에는 재능이 남다른 사도 세자를 총애했지만, 세자가 학문을 게을리하자 꾸짖는 일이 잦아졌습니다. 영조는 자신이 바라는 제왕으로 만들기 위해 세자에게 강압적인 교육을 시켰어요. 이로 말미암아 세자는 정신적으로 힘든 시기를 보낼 수밖에 없었지요.

사도 세자, 노론의 상소로 뒤주에서 죽다

1761년(영조 37년) 사도 세자가 영조 몰래 관서 지방을 유람하고 돌아온 일이 있었습니다. 노론 측의 윤재겸이 세자가 체통에서 벗어난 행동을 했다는 상소를 올리자, 영조는 세자의 관서 순행에 관련된 자들을 모두 파직해 버렸어요.

영조는 세자의 관서 순행을 알게 된 직후 "300년 종사를 이을 사람은 세손(정조)이다."라고까지 말했어요. 사도 세자도 혜경궁 홍씨에게 "내가 없어도 세손이 있으니 무사하지 못할 듯하다."라며 자신의 미래를 예측하는 듯한 말을 했지요. 사도 세자는 아들 때문에 오히려 입지가 좁아지게 되었어요. 영조와 장인 홍봉한, 그리고 신하들은 제멋대로 행동하는 세자 대신 모범적인 세손을 후계

자로 삼는 데 암묵적으로 동의하고 있었습니다.

　1762년 급기야 영조의 계비 정순 왕후 김씨의 아버지 김한구와 그 일파의 사주를 받은 나경언이 형조에 세자의 비행을 알리는 고변을 했어요. 먼저 고변을 접한 영의정 홍봉한은 세자를 감싸는 것만이 능사가 아니라고 판단해 고변 내용을 영조에게 알렸지요. 나경언의 고변에는 "세자가 일찍이 후궁을 살해하고, 여승을 궁중에 들여 풍기를 문란하게 했으며, 부왕의 허락도 없이 평양으로 몰래 놀러 다녔다."라는 등 세자의 비행 10조목이 들어 있었어요.

　세자의 비행을 알게 된 영조는 격노해 비행을 알면서도 알리지 않은 신하들까지 문책했습니다. 중신들은 나경언에게 사주한 세력을 조사할 틈도 주지 않기 위해 이 사건을 빨리 매듭지으려 했어요. 영조가 나경언을 죽일 것을 허락해 이 사건은 일단락되었지요.

❍ 창경궁 문정전
(서울시 종로구)
아버지가 아들을 뒤주에 가두어 죽인 조선 왕조 최대의 비극이 일어난 장소이다. 나경언이 고변하고 21일이 지난 후 영조가 사도 세자를 문정전으로 불러 뒤주에 가두었다.

사도 세자의 생모인 영빈 이씨조차 영조에게 울면서 다음과 같이 아뢰었어요.

"어미 된 도리로 차마 하기 힘든 말이오나, 세손을 건져 종사를 편안히 하시는 게 옳은 줄 아옵니다. 다만, 세자의 병이 깊어 문제가 불거졌으니 처분은 내리시되 세손 모자는 무사토록 해 주시옵소서."

영빈의 말을 듣고 결심을 굳힌 영조는 바로 세자를 불러들였어요. 영조는 세자

○ **뒤주(국립중앙박물관)**
조선 시대 세간살이 가운데 하나이다. 주로 곡식을 담아 두는 용도로 쓰였다. 네 기둥과 짧은 발이 있다. 영조는 뒤주에 아들을 가두었고, 여기에서 사도 세자는 숨을 거두었다.

에게 땅에 엎드려 관을 벗게 하고 칼을 휘두르며 자결할 것을 명했습니다. 세손(정조)은 세자의 뒤에 엎드려 울면서 아버지를 살려 달라고 애원했지요. 영조는 기어이 자기 아들을 **뒤주**에 가두었어요. 영조는 손수 뚜껑을 닫고 자물쇠를 채운 후 큰 못을 박았습니다. 실록에는 '뒤주'라는 말은 나오지 않고 "안에다 깊숙이 가두었다."라고 기록되어 있어요. '뒤주'라는 표현은 『한중록』에 나오고, 실록에는 '한 물건(一物)'이라고 되어 있으므로 세자를 뒤주 모양의 밀폐된 공간에 가둔 것은 사실인 것 같습니다.

1762년(영조 38년) 5월 20일 폭우가 내리면서 천둥이 쳤고, 세자는 죽음의 문턱을 오가며 뒤주를 쥐어뜯었어요. 결국 다음 날 세자는 뒤주에 갇힌 지 9일 만에 죽고 말았습니다. 세손의 왕위 승계를 위해 세자가 제거된 것이지요.

세자의 장인 홍봉한은 자신의 정치적 입지를 고려해 "전하께서 결단하지 못할까 염려했는데, 결국 혈기가 왕성할 때와 다름없이 결단하셨다."라고 말했어요. 홍봉한의 딸 혜경궁 홍씨는 아버지가 외척이면서도 세자의 죽음을 지지하는 입장이었으므로 남편의 참담한 운명을 그저 지켜볼 수밖에 없었어요.

노론 · 소론이 벽파 · 시파로 전환되다

사도 세자가 죽은 '임오화변'을 계기로 소론이 완전히 축출되면서 기존의 붕당 체제는 벽파와 시파 체제로 전환되었습니다. 대부분 노론이었던 '벽파'는 사도 세자의 죽음을 당연하게 보고 영조의 처분도 정당하다고 생각했어요. 반면에 소론과 노론의 일부, 그리고 갑술환국 이후 정계에서 배제되었던 다수의 남인이 속한 '시파'는 사도 세자의 죽음을 동정했지요. 시파(時派)는 '시류에 영합한다.'라는 의미로 이름이 붙여졌고, 벽파(僻派)는 '시류는 무시하고 당론에만 치우쳐 있다.'라는 의미로 이름이 붙여졌습니다.

영조는 세자의 장례가 끝난 후 즉시 세손(정조)을 동궁으로 책봉했어요. 2년 후 영조는 세손을 효장 세자의 대를 잇는 자식으

로 입적하면서 사도 세자를 추존(追尊, 왕위에 오르지 못하고 죽은 이에게 임금의 칭호를 주던 일)하지 말라고 엄중하게 당부했습니다. 명분상 죄인의 아들이 왕위를 계승하는 것은 허물이 될 수 있기 때문에 세손이 효장 세자의 양자가 된 것이었어요.

　사도 세자가 노론의 모함에 빠졌든지, 『한중록』의 기록대로 정신 이상으로 미리 제거할 수밖에 없었든지 간에 영조로서는 또다시 정치적 좌절을 겪을 수밖에 없었어요. 왕세손을 보호하는 세력과 이들을 모해하려는 세력 간에 암투가 벌어져 이미 노쇠해 버린 영조로서도 감당하기 어려운 상황이 된 것이지요. 그나마 영조는 승하하기 몇 달 전 왕세손에게 대리청정을 맡겨 세손에게 순조롭게 왕위를 넘길 수 있었어요.

❂ 융릉(경기 화성시)

사도 세자와 헌경 왕후의 무덤이다. 정조가 왕위에 오른 후 아버지인 사도 세자의 시호를 장헌 세자로 바꾸었다. 장헌 세자는 1899년(광무 3)에 다시 장조로 추존되었다.

4 영조의 업적, 사상과 문예의 발달

영조, 재위 52년 동안 여러 방면에서 치적을 쌓다

영조는 52년이라는 오랜 기간 왕위에 있었고 탕평책으로 어느 정도 정치적 안정을 구축했으므로 국정 운영을 위한 제도 개편이나 문물의 정비, 민생 안정 등 여러 방면에서 많은 치적을 쌓았습니다.

1725년 영조는 압슬형(壓膝刑, 무릎 위에 무거운 돌을 올려 뼈를 으스러뜨리는 형벌)을 폐지했어요. 1729년 사형수에 대해서는 초심, 재심, 삼심을 거치게 하는 삼복법을 엄격히 시행했습니다. 판결을 거치지 않고 죽이는 남형과 얼굴에 칼로 문신을 새기는 경자 등의 가혹한 형벌도 폐지했지요. 또한 신문고 제도를 부활해 백성이 억울한 일을 왕에게 직접 알리도록 했어요. 오가작통법과 이정법(里定法, 마을의 군포 납부자가 도망가거나 죽으면 그 마을에서 대신 채우게 하던 일)도 엄격히 시행해 탈세 방지에 힘썼지요.

1731년에는 공역을 담당할 양인의 숫자를 늘리기 위해 양인 어머니와 천인 아버지 사이에서 자식이 태어나면 양인이 되게 하는 노비종모법을 시행했어요. 또한 서얼 차별로 말미암은 사회 불만을 해소하기 위해 서얼 출신도 관리가 될 수 있도록 서얼통청법을 제정했습니다.

영조는 『경국대전』 이후의 법전을 모아 재정리한 『속대전』, 성종 때의 『국조오례의』를 보완한 의례집 『속오례의』, 제도와 문물을 총망라한 한국학 백과사전 『동국문헌비고』 등을 편찬해 시대 변화에 맞게 문물제도를 정비했어요.

임진왜란 이전부터 군역을 지는 대신 포를 내는 방군수포가 증가했는데, 5군영이 정비되면서 모병

방군수포(放軍收布)
관청이나 군영에서 군역에 복무해야 할 사람에게 포를 받고 군역을 면제해 주는 일을 일컫는다.

○『동국문헌비고』
조선의 문물제도를 분류·정리해 놓은 책이다. 영조의 명에 따라 1769년(영조 45) 편찬에 착수해 이듬해에 완성했다.

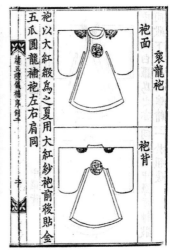

제가 제도화되자 방군수포가 일반화되었습니다.

문제는 임진왜란 이후 납속책이나 공명첩으로 양반이 되어 군역을 면하는 자가 늘어나면서 군역의 재원이 점차 감소했던 거예요. 5군영과 지방의 감영, 병영까지도 이중 삼중으로 군포를 부과하는 사례가 늘면서 농민의 부담이 크게 늘어났습니다. 게다가 전국의 장정 수를 정확히 파악하지 못한 상황에서 재정이 어려워지자 군포의 부과량은 점점 늘어날 수밖에 없었지요.

군역의 부담이 커지자 농민들은 도망가거나 신분을 노비나 양반으로 바꾸어 군역을 피하려고 했어요. 남은 농민은 양반이 내는 군포와 도망간 이웃이나 친척의 군포까지 떠맡아야 했지요. 이미 죽은 사람에게 부담하는 '백골징포(白骨徵布)'나 어린 아이에게 부담하는 '황구첨정(黃口簽丁)'도 횡행했어요. 심지어 생후 3일 된 아기까지 군적에 등록시켜 군포를 부담하도록 했습니다.

영조는 이러한 군역의 폐단을 바로잡기 위해 16~60세의 양인 남자로부터 일 년에 군포 2필씩 징수하던 것을 일 년에 1필로 줄여 주는 균역법을 시행했습니다. 균역법 시행으로 감소한 재정을

● 『속대전』(왼쪽)
1746년(영조 22)에 문신 김재로가 왕명을 받아 편찬한 법전이다. 영조는 특히 형전(刑典)에 주안점을 두고 『속대전』을 편찬했다.

● 『국조속오례의』(가운데)
1744년(영조 20)에 영조의 명을 받아 이종성 등이 엮은 예서이다. 조선 전기와 비교해 변화된 조선 후기 왕실의 각종 의례를 살펴볼 수 있다.

● 『국조속오례의보서례』에 수록된 곤룡포(오른쪽)

채우기 위해 지주에게 토지 1결당 쌀 2두를 납부하게 하는 결작 (結作, 토지에 부과하던 지세)을 거두었어요. 군포 부담이 면제된 일부 상류층에게는 '선무군관'이라는 칭호를 주고 군포 1필을 내게 했지요. 또한 어장세, 염세, 선박세 등 잡세를 거두어 군사비에 충당했어요. 그 결과 국가 수입은 줄지 않으면서도 군역 부담은 줄였지요. 하지만 토지에 부과되는 결작의 부담이 소작 농민에게 전가되고 군적이 문란해지면서 농민의 부담은 다시 가중되었어요.

18세기 이후 한양의 인구가 급증해 하수 배출이 늘어나고, 땔나무 벌채로 산의 나무가 줄어들면서 **청계천** 범람으로 말미암은 피해가 급증했어요. 이에 1760년 한양 주민 15만 명과 인부 5만 명을 동원해 장장 2개월에 걸쳐 개천(지금의 청계천) 바닥의 모래를 파내고 물길을 다른 방향으로 틀었습니다. 이어 준천사라는

○ **청계천 광통교**
조선 시대에 청계천에 있던 대광통교를 복원한 다리이다. 차량의 교통 흐름을 막지 않기 위해 원래 위치보다 상류에 지었다. 멀리 보이는 다리가 광통교다.

○ **「준천시사열무도」(서울대학교규장각한국학연구원)**
청계천 준천 공사 현장을 묘사한 그림이다. 영조와 신하들이 지켜보고 있는 가운데 일꾼들이 소와 쟁기를 이용해 청계천 바닥을 파내고 있다.

◑ 청계천 수표교와 빨래터

수표교는 세종 때 청계천에 가설한 돌다리이다. 다리 옆에 마전(馬廛)이 있었기 때문에 마전교라고 불리우다가 1441년(세종 23)에 다리 서쪽 중앙에 나무로 수표(水標)를 만들어 세우면서 수표교라고 불리게 되었다. 영조는 청계천 준천 공사를 마친 후 수표교에 '경진지평(庚辰地平)'이라는 네 글자를 새겨 넣게 하고 이후 준천의 표준으로 삼도록 했다. 수표교는 원래 지금의 청계천 2가에 있었으나 1959년 청계천 복개 공사 때 장충단 공원 입구로 옮겨졌다. 청계천에 맑은 물이 흐르던 시절 사람들은 이곳을 빨래터로 이용하곤 했다.

장충단 공원 입구에
있는 수표교

관청을 설치해 개천 준설 업무를 담당하게 함으로써 고질적인 한양의 하수 처리 문제를 해결했어요.

양명학의 거두 정제두, "성리학자는 주자를 끼고 계책을 이루려는 자"

조선의 학자들은 대부분 성리학에 몰두해 성리학만이 옳고 그 밖의 학문은 모두 그르다는 생각에 빠져 있었어요. 그래서 불교를 억압하고 일상생활에 필요한 기술들도 경시했지요. 특히 인조반정 이후 송시열을 중심으로 한 서인은 당시 조선 사회의 모순을 해결하기 위해 명분론을 강화하고 성리학을 절대화했습니다.

조선 사회는 양 난 이후 신분 질서가 동요하고 상공업이 발달하는 등 많은 변화가 일어나고 있었습니다. 하지만 주류 성리학은 변화하는 사회 현실에 적절히 대응하지 못한 채 더욱 보수화되어 현실과의 괴리는 점점 심해졌어요.

○ 정제두 묘
(인천시 강화군)
정제두 묘 앞에는 정제두의 아버지인 정상징과 그의 부인 한산 이씨의 합장묘가 있다. 정제두의 묘비는 1803년(순조 3)에 건립되었다.

이에 17세기 후반부터는 성리학을 상대화하고 6경과 제자백가 등에서 사회 모순 해결의 사상적 기반을 찾으려는 경향이 나타났습니다. 대표적인 인물로 윤휴와 **박세당**을 꼽을 수 있어요. 윤휴는 유교 경전을 독자적으로 해석했고, 박세당은 실천을 강조하는 양명학과 노장사상의 영향을 받아 반주자학적인 유학 사상을 전개해 조선 후기 실학사상을 체계화하는 데 이바지했지요. 이에 서인의 중심에 서 있었던 송시열은 주자의 학설을 비판한 윤휴를 성리학 사상을 어지럽히는 '사문난적'으로 몰기도 했어요.

중종 때는 성리학의 절대화와 형식화를 비판하며 실천을 강조한 양명학이 전래되었습니다. 이황은 양명학을 정통 주자학 사상과 어긋난다고 생각해 이단으로 간주했어요. 18세기 초 **정제두**는 몇몇 소론 학자에 의해 명맥을 이어 가던 양명학을 강화도에서 체계적으로 연구해 이른바 '강화 학파'를 형성했습니다.

● 박세당 사랑채
(경기 의정부시)
박세당은 40세에 관직을 그만두고 이곳에서 글을 썼다. 직접 농사를 지은 경험을 토대로 저술한 농서 『색경』이 이곳에서 탄생했다.

정제두는 백성을 도덕 실천의 주체로 인정해 양반 신분제를 폐지하자고 주장하기도 했어요. 강화 학파는 양명학을 바탕으로 역사학, 국어학, 서화, 문학 등에서 새로운 경지를 개척했고, 실학자들에게도 많은 영향을 주었지요.

한편, 정제두는 당시 주자학의 학문적 진실성과 사대부들을 신랄하게 비판했어요. "오늘날 주자의 학문을 논하는 자는 주자를 배우는 것이 아니라 곧 주자를 핑계 대는 것이요, 더 나아가 곧 주자를 억지로 끌어다 붙이며 주자를 끼고 위엄을 부려 사사로운 계책을 이루려 한다."

정제두는 박세채를 비롯해 윤증, 최석정 등과 편지를 주고받으면서 양명학에 관해 토론했어요. 박세채는 정제두에게 양명학을 버리라고 종용하기도 했으나, 정제두는 다음과 같이 결연한 태도를 보였지요.

○ **이익 사당(경기 안산시)** 이익의 묘 옆에는 신주를 모셔 놓은 사당과 제사를 지내기 위해 지은 재실이 자리하고 있다.

"남보다 특이한 것을 구하려는 사사로운 마음에서 왕수인의 학설에 애착을 가졌다면 결연히 끊어 버릴 수도 있습니다. 하지만 우리가 학문하는 것은 성인의 뜻에 따라 실제로 얻는 것이 있도록 하기 위함입니다."

정제두는 왕수인의 '심즉리(心卽理)'를 받아들여 주자가 마음(心)과 이(理)를 구별하는 것을 비판하고 마음과 이의 일치를 주장했어요. 이가 마음과 일치하니 마음 밖에 이가 따로 존재할 수 없게 되므로 이가 공허하지 않고 실질적인 면을 지니게 된다고 보았습니다. 또한 지(知)와 행(行)을 둘로 나누는 것은 물욕에 가려졌기 때문이라고 보았고, 마음의 본성으로 보면 '지와 행은 하나(지행합일, 知行合一)'라고 지적했어요.

양명학은 정권에서 소외된 소론 계열과 왕실 종친, 서얼 출신들 사이에서 계승되었어요. 이후 한말과 일제 강점기에는 이건창, 박은식, 정인보 등이 양명학을 계승해 민족 운동을 전개했습니다.

○ 이익 선생 묘
(경기 안산시)
이익의 묘는 직계 후손이 없어 방치되어 있었다. 1967년에 성호 이익 추모회가 묘역을 정비하고 묘비와 향로석 등을 세웠다.

국학 연구가 확대되다

영조 때를 전후해 실학의 발달과 함께 민족의 전통과 현실에 대한 관심이 깊어지면서 우리의 역사, 지리, 국어 등을 연구하는 국학이 발달했습니다.

이익은 실증적이고 비판적인 역사관을 제시하고 중국 중심의 역사관에서 벗어나 우리 역사를 체계화할 것을 주장했어요.

이익의 역사의식을 계승한 안정복은『동사강목』을 저술해 고조선부터 고려 말까지의 역사를 체계적으로 정리했어요. 안정복은 이 책을 통해 단군 조선-기자 조선-삼한-통일 신라-고려로 이어지는 나름의 체계를 세워 훗날 민족 사관 형성에 이바지했지요. 1756년 안정복은『동사강목』을 집필하기에 앞서 스승 이익과 역사 문제에 관해 여러 번 토의했어요.

스승의 도움과 배려로 집필을 시작한 지 3년 만인 1758년 20권의『동사강목』초고를 완성했지요.『삼국사기』,『고려사』,『동국통감』등의 역사서는 정사를 인용하거나 추려 낸 것이지만,『동사강목』은 정사의 잘못된 내용까지 찾아내 비판했고 일연이 지은『삼국유사』의 야사까지도 과감하게 인용했어요.

유득공은 본격적으로 발해의 역사를 우리의 역사로 다룬『발해고』를 저술했습니다. 유득공은 신라의 불완전한 통일을 꼬집으면서 신라와 발해를 '남북국'이라 불러야 한다고 주장했어요.

"부여씨와 고씨가 망한 후 김씨가 남쪽을 차지했고, 대씨가 북쪽을 차지해 발해라 했는데, 이를 남북국이라고 한다. 고려가 남북국의 역사를 편찬하지 않은 것은 큰 잘못이다. 대씨는 고구려 사람이고, 그들이 차지하고 있던 땅은 고구려 땅이다."

유득공의 사관은 '소중화주의(小中華主義)'라는 한계가 있지만 민족의 자부심을 높여 주었다는 데 의의가 있습니다. 이처럼 한

국사의 무대가 한반도와 중국 동북부에 걸쳐져 있었다는 것은 실학자들의 공통된 생각이었어요.

이종휘는 고구려의 역사를 연구했습니다. 유득공과 함께 고대사 연구의 시야를 만주 지방까지 확대해 한반도 중심의 협소한 사관을 극복하는 데 힘썼지요. 이종휘는 『동사』에서 고조선, 삼한, 부여, 고구려의 역사와 문화를 다루면서 부여, 예맥, 비류, 옥저, 고구려, 백제를 단군의 후예로 간주했고, 발해를 고구려 유민이 세운 국가로 설명했어요. 이로써 명의 멸망 이후 조선이 명의 후계자로서 세계에서 유일한 중화 국가로 자부할 수 있게 되었다고 밝혔습니다.

이긍익은 조선 시대의 정치와 문화를 정리한 『연려실기술』을 저술했어요. 조선 태조부터 현종까지의 중요한 사건을 기사 본말체(紀事本末體, 사건별로 제목을 앞세우고 관계된 기사를 한데 모아 서술하는 방식)로 서술했지요. 『연려실기술』에 인용된 자료는 400여 종에 이르는데, 항목마다 인용한 서책을 밝혔어요. 이긍익은 이 책을 통해 객관적이고 실증적인 사관을 유지했음을 드러냈어요.

○ 『동사강목』(왼쪽)
안정복이 쓴 역사책이다. 주희의 『통감강목』을 참고로 하여 고조선부터 고려 말까지의 역사를 편년체로 기록했다.

○ 『택리지』
이중환이 쓴 우리나라의 지리서이다. 지리서이기는 하나 역사·경제·사회·교통 등을 모두 다루고 있기 때문에 여러 학문 분야에서 연구 자료로 활용하고 있다.

"조정이 동인과 서인으로 분당한 후 헐뜯는 것과 칭찬하는 것이 서로 반대로 되어 있는데, 기록하는 이에 따라 치우친 것이 많다. 나는 모두를 사실에 근거해 기록하고 옳고 그름은 후세 사람의 판단에 미룬다."

한치윤은 단군 조선에서 고려까지 서술한 『해동역사』를 중국과 일본의 자료 500여 종을 참고해 기전체로 편찬했습니다. 김정희는 『금석과안록』을 지어 북한산비가 진흥왕 순수비임을 밝히기도 했습니다.

국토에 대한 연구도 활발하게 이루어졌어요. 역사 지리서로는 한백겸의 『동국지리지』, 정약용의 『아방강역고』 등이 나왔습니다. 인문 지리서로는 이중환의 『택리지』가 편찬되었지요.

『택리지』에는 우리나라의 지리적 환경과 각 지역의 경제생활, 풍속, 인심에 관한 내용이 자세히 실려 있어요. 특히 자연과 인간의 관계를 인과적으로 파악해 어느 지역이 살기 좋은 곳인지를 논한 점이 주목할 점이지요.

『택리지』는 사민 총론, 팔도 총론, 복거 총론으로 나누어져 있습니다. '사민 총론'에서는 조선 사회는 사농공상(士農工商)으로 구성되어 있고, 사대부 계급이 사회를 주도한다고 밝혔어요.

'팔도 총론'에서는 전국을 평안도, 함경도, 황해도, 강원도, 경상도, 전라도, 충청도, 경기도로 나누어 지리를 논하고 지역성을 출신 인물과 결부해 서술했어요.

'복거 총론'에서는 사람이 살 만한 곳의 입지 조건으로 지리, 생리(生利, 생활에 필요한 물자), 인심, 산수 등 네 가지를 들었습니다. 여기에도 사람이 살 만한 곳, 난을 피할 만한 곳, 은둔할 만한 곳, 유람을 다닐 만한 곳, 복을 받을 만한 곳 등으로 분류했지요.

한편, 중국에서 서양식 지도가 전해지면서 정밀하고 과학적인 지도도 많이 제작되었습니다. 정상기는 최초로 100리를 한 자로 축소한 **동국지도**를 만들어 우리나라의 지도 제작 수준을 한 단계 높였어요. 이익은 동국지도를 보고 "정상기가 처음으로 100리척을 축척으로 사용해 지도를 만들어 가장 정확하다."라고 찬탄했지요.

○「금강전도」(국보 제217호, 삼성미술관 리움)

1734년(영조 10)에 정선이 금강내산을 실제로 보고 그린 작품이다. 이전의 화가들은 주로 중국 산수화를 모방했지만 정선은 우리나라의 아름다운 강산을 직접 보고 묘사했다.

진경 산수화와 풍속화가 유행하다

조선 후기의 그림에서 가장 두드러진 경향은 진경 산수화와 풍속화의 유행이었어요.

진경 산수화는 중국의 남종과 북종 화법을 고루 수용해 우리의 고유한 자연과 풍속에 맞게 창안한 것이에요. 18세기에 활약한 정선은 서울 근교와 강원도의 명승지를 두루 답사하고 사실적인 그림을 그렸습니다. 대표작인 「인왕제색도」와 「금강전도」에서 바위산은 선으로 묘사하고 흙산은 묵으로 묘사하는 기법을 사용해 산수화의 새로운 경지를 이룩했지요.

정선의 뒤를 이어 등장한 김홍도는 풍속화와 산수화, 기록화, 신선도 등을 많이 그렸습니다. 김홍도는 논이나 들판, 씨름판, 서당 등에서 자기 일에 몰두하는 사람들의 특징을 포착해 익살스럽게 그렸어요. 이런 그림에는 18세기 후반의 생활상이 생생하게 담겨 있답니다.

○「영통동구도」
(국립중앙박물관)

영통동으로 향하는 길목 풍경을 그린 이 작품은 강세황의 대표작으로 꼽힌다. 왼쪽에 적혀 있는 글귀에 그림의 내용이 함축적으로 담겨 있다. "영통동 입구에 커다란 돌이 어지럽게 널려 있는데, 크기가 집채만 하고 푸른 이끼가 덮여 있어 얼핏 보면 눈을 놀라게 한다. 속설에 용이 못 밑에서 나왔다고 전하는데 믿을 만한 것은 못 된다. 그러나 진귀하고 웅장한 구경거리는 보기 드문 것이다."

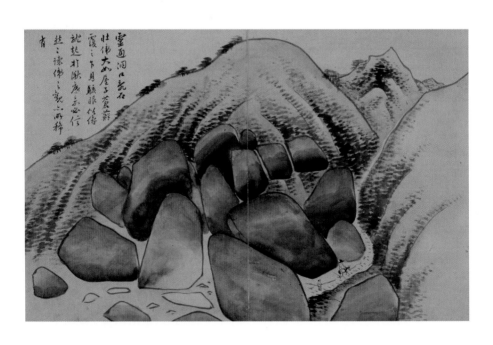

도화서의 화원이었던 김홍도는 정조의 총애를 받아 신분의 한계를 뛰어넘어 현풍 현감에 임명되기도 했어요. 김홍도는 당대 최고의 미술 평론가라고 할 수 있는 강세황의 후원을 받으면서 자신의 재능을 마음껏 발휘했습니다.

강세황은 김홍도의 그림에 대해 다음과 같이 찬탄을 쏟아 냈어요.

"단원은 어릴 적부터 그림을 공부해 못 하는 것이 없었다. 선비, 장사꾼, 규방, 농부, 산과 들, 나무 등 인물과 풍속을 닮게 그렸는데, 옛적에는 이런 솜씨를 보여 준 이가 없었다. 단원은 독창적으로 스스로 알아내 교묘하게 자연의 조화를 빼앗을 수 있는 경지에까지 이르렀다."

도화서 화원 출신의 김득신은 김홍도의 영향을 받아 「파적도」, 「대장간」 등의 풍속화를 남겼습니다.

강세황은 서양화법인 원근 기법을 반영해 사물을 실감 나게 표현했어요. 강세황이 송도(개성) 지방의 명승고적을 여행하면서 그린 『송도기행첩』 중의 하나인 「영통동구도」에는 선비 화가가 포착한 격조 높은 풍경이

○ 「미인도」(간송미술관)

우리나라의 전통적 미인상을 그린 신윤복의 작품이다. 이 그림을 통해 당시의 미인은 쌍꺼풀이 없고 작고 가녀린 눈을 지녔음을 알 수 있다. 가슴의 노리개를 만지작거리는 모습에서 여인의 청초함이 느껴진다.

◎ 「씨름」(보물 제527호, 국립중앙박물관)

『단원풍속도첩』에 넷째로 수록된 작품이다. 맞붙은 씨름꾼을 중심부에 배치한 원형 구도이다. 고조된 분위기에도 아랑곳하지 않는 엿장수와 벗어 놓은 신발짝으로 빈 공간을 메워 놓아 안정감을 높였다. 김홍도의 작품들은 당시의 사회 분위기를 파악해 볼 수 있는 귀중한 역사 자료로 활용되고 있다.

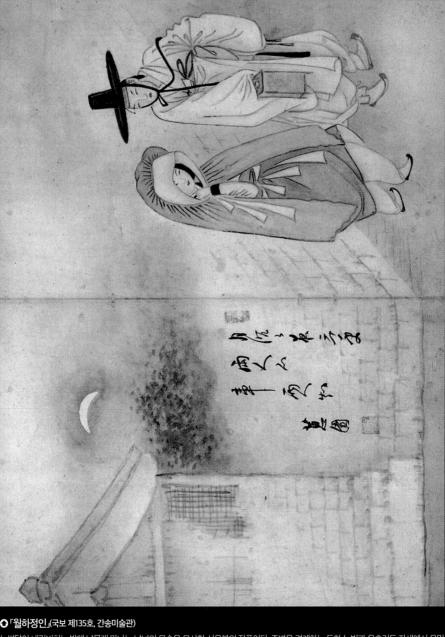

○ 「월하정인」(국보 제135호, 간송미술관)

눈썹달이 내리비치는 밤에 남몰래 만나는 남녀의 모습을 묘사한 신윤복의 작품이다. 주변을 경계하는 듯한 눈빛과 움츠러든 자세에서 은밀한 기운이 감돈다. 그림 위에는 "달빛이 침침한 한밤중에, 두 사람의 마음은 두 사람만이 안다."라고 쓰여 있다. 재미있는 것은 달의 볼록한 모양이 위로 향하고 있는 사실이다. 이는 달이 지구 그림자에 가려지는 월식일 경우에만 가능하다. 천문학적 정보를 토대로 분석했을 때 그림속의 남녀는 1793년 8월 21일 자정에 만난 것으로 추정된다.

개성 있게 표현되어 있지요.

김홍도와 함께 풍속화의 쌍벽을 이룬 신윤복은 주로 양반과 부녀자의 생활과 유흥, 남녀 사이의 애정 등을 해학적으로 묘사했어요. 낭만적인 분위기를 효과적으로 표현하기 위해 섬세하고 유려한 선과 아름다운 채색을 즐겨 사용했지요. 신윤복의 대표작으로는 「연당야유도」, 「미인도」 등이 있습니다.

진경 산수화와 풍속화는 문인화의 부활로 침체되었다가 한말에 새로운 모습으로 다시 나타났습니다.

서체에서는 김정희가 고금의 필법을 두루 연구해 굳센 기운과 다양한 조형성을 가진 '추사체'를 창안함으로써 서예의 새로운 경지를 열었어요.

◆ 「세한도」(국보 제180호, 개인 소장)
김정희가 제주도에서 유배 생활을 할 때 그린 작품이다. 북경에서 귀한 책을 구해 준 제자 이상적의 인품을 소나무와 잣나무에 비유해 「세한도」를 그렸다. 늙은 소나무는 김정희 자신을, 그 옆의 곧은 소나무는 젊은 이상적을, 푸른 소나무는 선비의 절개를 의미한다. 조선 시대의 가장 대표적인 문인화로 평가되고 있다.

◆ 김정희의 글씨(국립중앙박물관)
김정희가 창안한 추사체는 자획의 굵기 차이가 심하고 비틀어져 보이는 독특한 서체다. 조선 후기의 서예가 가운데 추사체의 영향을 받은 사람이 많다.

영조의 탕평 정치에는 어떤 한계가 있었나요?

영조는 1699년(숙종 25년) 연잉군에 봉해졌으나 어머니가 무수리 출신이었으므로 숙종의 후궁이던 영빈 김씨의 양자에 입적되었어요. 영조는 왕위에 오르기 전부터 붕당 정치의 폐해를 직접 경험했어요. 이복형인 경종을 지지하는 소론과 자신을 지지하는 노론 사이에서 벌어진 당쟁의 중심에 서 있었던 것이지요. 영빈 김씨가 노론의 유력자인 김창집의 종질녀(사촌 형제의 딸)였으므로 영조는 숙종 말년에 소론과 대립했던 노론의 지지를 받을 수 있었지요. 노론의 지지에 힘입어 즉위한 영조는 탕평책을 펼치면서도 노론을 우대할 수밖에 없었어요. 영조는 왕권 강화를 위해 때로는 노론을 제치고 소론에게 정권을 맡기기도 했지요. 하지만 소론 강경파가 자주 변란을 일으키면서 노론이 우세해졌고, 1762년 사도 세자의 죽음을 계기로 소론이 완전히 축출되었어요. 사도 세자의 죽음을 당연시한 노론 강경파가 벽파를 이루었고, 사도 세자에 대해 온정적이었던 남인, 소론, 노론 일부는 시파를 이루었어요. 결과적으로 영조의 탕평 정치는 붕당 정치의 폐단을 근본적으로 해결한 것이 아니라 왕권 강화를 위해 붕당 사이의 치열한 다툼을 일시적으로 누른 것에 불과했어요. 영조가 자신의 논리에 동의하는 탕평파를 중심으로 정국을 운영한 완론 탕평도 붕당의 폐해를 근본적으로 타파하지 못한 원인으로 지적됩니다.

탕평 정치를 실시한 영조

18 정조실록 |
탕평 정치, 실학의 발달

사도 세자의 아들인 정조는 할아버지 영조의 뒤를 이어 왕위에 올랐습니다. 정조는 영조의 탕평책을 계승해 좀 더 적극적인 탕평 정치를 펼쳐 나갔어요. 이전의 척신과 환관 등을 제거하고 권력에서 소외된 소론과 남인 계열을 등용했지요. 또한 규장각을 왕의 권력 기반으로 활용하고 친위 부대인 장용영을 설치하기도 했습니다. 정조는 아버지 사도 세자의 묘소를 수원으로 옮겨 현륭원이라 칭하고 현륭원 북쪽에 새로운 성곽도시인 화성을 건설했어요. 특히 화성 능행 시 일반 백성과 접촉할 기회를확대해 백성의 뜻을 정책에 반영하려고 노력했지요. 정조와 가까이 지낸남인 계통은 기존의 성리학을 비판하고 주로 실용적이고 현실적인 학문을추구했습니다. 이 시기에 홍대용, 박지원, 박제가, 정약용 등 기라성 같은실학자들이 등장해 '조선의 르네상스'를 꽃피웠지요.

- **1776년** 정조가 왕실 도서관인 규장각을 설치하고 권력의 기반으로 삼다.
- **1789년** 경기도 양주에 있던 사도 세자의 묘를 경기도 화성으로 이장하기로 결정하다.
- **1791년** 윤지충이 천주교 의식에 따라 모친상을 치른 사건을 계기로 신해박해가 일어나다.
- **1796년** 현륭원 북쪽에 새로운 성곽 도시인 수원 화성이 완공되다.

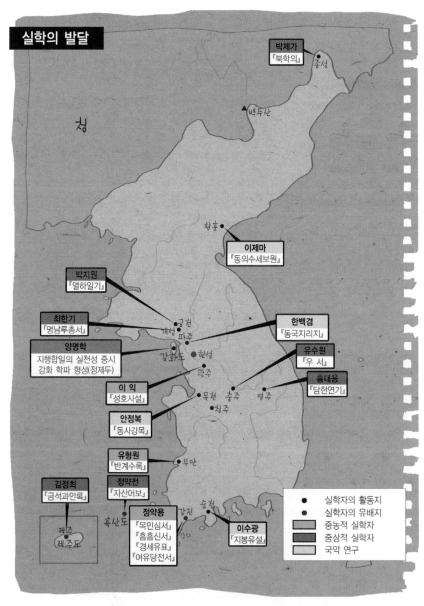

실학의 발달

박제가 『북학의』 — 종성

백두산

함흥

이제마 『동의수세보원』

박지원 『열하일기』

최한기 『명남루총서』

양명학 지행합일의 실천성 중시 강화 학파 형성(정제두)

이 익 『성호사설』

안정복 『동사강목』

유형원 『반계수록』

김정희 『금석과안록』

정약전 『자산어보』

정약용 『목민심서』 『흠흠신서』 『경세유표』 『여유당전서』

한백겸 『동국지리지』

유수원 『우 서』

홍대용 『담헌연기』

이수광 『지봉유설』

금천 개성 파주 한성 강화도 광주 목천 충주 청주 영주 부안 순천 강진 흑산도 제주 제주묘

청

- ● 실학자의 활동지
- ○ 실학자의 유배지
- 중농적 실학자
- 중상적 실학자
- 국악 연구

1 정치, 문물제도 정비, 화성 건설
정조, 홍국영의 세도 정치를 누르고 탕평 정치를 펴다

정조는 11세의 어린 나이에 아버지 사도 세자가 뒤주에 갇혀 죽는 것을 지켜보았어요. 할아버지에게 아버지를 살려 달라고 애원했지만, 아버지는 끝내 뒤주에서 살아서 나오지 못했지요. 정조는 엄격한 할아버지뿐 아니라 자신에게 등을 돌린 외척과 노론 세력의 눈치도 보아야 했어요.

영조가 왕위에 오른 지는 51년, 병석에 누운 지는 10년이 다되어 가고 있었어요. 1775년(영조 51년) 영조는 홍봉한의 동생 홍인한에게 세손의 대리청정에 관한 의견을 물었습니다. 홍인한은 세손의 폐위를 공공연히 주청하는 것이나 다를 바 없는 발언을 했지요.

"동궁께서는 노론과 소론을 알 필요가 없고, 이조 판서와 병조 판서를 알 필요가 없습니다. 조정의 일은 더욱 알 필요가 없습니다."

⊙ 원릉(경기 구리시)
영조와 정순 왕후의 무덤이다. 영조는 정순 왕후보다 쉰한 살이나 연상이었다. 영조는 1776년 원릉에 안장되었고, 정순 왕후는 원릉을 조성한 지 29년 후인 1805년(순조 5) 영조 옆에 안장되었다.

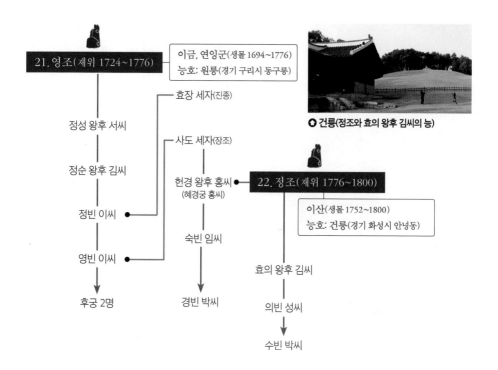

21. 영조(재위 1724~1776)

이금, 연잉군(생몰 1694~1776)
능호: 원릉(경기 구리시 동구릉)

○ 건릉(정조와 효의 왕후 김씨의 능)

효장 세자(진종)

22. 정조(재위 1776~1800)

이산(생몰 1752~1800)
능호: 건릉(경기 화성시 안녕동)

정성 왕후 서씨

사도 세자(장조)

정순 왕후 김씨

헌경 왕후 홍씨
(혜경궁 홍씨)

정빈 이씨

숙빈 임씨

효의 왕후 김씨

영빈 이씨

후궁 2명

경빈 박씨

의빈 성씨

수빈 박씨

소론 계열의 서명선은 홍인한을 성토하며 세손의 대리청정을 지지하고 나섰어요. 이에 힘입어 영조는 세손에게 대리청정을 맡겼지요. 홍인한과 정후겸(정조의 고모인 화완 옹주의 양자)은 당장 반박 상소를 올렸고, 세손의 오른팔인 홍국영을 살해하려는 계획까지 세웠습니다. 세손이 대리청정을 시작한 지 2개월 남짓 되었을 때 영조가 세상을 떠나면서 1776년 세손이 25세에 왕위에 오르게 되었어요.

정조는 세자가 되기 전에 힘들었던 나날을 회고하며 다음과 같이 말했어요. "옷을 벗고 자지도 못하고 식사와 취침조차 제대로 하지 못한 날이 몇 날이나 되는가?" 노론 벽파의 횡포 속에서 세손을 지킨 홍국영은 동부승지가 되었고, 몇 달 후에는 오늘날의 대통령 비서실장에 해당하는 도승지가 되었어요.

정조는 즉위하자마자 어머니 혜빈을 혜경궁으로 높이고, 영조의 유지를 받들어 양아버지 효장 세자도 진종 대왕으로 높였으며, 아버지 사도 세자의 존호는 장헌 세자로 바꾸었습니다. 정조는 자신을 모해하고 아버지를 죽음으로 내몬 정적들을 제거하기 시작했어요. 정조는 홍국영, 서명선 등을 앞세워 홍인한과 정후겸을 유배 보낸 후 사사했습니다. 외조부인 홍봉한과 고모인 화완 옹주는 왕실의 입장을 고려해 처벌하지 않았어요. 또 다른 외척인 정순 왕후의 오빠 김귀주에게는 혜경궁 홍씨의 병문안을 하지 않았다는 죄를 씌워 유배 보내 버렸지요.

정조는 세손 시절부터 충복을 자처해 온 홍국영을 앞세워 혜경궁 홍씨의 친정인 풍산 홍씨 가문과 정순 왕후의 친정인 경주 김씨 가문의 핵심 인물을 제거했습니다. 하지만 정조 주변에는 여전히 위협적인 인물이 존재했어요. 나경언을 사주해 사도 세자의 비행을 고변하게 했던 홍계희는 정조를 시해하기 위해 궁궐 안으로 자객을 들여보내기도 했지요.

시해 미수 사건으로 충격을 받은 정조는 친위 기반을 강화하기 위해 궁궐 호위를 전담하는 숙위소를 창설했어요. 홍국영에게 숙위 대장은 물론 훈련 대장과 금위 대장도 함께 맡겼지요. 홍국영이 도승지와 숙위 대장을 겸직하자 실권이 막강해졌어요. 조정 백관은 물론 팔도 감사나 수령들까지도 홍국영에게 머리를 숙일 정도였지요. 모든 관리가 홍국영의 허락을 받아야 일을 진행할 수 있어 '세도(勢道)'라는 말까지 생겨났어요. 정조는 즉위 직후 "국영과 갈라서는 자는 역적"이라고 말할 정도로 홍국영을 신임했습니다.

1778년(정조 2년) 홍국영은 누이동생을 정조에게 후궁으로 바쳤고, 정조는 홍국영의 누이를 원빈으로 삼았습니다. 하지만 원빈은 20세도 못 돼 일 년 만에 병들어 죽었지요. 홍국영은 세도 정권을 유지하기 위해 정조의 이복동생인 은언군 이인의 아들 이담을 원빈의 양자로 삼아 상계군으로 봉하고 왕의 후계자로 삼으려 했어요.

◑ 김윤기 가옥
(강원 강릉시)

정조 때 홍국영이 유배되었던 곳이다. 안채, 사랑채로 구성된 본채와 바깥 행랑채가 'ㅁ'자형을 이루고 있다. 규모가 크고 웅장해 6·25 전쟁 때는 학교로 사용되었다고 한다. 강릉시청 제공

홍국영은 누이 원빈이 죽자 아무런 근거도 없이 정조의 정비 효의 왕후를 의심했고, 원빈이 독살당한 증거를 찾는다며 궁궐의 나인을 비롯한 많은 사람을 문초했어요. 이 일로 궁궐 내 거의 모든 세력은 홍국영을 적대시하게 되었지요. 이미 홍국영의 농간에 혐오를 느낀 정조는 신하들의 탄핵을 이끌어 내 홍국영 스스로 물러나게 했어요. 29세부터 32세까지 짧은 세월이나마 무소불위(無所不爲, 하지 못하는 일이 없음)의 권세를 누린 홍국영은 강릉 근처 바닷가에 거처를 마련하고는 술을 마시는 것으로 소일하다 울화병에 못 이겨 33세의 젊은 나이에 세상을 떠났어요.

정조, 규장각을 학문과 정치의 중심 기구로 키우다

정조는 화의 근원으로 여긴 외척 세력을 제거했고, 또 다른 외척이 되어 권세를 부린 홍국영도 제거했어요. 이제 정조는 왕권 강화와 직결되는 **규장각** 정비에 나섰습니다.

규장각은 원래 역대 왕의 글과 책을 수집하고 보관하기 위한 왕실 도서관으로 설치되었어요. 정조는 규장각을 자신의 권력과 정책을 뒷받침할 수 있는 강력한 정치 기구로 육성하고자 했습니다. 규장각을 중심으로 인재를 모아 외척과 환관들의 횡포를 누르고 혁신적인 정책을 펼치려 했지요. 정조는 규장각에 비서실 기능을 추가하고, 수만 권의 책을 갖춘 후 젊은 학자들을 모아 학문 진흥을 꾀했습니다. 또한 과거 시험을 주관하고 문신을 교육하는 임무까지 부여했어요. 규장각은 정조 시대의 문예 부흥과 개혁 정치의 중심이 되었지요.

1779년(정조 3년)에는 규장각 검서관에 박제가, 이덕무, 유득공 등 서얼 출신의 학자들을 기용했어요. 박제가, 이덕무, 유득공은 모두 북학파의 대표적인 인물인 박지원의 제자인데, 서얼이라는

● 창덕궁 부용지 일대(서울시 종로구)

네모난 연못인 부용지를 중심으로 부용정(남쪽), 주합루(북쪽), 영화당(동쪽)이 들어서 있다. 창덕궁 부용지 일대에는 정조의 자취가 서려 있다. 『동국여지비고』에 따르면 부용정은 정조가 꽃을 감상하고 고기를 낚던 곳이다. 주합루 현판의 글씨는 정조가 손수 썼다. 영화당은 왕과 신하들이 연회를 베풀던 장소였는데, 정조 때부터 과거장으로 이용했다.

화령전 정조 어진

신분적 한계로 그동안 재능을 제대로 발휘하지 못했지요.

정조는 1781년부터 본격적으로 규장각을 확대했어요. 규장각에 속한 학자들은 승지 이상의 대우를 받으며 아침저녁으로 왕을 문안했지요. 이로써 규장각은 홍문관을 대신하는 학문의 상징적 기관이자 핵심적인 정치 기구가 되었어요.

정조는 규장각을 운영하면서 당하관(堂下官, 문신은 정3품 통훈대부, 무신은 정3품 어모장군 이하의 품계를 가진 자)의 새로운 중·하급 관리 가운데 유능한 인재를 재교육하는 초계문신제를 시행했어요. 초계문신제(抄啓文臣制)는 글자 그대로 '문신을 선발해 국왕에게 보고하는 제도'입니다. 정조가 초월적 군주로 군림하면서 스승의 입장에서 신하를 양성하고 재교육하겠다는 의지를 보여 준 것이지요. 이렇듯 정조는 당파에 얽매이지 않고 능력 있는 사람을 중용해 붕당을 없애고자 노력했어요.

화령전 운한각
(경기 수원시)
화령전은 순조가 정조의 효성과 유덕을 받들기 위해 세운 건물이다. 화령전의 정전(正殿)인 운한각(雲漢閣)은 정조의 초상화를 봉인한 건물이다. '운한'이라는 명칭은 임금이 가뭄을 걱정하는 마음을 표현한 『시경』의 시구에서 따왔다.

◑ 창덕궁 존덕정
(서울시 종로구)

1644년(인조 22)에 존덕지에
만들어 놓은 정자다. 이중으
로 육각 지붕을 얹은 독특한
구조로 되어 있어 건립 당시
에는 육면정이라고 불렸다.

정조, "수많은 물이 달빛을 받으니, 내가 곧 달이다"

정조가 규장각을 중심으로 정치를 펼치면서 영조의 탕평책을 계
승하자, 붕당은 종래의 사색당파에서 시파와 벽파로 재정립되었
어요. 노론은 끝까지 당론을 고수해 벽파로 남고, 정조의 정치 노
선에 동조한 남인과 소론 및 일부 노론이 새롭게 시파를 형성했
지요. 벽파는 사도 세자의 죽음에 찬성하는 입장이었고, 시파는
동정하는 입장이었어요.

정조는 타협적인 인물을 중심으로 왕권에 순종하게 하는 영
조의 '완론(緩論) 탕평'과는 달리 각 당파의 주장이 옳은지 그른
지를 명백히 가리는 '준론(峻論) 탕평'을 추진했어요. 완론의 '완
(緩)'은 완만함을 의미하고 준론의 '준(峻)'은 가파름을 의미합니
다. 준론 탕평은 정조가 명석하고 능력이 있기에 가능한 탕평 정
책이었어요. 정조의 자신감은 자신의 시문집인 『홍제전서』에 잘
나타나 있습니다. 백성과 신하는 수많은 물이고 자신은 수많은
물을 비추는 달로 비유했지요.

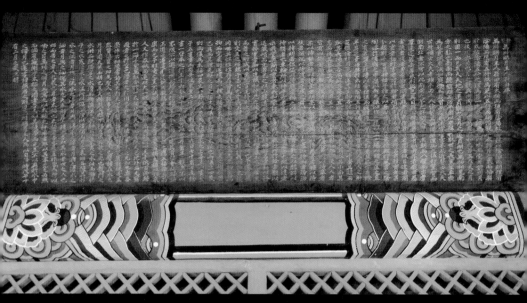

❖ 만천명월주인옹자서

창덕궁 존덕정에 걸려 있는 게판(揭板. 시문을 새겨 누각에 걸어 두는 나무 판)이다. 정조가 1798년에 쓴 만천명월주인옹자서에는 백성에게 왕의 덕을 고루 베풀겠다는 정조의 의지가 담겨 있다.

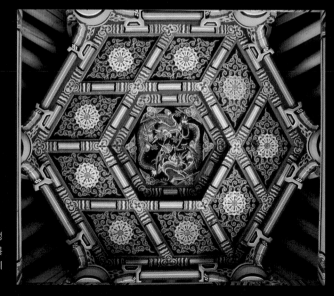

❖ 존덕정 용 장식

존덕정 천장은 화려한 장식으로 구성되어 있다. 특히 왕을 상징하는 황룡과 청룡을 묘사한 그림은 다른 정자에서는 찾아볼 수 없는 장식이다.

"달은 하나이고 물은 수만이다. 물이 달빛을 받으므로 앞 시내에도, 뒤 시내에도 달이 있다. 달은 만물의 형태에 따라 비추어 줄 뿐이다. 물이 흐르면 달도 흐르고, 물이 멎으면 달도 멎는다. 물이 거슬러 올라가면 달도 거슬러 올라가고, 물이 소용돌이치면 달도 소용돌이친다. 하지만 물의 모습의 원뿌리는 달의 정기이다. 물이 세상 사람들이라면, 달은 태극이다. 그 태극이 바로 짐이다."

정조의 탕평책에는 노론 벽파를 견제하려는 의도도 깔려 있었어요. 정조는 영조 때부터 탕평파로 기용했던 외척, 척신 세력과 노론 벽파를 제거하고 그동안 권력에서 배제되었던 소론과 남인 계열의 시파를 중용했습니다.

남인 학파는 6경(시경, 서경, 예기, 악기, 역경, 춘추) 중심으로 학문을 연구하고 왕권의 우위를 주장했으므로 정조는 이들에게 친숙함을 느꼈어요. 신권의 우위를 주장하던 노론 중에서도 젊은 자제들은 북학 사상을 받아들여서 정조는 이들에게도 호감을 느꼈지요. 이에 따라 정조는 남인 계열인 채제공을 비롯해 실학자 정약용, 이가환 등과 북학파 박제가, 유득공, 이덕무 등을 중용했어요.

조정은 시파 중심으로 운영되었습니다. 이에 위기감을 느낀 벽파는 이전보다 더욱 뭉치는 모습을 보였지요.

○ 이승훈(1756~1801)
1783년에 북경 남천주당에서 세례를 받고 교리를 익혔다. 이승훈의 천주교 교명은 베드로이다.

윤지충, 어머니 제사를 드리지 않아 사형되다

(신해박해)

우리나라의 천주교는 외국 선교사의 포교가 아닌 일부 남인 학자들의 모임에서 시작되었습니다. 1777년 이벽을 비롯한 **이승훈**, 정약전, 정약종, 정약용, 권상학 등 젊은 학자

강상(綱常)
유교의 기본 덕목인 삼강
과 오상을 말한다. 삼강은
군위신강(君爲臣綱), 부위
자강(父爲子綱), 부위부강
(夫爲婦綱)이고 오상은 사
람이 항상 행하여야 하는
다섯 가지 바른 행실, 즉
인의예지신(仁儀禮智信)을
말한다.

● 천진암 성지
(경기 광주시)
천주교도였던 이벽, 권철신,
이승훈 등이 최초로 가톨릭
교리를 강론하던 곳이다. 원
래는 사찰 터였지만 가톨릭교
성지로 다시 조성되었다. 현
재 이벽, 권철신, 권일신, 이승
훈, 정약종의 묘소가 이장되
어 있다. 천진암 성지 제공

들은 **천진암** 등지에서 자발적으로 모여 서학을 연구했지요. 1779
년부터는 강학회를 개최해 이들 모임이 학문적 연구 공동체에서
신앙 공동체로 발전하게 되었어요.

1783년 이 모임은 이승훈을 조선 대표로 북경 천주교회에 파견
했습니다. 이승훈은 1784년 2월 서양인 신부에게 세례를 받고 교
리서, 묵주 등을 가지고 귀국했어요. 조선으로 돌아온 이승훈은 이
벽, 정약전, 정약용, 권철신 등에게 세례를 주었지요.

1785년에는 서울 명동에 있는 역관 **김범우**의 집에서 일주일에
한 번씩 집회를 가졌는데, 당국에 발각되고 말았어요. 대부분은 양
반 신분이라 풀려났지만 역관인 김범우는 중인이었기 때문에 경
상도 밀양으로 유배되었다가 그곳에서 생을 마감했습니다.

1791년(정조 15년) 전라도 진산의 양반 교인이던 윤지충은 모친
상을 당했을 때 신주(神主, 죽은 사람의 위패)를 모시지 않았고, 제
사 대신 천주교 의식에 따라 모친상을 치렀어요. 윤지충은 강상을

범한 죄인으로 맹렬한 비난을 받았지요. 같은 천주교도이자 윤지충의 인척인 권상연이 윤지충을 옹호하고 나서 문제는 더욱 커졌습니다.

이 사건이 한성에까지 알려지자 천주교(서학)와 서구 문물의 수입을 반대하는 '공서파(攻西派)'가 천주교를 신봉하거나 묵인하는 '신서파(信西派)'를 공격했어요. 이에 조정에서도 사태의 심각성을 느끼고 진산 군수 신사원에게 윤지충과 권상연을 체포해 문초하게 했습니다.

윤지충은 "조상 제사는 허례이므로 진정으로 조상의 명복을 비는 방법이 아니다."라고 항변했어요. 하지만 사교(邪敎, 건전하지 못하고 요사스러운 종교)를 신봉하고 유포했다는 죄명으로 사형에 처해졌지요. 정조는 관대한 정책을 써서 천주교 교주로 지목받은 권일신을 유배하는 선에서 마무리하고 더는 사건을 확대하지 않았어요. 이를 '신해박해'라고 합니다. 이 사건을 계기로 공서파는 조

○ 김범우의 묘
(경남 밀양시)
최근까지 김범우의 유배지는 달레가 쓴 『한국천주교사』에 근거하여 충청도 단양(丹陽)으로 알려졌다. 하지만 1980년 초 충청도 단양이 아니라 밀양 단장(丹場)으로 밝혀졌다. 출토된 유물과 후손들의 증언을 토대로 경남 밀양시 삼양진읍에 김범우 묘소를 단장했다. 밀양시청 제공

상 제사의 거부를 천주교 박해의 주요한 구실로 삼았어요.

1795년 중국인 주문모 신부가 밀입국해 한성에서 지내며 본격적인 포교 활동을 시작했습니다. 이때부터 교인의 숫자가 늘어나기 시작했어요. 주문모는 정약종, 황사영을 만났고 왕실 여인들에게도 세례를 베풀었습니다. 조직적인 교회 활동에 힘입어 1800년에는 천주교도가 만 명으로 늘어났지요.

노론 벽파인 심환지는 천주교를 탄압할 것을 간하는 상소를 올렸어요. 하지만 정조는 "사교는 스스로 멸할 것이며 정학인 유학을 진흥하면 사학을 막을 수 있을 것이다."라며 적극적인 박해는 피했습니다. 또한 천주교를 신봉하는 양반 남인 시파의 실권자인 영의정 채제공도 묵인했지요.

○ 전동 성당(전북 전주시)
천주교도였던 윤지충은 불효·불충·악덕이라는 죄로 사형당했다. 전동 성당은 윤지충의 처형이 이루어졌던 풍남문 밖 형장 자리에 건립되었다.

✚ **명동 성당**(서울시 중구)
김범우의 집이 있던 터를 프랑스인 블랑 주교가 김 가밀로라는 한국인 명의로 사들였고, 1898년에 명동 성당을 지었다. 고딕 양식으로 지어진 명동 성당은 한국 천주교의 대표적인 성당이 되었다.

2 화성 건설, 신해통공, 정조 독살설
정조, 화성 능행으로 왕권을 강화하다

1789년(정조 13년) 정조는 경기도 양주에 있던 사도 세자의 묘 영우원을 경기도 화성으로 이장하기로 했어요. 묘소 이름은 '현부(賢父)에 융성하게 보답한다.'라는 의미를 지닌 현륭원으로 고쳤지요. 하루는 효심 깊은 정조가 "사도 세자의 능이 있는 화산이 송충이로 가득하다."라는 보고를 듣고 화산에 행차해 송충이 한 마리를 잡아 이로 깨물었다고 합니다.

사도 세자 묘의 이장은 단순히 정조의 효심에서만 비롯된 것은 아니에요. 사도 세자를 죽음으로 내몬 노론 벽파를 견제하려는 의도가 깔려 있었지요. 또한 친위 부대인 장용영을 강화하는 효과도 있었어요. 장용내영은 서울에 두고 장용외영은 현륭원에 두었지요. 정조는 화성 축조, 장용외영의 화성 편제, 수원 상권 부양 등 정치 개혁의 의도까지 드러냈어요.

○ 동장대
장용영 군대의 훈련 장소로 사용된 장대이다. 높지는 않지만 사방이 트여 있어 활터로 사용되었다. 동장대에서는 무예를 수련했으므로 연무대라고도 한다.

30명에서 출발한 장용영은 수원으로 진영을 옮긴 후 그 수가 1만 8,000명까지 늘어났어요. 장용외영의 군사는 정조의 무력 기반이었지요. 장용영의 장교는 무과를 통해 선발했는데, 양반의 서얼과 평민 가운데에서도 급제자가 많이 배출되었어요.

○ 동이치
화성에 있는 10곳의 치(雉) 가운데 하나이다. 치는 성벽의 바깥에 돌출시켜 쌓은 구조물을 일컫는다. 성에 접근하는 적을 일찍 관측하고, 성벽 가까이에 붙은 적을 방어하기 위한 시설이다. 치는 중원에서는 발견되지 않는 우리나라 고유의 축성 방식이다.

장용영 강화와 아울러 전쟁 관련 책자도 발간되었습니다. 정조는 정예병의 훈련을 위해 규장각 검서관인 이덕무, 박제가와 장용영 장교인 백동수에게 훈련 교본인 『무예도보통지』를 간행하도록 했어요. 또한 이순신의 글을 모아 『이충무공전서』를 간행하면서 이순신의 일기들을 따로 모아 『난중일기』라고 이름을 붙였지요.

정조는 1790년 2월부터 1800년 1월까지 11년간 12차에 걸친 능행을 거행했어요. 이때마다 화성 행궁에 머물면서 여러 가지 행사를 치렀지요. 능행을 거행할 때 어가를 따르는 인원이 6,000여 명이었고, 동원된 말만 1,400여 마리에 이르렀습니다. 한강을 건널 때는 배로 만든 다리인 부교도 세워야 했어요. 부교를 놓을 때는 경강상인의 배를 이용해 상권을 통제하는 효과도 거두었지요.

정조의 화성 능행에는 구중궁궐에서 신하들에게 둘러싸여 있다가 백성과 직접 만나 이야기를 듣고자 하는 의도도 깔려 있었어요. 정조는 자주 화성에 행차하면서 백성의 격쟁과 상언을 받아들여 정치에 반영했답니다.

격쟁(擊錚)
원통한 일을 당한 사람이 임금이 거둥하는 길에서 꽹과리를 쳐서 하문을 기다리던 일이다.

상언(上言)
신하가 사사로운 일로 임금에게 글을 올리던 일이다.

세계 문화유산 수원 화성을 돌아보다

개혁 군주 정조와 실학자들의 염원이 담긴 성곽 도시 수원 화성은 군사적 기능은 물론 예술, 과학, 경제까지 고려해 건설되었습니다. 자연환경을 최대한 있는 그대로 이용했고, 설계부터 공사에 이르기까지 새로운 기술과 장비를 도입해 건축 예상 기간인 10년을 무려 2년 9개월로 단축했어요.

화성에는 사대문으로 불리는 장안문, 팔달문, 창룡문, 화서문과 비상시 군사들이 이용할 수 있는 다섯 개의 암문, 그리고 물이 지나는 북수문과 남수문 등 모두 11개의 문이 있습니다.

11개의 문은 저마다의 특징을 지니고 있지만 그 가운데 장안문이 최고의 문으로 손꼽힙니다. 장안문은 임금이 사는 북쪽 한성을 향해 세워진 화성의 정문이므로 화성의 출입문 가운데 가장 크고 화려하지요. 장안문은 출입문인 동시에 치밀하게 설계된 군사 시설입니다. 장안문을 반원형 형태로 둘러싼 옹성은 장안문 앞까지 진입한 적군을 사방에서 공격할 수 있는 구조로 되어 있지요. 장안문은 일정한 거리마다 총이나 활을 사용할 수 있

❖ 서일치
화성의 치 가운데 하나이다. 화성의 치는 150m마다 세워져 있는데, 포루가 있는 곳과 없는 곳이 있다.

도록 설계되어 있고, 성벽 위에 몸을 숨길 수 있는 낮은 담장인 여장을 쌓아 두었어요.

화성 성곽을 따라 건설된 시설물은 모두 48개였어요. 그중 군사적인 특징을 잘 보여 주는 건축물이 공심돈입니다. 공심돈은 적군을 감시하기 위한 망루와 비슷한 건축물이에요. 화성에는 동북공심돈, 서북공심돈, 남공심돈이 있는데, 남공심돈은 현재 남아 있지 않습니다. **동북공심돈**은 벽돌을 차곡차곡 쌓아 올려 지은 원통 모양의 건축물로서 가장 아름다운 모습을 자랑해요. 동북공심돈의 내부에는 바닥에서 누각까지 나선형 계단이 설치되어 있지요. 실내는 여러 층으로 나누어져 있는데, 층마다 적군을 감시하고 활이나 총을 쏠 수 있는 작은 구멍이 있답니다.

팔달산 정상에는 장군이 병사들을 지휘했던 서장대가 있어요. 서장대 서쪽에는 쇠뇌라는 화살을 쏘던 서노대가 있지요.

화성에서 가장 아름다운 건축물로는 화홍문(북수문)과 동북각

◆ 동포루

화성을 방어하기 위해 설치한 포진지 가운데 하나이다. 포루는 대포로 적을 공격하기 좋은 곳에 설치되었다. 화성에는 북동포루, 북서포루, 서포루, 남포루, 동포루 등 모두 다섯 군데에 포루를 설치했다.

◆ 동북공심돈

ⓞ 동암문
동암문은 크기가 다른 화강
암과 벽돌로 지어졌다. 문의
윗부분은 무지개 모양으로
반쯤 둥글게 만든 홍예문의
형태를 띠고 있다. 문 폭은
말 한 필이 지나갈 수 있을
정도로 좁다.

루를 꼽을 수 있어요. 수로 위에 지어진 북수
문은 아치와 잘 어우러져 멋진 모습을 연출합
니다. 북수문 위쪽 언덕에는 동북각루가 있어
요. 화성에 세워진 네 개의 각루 가운데 가장
경치가 좋은 곳에 세워져 '방화수류정'으로도
불리지요. 각루는 성곽 주위를 감시하던 곳이
면서 휴식 공간으로도 사용되었어요. 군사 시
설을 이렇게 멋있게 지은 데는 적에게 위압감
을 주기 위한 목적도 있었습니다.

동북각루 동쪽에는 **동암문**이 있어요. 암문은 몰래 성을 빠져
나가거나 필요한 식량이나 물자를 들여오기 위해 세운 군사용
출입문이랍니다.

성곽 동남쪽에 있는 봉돈은 위급한 소식을 한성에 알리기 위

해 봉화(烽火, 연기와 불)를 피우던 곳이에요. 밤에는 불을 피웠고 낮에는 연기를 피웠지요.

화성 한가운데에는 임금이 머물던 행궁이 자리하고 있습니다. 당시 화성 행궁은 정궁 형태로 완성해 600여 칸으로 구성되어 있었다고 해요. 화성 행궁에 가면 정조가 어머니 혜경궁 홍씨를 위해 잔치를 베풀었던 곳과 정조가 업무를 처리했던 곳을 볼 수 있지요.

화성은 동양의 건축 양식으로 지었으나, 서양의 건축 방법과 건설 장비를 활용해 완성했습니다. 화성 건축에 관한 모든 과정은 『화성성역의궤』에 담겨 있어요. 설계, 동원된 사람, 장비는 물론 공사 과정에서 일어난 사소한 일들까지 세세하게 기록되어 있지요. 꼼꼼한 기록 덕분에 훗날 전쟁으로 파괴된 수원 화성을 완벽하게 복원할 수 있었어요.

○ 신풍루

화성 행궁의 정문이다. 1790년 건립 당시에는 진남루라고 불렸지만 1795년 정조의 명에 따라 신풍루로 이름을 바꿨다. 정조가 화성을 고향처럼 여긴다는 의미가 담겨 있다. 뒤에 보이는 팔달산 정상에 서장대가 우뚝 서 있다.

수원 화성을
소개합니다.

화성 모형, 수원화성박물관 소장

장안문

화서문

서북각루

서일치

서장대

봉수당

서포루

서남포사

서남각루

동북공심돈

연무대

창룡문

화홍문

방화수류정

동포루

봉돈

루

팔달문

남수문

● 서북각루에서 바라 본 수원 화성

❶ 서북각루

서북각루의 서쪽과 남쪽 한 칸에는 군사들이 누각에 오를 수 있도록 층계를 설치했고, 동쪽과 남쪽 한 칸에는 군사들이 머물 수 있도록 온돌을 설치했다.

❶ 화서문(보물 제403호)

축대 가운데에는 무지개 모양으로 반쯤 둥글게 만든 홍예문과 벽돌로 쌓은 옹성이 있다. 옹성은 성문을 보호하고 성을 지키기 위해 쌓은 작은 성이다. 옹성의 북쪽에는 공심돈이 성벽을 따라서 연결되어 있다. 벽에 총구가 있는 공심돈은 초소 구실을 하던 곳이다.

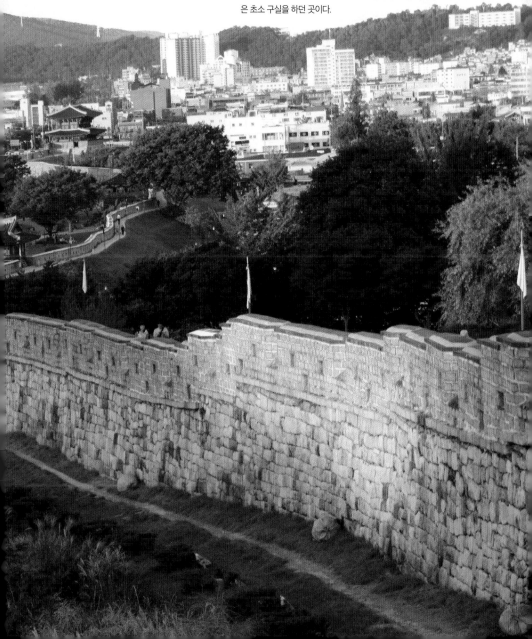

⊙ 장안문

수원 화성의 북문이자 정문이다. 일반적으로는 성의 남문을 정문으로 삼지만, 수원 화성은 왕을 가장 먼저 맞이하는 북문을 정문으로 삼았다. 규모나 구조는 조선 초기에 세워진 서울 숭례문과 비슷하지만 숭례문과는 달리 옹성, 적대와 같은 방어 시설을 갖추었다.

⊙ 화서문(보물 제403호)

화성의 서쪽 문이다. 수원시에서는 화서문을 모델로 하여 수원시를 상징하는 마크를 디자인했다.

✪ 창룡문

수원 화성의 동문에 해당한다. 음양오행설에서 푸를 '창'자가 동쪽을 의미한다고 하여 '창룡문'이라는 이름이 붙여졌다. 홍예문은 크기만 비교했을 때 장안문보다 규모가 더 크다.

✪ 팔달문(보물 제402호)

수원 화성의 남쪽 문이다. 사방팔방으로 길이 열린다는 의미를 담고 있다. 수원 화성에 있는 여러 건물 중 가장 크고 화려하다. 당시 다른 서문이 잡전마을 친체 만들었기 때문에 가장 반정한 모습을 갖추고 있으며 원형이 잘 보존되어 있다.

● 화홍문

화성의 두 수문 가운데 북쪽 수문이다. 물이 통과
하는 수문에는 쇠창살을 설치해 외부의 침입을
막았고, 수문 바깥쪽에는 여담을 쌓았다.

◯ 동북각루(보물 제1709호)

수원 화성에는 네 개의 각루가 있다. 그중 동북각루는 주위의 아름다운 경관과 어우러져 방화수류
정(訪花隨柳亭, 꽃을 좇고 버드나무를 따라가는 아름다운 정자)이라고도 불린다.

⚓ 화홍문

수원천의 범람을 막아 주는 기능뿐만 아니라 적의 침투를 막는 기능까지 갖추고 있다. 맑은 날에는 수문을 통과하는 물 위에 무지개가 걸리는 광경을 감상할 수 있다.

✪ 남수문

북수문인 화홍문이 7칸인 데 비해 화성의 남쪽 수문인 남수문은 9칸이다. 물의 폭이 커지는 하류에 있기 때문이다. 아름다운 경관을 자랑하는 화홍문과 달리 남수문은 단지 수문의 역할에 충실한 구조를 하고 있다.

✪ 봉돈

화성에 있는 봉수대이다. 벽과 계단, 굴뚝 모두 벽돌로 지어졌다. 봉수군은 화성 주변을 정찰하다가 위험이 감지되면 낮에는 연기, 밤에는 불을 피워 신호를 보냈다.

화성행행도 팔첩병 (보물 제1430호, 국립 고궁박물관)

정조가 아버지 사도 세자의 회갑을 맞이하여 1795년(정조 19년) 윤 2월 9일부터 8일간에 걸쳐 어머니 혜경궁 홍씨를 모시고 사도 세자의 묘소가 있는 화성의 현륭원으로 행차했을 때 거행한 주요 행사를 그린 8첩 병풍이다. 당시 최고의 화원인 김득신, 이인문 등이 그렸다.

◆「환어행렬도」

창덕궁에서 화성까지 가는 과정에 숭례문, 노량 행궁, 시흥 행궁 등을 거쳤다. 시흥 행궁에서 하룻밤을 묵었으므로 1박 2일이 걸렸다.

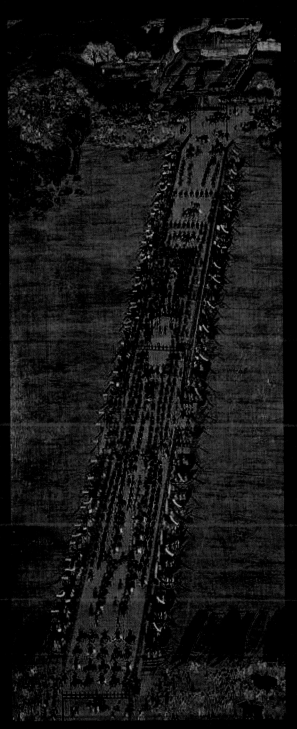

◎「한강주교환어도」
정조는 한강을 효과적으로 건너기 위해 정약용에게 배다리를 설치하게 했다. 한강 남단까지 설치된 배다리 위로 정조와 혜경궁 홍씨가 한강을 건너고 있는 장면이다.

◎ 여유당 앞에 복원한 배다리
여유당은 경기 남양주시에 있는 정약용의 생가이다. 한강에 배다리를 설계·가설한 정약용의 업적을 기념해 배다리를 복원해 놓았다.

◐「서장대야조도」

현륭원의 참배를 마치고 돌아온 정조는 저녁 식사 후 서장대에 올라 장용영의 군사 훈련을 친견했다. 이 그림을 통해 화성 성곽의 모습을 한눈에 조감할 수 있다.

◐ 서장대(위)

팔달산의 정상에 세워져 있어 사방 100리가 내려다보인다. 정조는 이 망대에 올라 군사 훈련을 지켜보았으며 '화성장대(華城將臺)'라는 편액을 직접 썼다고 한다.

◐ 서노대

노대란 높은 위치에서 적을 향해 쇠뇌(쇠로 된 발사 장치가 달린 활)를 쏠 수 있도록 구축한 진지이다. 서노대는 명의 모원이 쓴 『무비지』에 근거하여 세웠지만 차이가 있다. 『무비지』에 등장하는 노대는 육각으로 되어 있고, 오르는 계단이 두 개지만 서노대는 팔각 모양이고 오르는 계단도 하나뿐이다.

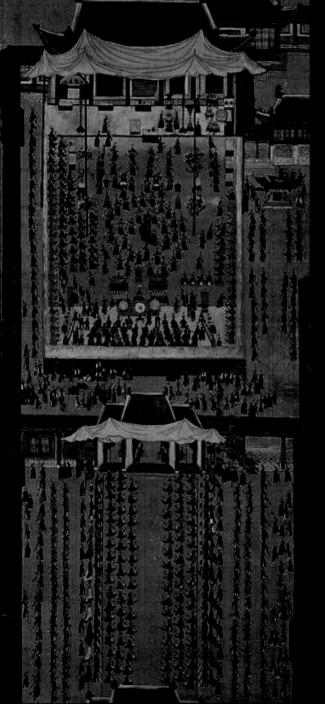

◑ 「봉수당진찬도」

혜경궁 홍씨의 진찬례는 이른 아침부터 봉수당에서 열렸다. 행궁 내전에 자리한 혜경궁 홍씨의 자리에는 연꽃무늬 방석이 깔려 있고, 뒤에는 십장생 병풍이 펼쳐져 있다.

◑ 화성행궁 신풍루

1795년에 정조가 화성에 행차했을 때 신풍루 앞에서 백성들에게 쌀을 나누어 주는 진휼 행사를 거행했다고 한다.

◑ 봉수당

정조는 혜경궁 홍씨의 장수를 기원하며 건물을 세우고, 건물의 명칭을 '만년(萬年)의 수(壽)를 받들어 빈다.'라는 뜻이 담긴 봉수당이라고 지었다.

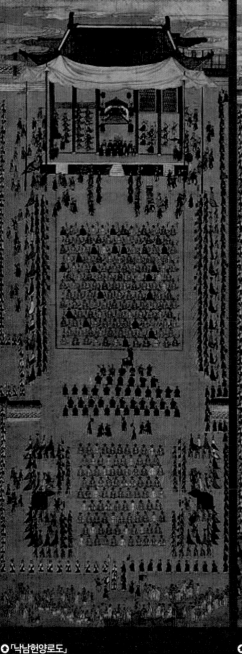

○「낙남헌양로도」

낙남헌에서는 정조의 어가를 따라 수원까지 온 관원 신분의 노인 15명과 화성부에 거주하는 사서(士庶) 신분의 노인 374명을 대상으로 양로연을 베풀었다.

○「낙남헌방방도」

참배를 마친 정조는 행궁으로 돌아와 정화관에서 무과 시험을 둘러보았다. 그리고 낙남헌에서 문과 시험을 살펴본 뒤 합격자 발표인 방방에 친림했다.

⊙ 낙남헌 (위)

1794년(정조 18)에 봉수당 북쪽에 건립되었다. '낙남헌'이라는 명칭은
후한의 광무제가 낙양으로 도읍을 옮기고 궁궐 이름을 '남궁'이라 지

⊙ 유여택

화성 유수의 처소로 사용되던 곳이다. 왕이 행차할 때는 왕이 이곳에
머무르며 집무를 보았다.

❶ 「득중정어사도」

정조는 득중정에서 활을 쏘고 매화포를 터뜨려 불꽃의 아름다움을 즐기기도 했다. 양로연을 마지막으로 수원 화성에서의 공식 행사를 모두 마친 정조는 간편한 군복으로 갈아입은 후 방화수류정을 찾았다.

❷❷ 득중정

활을 쏘기 위해 세운 정자다. 정조가 이곳에서 활 4발을 쏘아 모두 맞힌 것을 기념하며 '득중정'이라 명명했다고 한다.

상인들의 자유로운 상업 활동을 허하다

노론과 남인의 대립은 정치 자금줄과도 연결되어 상업 활동의 변화를 가져왔어요. 조선 후기에 허가받지 않은 난전의 상업 활동이 활발해지자, 조정에서는 시전에 금난전권을 주어 난전을 강력히 단속했어요. 영세 상인들은 끊임없이 금난전권의 폐지와 자유로운 상행위의 보장을 요구했지요. 시전 상인의 후원을 받던 노론은 금난전권을 계속 시행하자고 주장했지만, 신흥 상인과 연결되어 있던 남인은 금난전권의 폐지를 주장했어요.

1791년(정조 15년) 정조는 남인의 영수인 채제공의 주장을 받아들여 **육의전**을 제외한 다른 시전들의 금난전권을 폐지하고, 상인들의 자유로운 상업 활동을 인정하는 '신해통공(辛亥通共)' 조치를 취했어요. 신해통공으로 어용 시전 조직은 사실상 해체되었지요.

◐ 1890년대 종로 육의전 거리

육의전은 조선 후기에 조정으로부터 특권을 부여 받은 여섯 종류의 큰 상점이다. 정조는 자유로운 상업 활동을 장려하기 위해 시전의 금난전권을 박탈하면서도 육의전의 금난전권은 유지하도록 했다.

숙종 때 특산물 대신 쌀과 동전을 내는 대동법이 전국적으로 시행되면서 독점 도매 상업인 도고(都庫) 상업이 발달했습니다. 대동법 시행으로 상평통보가 활발히 보급되면서 상인들의 활동도 점차 활발해졌어요. 정조 때는 금난전권의 폐지와 맞물려 도고 상업으로 큰돈을 번 사람들이 등장하기 시작했습니다. 박지원의 소설 「허생전」에는 허생이 과일을 매점매석(買占賣惜)해 큰돈을 버는 장면이 나오는데, 이는 당시의 시대상을 반영하고 있어요.

　제주도에 살았던 김만덕 역시 도고로 갑부가 되었습니다. 김만덕은 양갓집에서 태어나 어린 나이에 부모를 잃은 후 기녀의 집에 맡겨졌어요. 이후 김만덕은 장삿길로 나아가 물가의 시세 변동을 이용해 큰돈을 벌었지요. 대상(大商)이 된 김만덕은 1794년(정조 18년) 제주도에 큰 흉년이 들자 천금을 들여 육지에서 쌀을 사들여 와 수많은 사람을 구했어요. 이 소식을 들은

○「연광정에서의 연회」
(국립중앙박물관)

새로운 평양 감사의 부임을 환영하기 위해 열린 연회의 모습이 담겨 있다. 평안 감사는 왼쪽에 있는 연광정에 앉아 기녀들의 춤과 노래를 즐기고 있다. 오른쪽에 있는 대동문 앞 시가지에는 물지게를 메고 있는 사람, 엿을 파는 아이 등 다양한 풍물이 담겨 있다.

정조는 김만덕을 의녀로 임명하고, 그녀의 소원이었던 대궐 구경과 금강산 구경을 허락해 주었습니다. 당시에는 섬에 사는 여자가 섬 밖으로 나가는 일이 금지되어 있었으므로 파격적인 조치였다고 할 수 있지요. 후일 당대 최고의 정승이었던 영의정 채제공은 김만덕의 전기인 「만덕전」까지 썼다고 해요.

정조 때는 국내 상업뿐만 아니라 대외 무역도 활발하게 이루어졌습니다. 17세기 이후부터 청이나 일본과의 무역이 확대되고, 조선은 중계 역할을 담당하면서 많은 이득을 보았어요. 청과의 무역은 국경 지대를 중심으로 공적으로 허용된 개시와 사적으로 거래되던 후시가 있었습니다. 청에서 수입하는 물품은 비단, 약재, 문방구 등이었고, 수출하는 물품은 은, 종이, 무명, 인삼 등이었지요.

최인호의 소설 「상도」로 잘 알려진 의주의 만상 임상옥은 청과의 인삼 무역으로 큰돈을 벌었어요. 임상옥 밑에서 회계 업무

O 칠패

남대문 시장의 전신이다. 동대문 시장의 전신인 이현과 함께 사상 도고의 활동 중심지였다. 한양가(漢陽歌)에 "칠패의 생선전에 각색 생선 다 있구나."라는 대목이 있을 정도로 여러 가지 생선이 많았던 것으로 유명하다.

를 보았던 사람만 무려 70명이었다고 하니 그 규모가 얼마나 컸는지 짐작할 수 있지요. 집의 규모도 어마어마해서 평안 감사와 의주 부사 등 700여 명의 손님이 방문했을 때 한 사람에 한 상씩 음식을 한꺼번에 차려서 올렸다고 합니다.

일본과의 무역은 왜란 이후 관계가 점차 정상화되면서 왜관 개시를 통한 대일 무역이 활발하게 이루어졌어요. 동래의 내상은 인삼, 쌀, 무명 등을 팔고 청에서 수입한 물품을 일본에 넘겨주는 중계 무역을 하기도 했지요. 일본에서는 은, 구리, 황, 후추 등을 수입했어요. 개성의 송상은 의주의 만상과 동래의 내상을 중계하면서 큰 이득을 남겼지요.

●「장시」

포구나 교통이 편리한 곳에 발달한 장시의 모습을 그린 조선 시대의 민화이다. 지방의 큰 장시에는 객주와 여각이 있었다. 객주와 여각에서는 선상이 물건을 싣고 포구에 들어오면 그 물건의 매매를 중개하고 운송, 보관, 숙박, 금융 등의 영업도 했다.

정조 독살설, 심환지의 편지에 진실이 숨어 있나

1800년(정조 24년) 5월 정조는 잔치를 베푸는 자리에서 하교를 내렸습니다. 남인은 하교 내용 중에서 "정치 원칙은 시대에 따라 달라지는 것이다. 재상을 쓸 때는 8년 정도 시련을 준 다음에야 8년을 믿고 쓴다."라는 내용에 주목했어요. 하교에 따르면 다음 재상 후보는 이가환이나 정약용이었지요. 심각한 위협을 느낀 노론 벽파는 정조 자체를 제거하는 것이 자신들을 지킬 해결책이라고 보았어요. 친왕 세력인 남인 채제공 계열과 노론 시파 계열은 노론 벽파에 대응할 공조 체제가 형성되어 있지 않았지요.

1800년 6월 초 정조는 종기를 앓았는데, 이틀이 지나자 종기는 등으로까지 번졌어요. 노론 벽파의 수장인 좌의정 심환지와 우의정 이시수의 지휘 아래 내의원들이 온갖 처방을 내려 치료했어요. 정조 역시 매번 처방을 묻고 확인했어요. 그래도 차도가 없자 정조는 어의 심인의 연훈방(煙熏方, 독성을 제거한 수은가루를 태울 때 나오는 연기를 환부에 쏘이는 것) 처방을 받으면서 탕약을 곁들이기로 했지요.

하지만 정조의 병세는 점차 위중해져 미음도 제대로 먹지 못하는 상태에 이르렀어요. 결국 정조는 8월 18일 창경궁 **영춘헌**에서 죽음을 맞았습니다. 정조가 임종할 때 유일하게 곁을 지킨 사

○ 영춘헌(서울시 종로구)
정조가 인생의 후반기를 보냈던 곳이다. 주로 독서실 겸 집무실로 사용하다가 나중에 침전으로 삼았다. 영춘헌 옆에 붙어 있는 집복헌은 정조의 아버지 사도 세자와 정조의 아들 순조가 태어난 곳이다.

람은 정순 왕후였어요.

정조 사후 독살설이 제기되었답니다. 수은 연기를 쐬는 연훈방을 써서 수은에 중독되어 죽었다는 것이지요. 이 방법을 주선한 심환지와 이시수가 벽파이고, 정순 왕후가 정조와 독대한 후 얼마 지나지 않아 정조가 사망했다는 사실이 독살설의 근거로 제시되었습니다. 더구나 연훈방을 쓴 심인은 심환지의 친척이었어요. 남인 사이에서는 이러한 정황 때문에 정조가 독살되었다고 보는 견해가 파다했지요.

하지만 정조가 심환지에게 자신의 병세를 설명하는 편지를 써 주었기 때문에 독살은 아닐 것이라는 주장도 있어요. 이 비밀 편지가 '정조 독살설'을 부정하는 증거인지는 여전히 논란입니다. 심환지는 정순 왕후의 오라비인 김귀주와 함께 홍봉한에 반대하는 입장에 섰고, 정조의 탕평책과 사도 세자 추존에도 반대한 강경한 벽파 인물이었거든요.

정조 독살설을 믿는 학자들은 정조의 편지가 오히려 독살의 증거라고 보고 있어요. 정조는 24년간 집권한 정치가였으므로 정적에게도 친밀한 서신을 보냈고, 자기 죽음 이후에 대한 대비책을 부탁하지 않았습니다. 정조가 심환지를 속으로는 신뢰하지 않았다고 보는 것이지요.

○ **건릉**(경기 화성시)
정조와 효의 왕후를 합장한 무덤이다. 동릉이실(同陵異室), 즉 능은 하나지만 봉분 속 석실을 둘로 하는 합장 형태를 따르고 있다.

3 정조 시대를 만든 사람들

북학파 홍대용, "우주는 무한하다"

18세기 후반 영·정조 때에는 상공업 발전과 기술 혁신을 주장하는 실학자들이 나타났어요. 이들은 청의 문물을 적극적으로 수용해 부국강병과 이용후생(利用厚生)에 힘쓰자고 주장했으므로 '이용후생 학파' 또는 '북학파'라고 합니다. 북학파는 주로 청에 내왕하면서 청의 선진 문물을 수용하자고 주장했어요. 이들은 중국 견문을 토대로 많은 저서를 남겼는데, 특히 유수원, 홍대용, 박지원, 박제가 등이 유명하지요.

홍대용은 여러 번 과거에 실패한 후 1774년(영조 50년)에 음서로 벼슬길에 올랐어요. 사헌부 감찰, 태인 현감, 영천 군수를 지내다가 1783년 53세에 세상을 떠났지요.

홍대용은 연행사(燕行使, 북경으로 가는 사절단)의 서장관인 작은아버지 홍억의 수행 군관으로 청에 가게 되었어요. 60여 일 동안 북경에 머물면서 홍대용은 중국 학자들과 개인적인 교분을 맺었고, 북경에 머물고 있던 서양 선교사들을 찾아가 서양 문물을 구경했습니다. 홍대용의 북경 방문기인 『연기(燕記)』는 박지원의 『열하일기』에 영향을 주었어요.

과학 사상을 담은 『의산문답』 역시 북경 방문길에 들른 의무려산(醫巫閭山, 중국 랴오닝성에 위치한 산)을 배경으로 쓰였습니다. 이 책은 의무려산에 숨어 사는 실옹과 헛된 말만 일삼는 조선의 학자 허자가 나눈 대화를 중심으로 전개되는 과학 소설이에요. 30년간 성리학을 익힌 허자는 자신의 학문을 자랑하다가 실옹을 만나 자신이 그동안 배운 학문이 헛된 것이었음을 깨닫게 되지요. 지전설, 무한우주론 등 홍대용의 과학 사상이

❍ 홍대용(1731~1783)
대표적인 북학파 실학자이다. 20세 무렵 홍대용은 나경적과 안처인에게 의뢰해 천문 관측기구인 혼천의와 자명종을 제작했다.

담긴 『의산문답』은 갈릴레이가 쓴 『천동설과 지동설에 관한 대화』(1633년 출간)와 흔히 비견됩니다.

당시 조선 사람들은 지구는 사각형처럼 생겼고 하늘은 둥글다고 생각했습니다. 반면, 홍대용은 지구는 둥글게 생겼을 뿐 아니라 스스로 돈다고 믿었어요. 하지만 홍대용은 지구가 태양 주위를 도는 게 아니라 태양과 달이 지구 주위를 돈다고 생각했지요.

홍대용은 자신의 추론을 토대로 우주가 무한하다는 우주관을 완성했습니다. 홍대용의 무한우주론은 중국 중심의 세계관을 깨뜨리는 데 큰 역할을 했어요. 첫째, 홍대용은 중국, 조선, 서양을 모두 상대화해 중국 중심적인 화이(華夷, 중국 민족과 그 주변의 오랑캐) 이론을 부정했습니다. 둘째, 인간과 다른 생명체도 상대화해 인간과 자연 어느 쪽도 더 우월한 것이 아니라고 주장했어요. 셋째, 신분적 차별을 타파해야 하고, 교육의 기회가 균등히 부여되어야 하며, 재능에 따라 일자리가 주어져야 한다고 주장했지요.

또한 홍대용은 서양 과학이 정밀한 수학과 정교한 관측에 근거하고 있음을 간파하고 『주해수용』이라는 수학책을 썼습니다. 여러 가지 천문 관측기구도 만들었지요.

박지원, 물레방아에서 우주까지 실학 정신을 찾다

한성에서 태어난 박지원은 부모를 일찍 여읜 탓에 할아버지인 박필균 밑에서 자랐어요. 1760년 할아버지가 죽자 생활은 더욱 곤궁해졌지요. 1765년 처음 과거를 치렀으나 뜻을 이루지 못했고, 그 이후 학문과 저술에만 전념했어요.

1768년 한성의 백탑 마을 근처로 이사 온 **박지원**은 이웃인 박제가, 이서구, 유득공 등과 학문적으로 깊은 교유를 나누었어요.

이때를 전후해 홍대용, 이덕무 등과 이용후생을 주제로 자주 토론했고 유득공, 이덕무 등과 서부 지방을 여행했지요. 이들은 백탑 마을 출신이어서 '백탑시파'라고 불립니다.

당시 홍국영이 세도를 잡고 있어 노론 벽파에 속했던 박지원의 생활은 더욱 어려워졌어요. 결국 박지원은 황해도 금천 연암협으로 거처를 옮겼는데, 이때부터 박지원의 호가 '연암'이 되었습니다.

1780년(정조 4년) 처남 이재성의 집에 머무르던 박지원은 건륭제의 고희를 축하하는 사절단이 북경으로 갈 때 수행원으로 따라가게 되었어요. 사절단은 1780년 6월 25일에 출발해 압록강을 거쳐 북경과 열하를 여행하고 10월 27일 귀국했습니다. 이때의 경험을 정리한 책이 바로 『열하일기』예요. 박지원은 이 책에 평소 생각했던 이용후생에 대한 견해를 구체적으로 서술했지요.

박지원은 『열하일기』에서 청의 선진 문물을 받아들여 낙후한 조선을 개혁해야 한다고 주장했어요. 당시 명을 숭상하고 청을 배격하는 풍조에서 박지원의 주장은 현실 정치에 적용되기 어려웠습니다. 다만, 의식 있는 위정자나 지식인들 사이에서는 박지원의 사상이 널리 퍼졌지요.

박지원은 당시의 최신 학문인 서학에 밝았고, 천문학에도 깊은 관심을 보였어요. 박지원은 『열하일기』 권22의 「곡정필담」에서 "하늘이 만든 것 중에 모난 것은 없다. 그러므로 지구가 둥근 모양이라는 것은 의심할 여지

○ 박지원(1737~1805)
유려한 문장과 진보적 사상으로 이름을 떨친 정조 때의 문장가이자 실학자다. 박지원은 이용후생(利用厚生)의 실학을 강조한 북학파이다.

가 없다. 만약 지구가 움직이지도 않고 돌지도 않고 하늘에 매달려 있다면 즉시 썩어 부서질 것이다."라고 주장했습니다. 박지원의 우주관은 당시 중국 학자들도 놀라게 했어요.

노론에 속한 박지원이 패관소품체를 구사해 『열하일기』를 저술하자 정조는 문체를 정통 고문으로 바로잡으려 했어요. 이를 '문체반정'이라고 합니다.

『정조실록』에는 문체반정에 관해 다음과 같이 기록되어 있어요.

"근래 선비들의 취향이 점점 저하되어 글을 짓는 데 지켜야 할 수법도 날로 비속해지고 있다. 괴상한 문장의 패관소품체를 사람들이 모방해 경전의 의미조차 소용없는 것으로 만들고 있다. 성균관 시험의 답안지 중에 만일 조금이라도 패관잡기에 관련된 답이 있으면 아무리 좋은 답안이라도 실격시키고 앞으로 과거를 보지 못하도록 하겠다."

❍ 연암 물레방아 공원 (경남 함양군)

박지원이 최초로 물레방아를 설치한 것을 기념해 조성한 공원이다. 이곳에는 박지원의 동상과 목재 물레방아가 세워져 있다.

패관소품체(稗官小品體) 전통적인 옛 사상이나 문체에서 벗어나 현실의 다양한 면모와 다양한 인물군상을 생동감 있게 담은 새로운 문체를 가리킨다. 패관은 민간에 나도는 풍설과 전설을 수집하던 일을 맡은 말단 관원인데, 나중에 패관이 수집한 이야기를 기초로 패관 문학이 등장했다. 박인량의 『수이전』, 이인로의 『파한집』 등이 대표적인 패관잡기다.

새로운 문체를 자유분방하게 구사했던 박지원은 체면에만 얽매인 양반들을 풍자하는 소설을 많이 썼어요. 「양반전」, 「호질」, 「허생전」 등 한문 단편 소설들은 당시의 역사적 현실을 잘 보여 줍니다.

「양반전」에서는 봉건 사회가 와해되는 가운데서도 허위의식을 버리지 못하는 양반 계급을 풍자적으로 비꼬고 있어요. 북경 여행 이후에 쓴 「허생전」에서는 중상주의적 실학사상을 잘 보여 주고 있고, 비현실적인 북벌론을 배격하면서 당시 사회가 안고 있는 문제점도 지적하고 있지요.

박지원은 1786년 50세에 뒤늦게 음서로 선공감 감역이라는 미관말직을 얻었고, 이어 안의 현감, 면천 군수, 양양 부사를 거쳤어요. 안의 현감 시절에는 북경 여행의 경험을 토대로 **물레방아** 등 실험적 작업을 시도했지요.

면천 군수 시절에는 정조가 영농 기술에 관한 의견을 제출하도록 요청함에 따라 농업 기술과 농업 정책을 다룬 『과농소초』를 저술했어요. 이 책에서 박지원은 토지 소유의 상한선을 설정하는 한전론을 주장했답니다.

박지원의 저술은 1900년 김만식 외 23인이 처음 공개한 『연암집』에 수록되었습니다. 박지원의 손자인 박규수는 고종 때 우의정을 지냈으면서도 할아버지의 문집을 간행하지 못했어요. 이는 당시만 해도 조선 사회에서 박지원의 생각이 수용되기 어려웠다는 것을 보여 주지요.

박제가, "가난에서 벗어나는 길은 무역뿐이다"

박지원의 제자인 박제가는 1778년(정조 2년) 채제공을 수행해 이덕무와 함께 청의 사은사 일행에 합류했어요. 3개월에 걸친 여행을 하면서 **박제가**는 눈부신 문명의 이기들을 접했지요.

청에 다녀온 후 자신이 체험한 것을 상세히 기록한 『북학의』라는 책을 펴냈어요. 『북학의』에는 오늘날 경제학에서 중시하는 이론도 담겨 있지요. 박제가는 생산과 소비의 관계를 샘에 비유하면서 생산을 자극하기 위해서는 절약보다 소비를 권장해야 한다며 다음과 같이 주장했습니다.

"검소하다는 것은 물건이 있어도 남용하지 않는 것을 말하는 것이지, 물건이 없다 해 스스로 단념하는 것을 말하는 것은 아니다. 재물은 샘과 같다. 퍼내면 차고, 버려두면 말라 버린다. 비단옷을 입지 않아서 비단 짜는 사람이 없게 되면 부녀자들의 길쌈질이 쇠퇴하고, 쭈그러진 그릇을 싫어하지 않으면 기예가 망하게 되며, 농사가 황폐해지면 그 법을 잃게 된다."

『북학의』의 서문을 쓴 박지원은 『열하일기』를 쓴 사람과 『북학의』를 쓴 사람이 마치 한사람인 것처럼 뜻이 일치한다고 반가움을 표했습니다.

"나는 몹시 기뻐 사흘 동안이나 읽었으나 조금도 싫증이 나지 않았다. 이러한 사실은 우리 두 사람이 눈으로 직접 본 후에야 알게 된 것은 아니다. 우리가 일찍부터 함께 연구하고 밤이 새도록 맞장구를 치며 이야기했던 것이다."

한편, 정조는 즉위하자마자 서얼들의 누적된 불만을 무마하기 위해 1777년 3월 서얼허통절목을 발표했습니다. 1779년 3월에

❖ 박제가(1750~1805)
유득공·이서구·이덕무와 함께 조선의 시문 사대가(詩文四大家)로 알려졌다. 박제가는 시문뿐만 아니라 그림과 글씨에도 뛰어났다.

는 규장각에 검서관직을 두어 박제가를 비롯한 이덕무, 유득공, 서이수 등 서얼 출신 학자들을 불러들였어요. 박제가는 13년간 규장각에 근무하면서 소장된 서적들을 마음껏 읽고 저명한 학자들과 사귈 수 있었지요.

실학의 든든한 후원자였던 정조가 죽고 순조가 왕위에 오르자, 정순 왕후를 등에 업고 정권을 장악한 노론 벽파는 천주교 금지를 명분 삼아 박제가를 비롯한 실학자들을 몰아냈어요. 한창 개화의 싹이 트는 시기에 실학자들이 뜻을 펼칠 수 없게 된 것은 조선으로서는 크나큰 손실이었지요. 당시 실학이 꽃을 피웠다면 우리의 근대사는 상당히 달라졌을 거예요. 북학파의 실학사상은 19세기 후반 개화사상으로 이어졌습니다.

○ 「의암관수도」
(개인 소장)
바위에 기대어 흐르는 물을 바라보고 있는 모습을 묘사한 박제가의 작품이다. 그림 위에는 칠언시가 적혀 있다.

정약용, 508권의 저서를 펴내다

정약용은 1762년(영조 38년) 경기도 광주군 마현에서
진주 목사를 지낸 정재원의 넷째 아들로 태어났습니
다. 아버지 정재원은 대다수의 남인과 마찬가지로 당
쟁으로 관직에서 물러나 있었어요. 정약용은 4세 때
이미 『천자문』을 익혔고, 7세에 한시를 지었으며, 10
세가 되기 전에 자작시를 모아 『삼미집(三眉集)』을 펴
냈습니다. 정약용은 어릴 때 천연두를 앓아 오른쪽 눈
썹에 셋으로 나뉜 자국이 남아 있어 '삼미(三眉)'로도
불렸어요.

○ **정약용**(1762~1836)
유형원, 이익 등의 실학을
계승한 학자이다. 정약용은
토지 제도의 개혁을 주장했
는데 처음에는 여전론(공동
농장 제도)를 내세웠다가 나
중에는 정전제(공전을 공동
경작)를 현실에 맞게 실시할
것을 주장했다.

정조가 등극한 1776년 정약용은 15세에 풍산 홍씨 집안으로
장가들면서 한성으로 가게 되었고, 외가를 자주 찾았다고 해요.
외조부 윤두서는 문인 화가로 잘 알려졌지만 장서가로도 유명했
지요. 정약용이 외가에 자주 들른 것도 윤두서가 소장한 장서를
빌려 읽기 위해서였어요.

정약용은 독서만 한 게 아니라 친형 정약전과 그의 친구 이승
훈과 사귀면서 견문을 넓혔어요. 이승훈은 정약용에게 이익의
종손 이가환을 소개해 주어서 이익의 실학사상도 접할 수 있었
지요.

정약용은 1781년 20세에 과거를 치렀지만 낙방했어요. 재수
한 정약용은 이듬해 초시에 합격해 성균관에 입학했지요. 성균
관에서 공부할 때 이미 정조의 눈에 띄었고, 1789년 정조 앞에서
치른 전시에서 합격해 '초계문신'의 칭호를 얻었어요.

정조는 정약용에게 도시 설계를 맡겼어요. 정약용은 청을 통
해 들어온 서양의 여러 도시에 관한 책을 참고해 화성을 설계했
지요. 일 년여의 연구를 거쳐 정약용은 도시의 기본 틀과 구체적

초계문신(抄啓文臣)
초계를 통해 뽑힌 당하관
문신이다. 초계란 당하관
문신 가운데 인재를 뽑아
임금에게 보고하던 일을
말한다. 뽑힌 사람은 교육
을 받은 후 시험을 보고 그
성적에 따라 중용되었다.

● 정약용 사당

● **여유당**(경기 남양주시)

정약용이 태어나고 숨을 거둔 곳이다. 1925년 대홍
수 때 떠내려갔으나 1975년 지금의 여유당으로 복
원했다. 여유당 오른쪽에 사당을 지었고, 여유당 뒷
동산에는 정약용의 묘가 있다.

◆ 여유당 앞에 복원한 배다리   ◆ 정약용 묘

인 건축 방법을 담은 「성설」이라는 보고서를 정조에게 바쳤습니다. 화성의 공사 책임은 영의정이었던 채제공이 맡았어요. 채제공은 정약용을 비롯해 박지원, 홍대용, 박제가, 화성 건설 감독관 조심태 등을 적극적으로 후원한 인물이랍니다.

화성 건설은 1794년(정조 18년) 1월에 시작되어 1796년 9월 초에 끝났어요. 화성은 예상보다 훨씬 빠른 2년 9개월 만에 완공되었어요. 그 비결은 정약용이 설계한 첨단 기계인 **거중기**에 있었어요. 또한 일꾼들에게 강제 부역을 시키지 않고 정확히 품삯을 주어 열심히 일하도록 했기 때문에 빠른 공사가 가능했지요. 정조는 정약용이 설계한 거중기를 사용한 후 "4만 냥의 비용을 절약했다."라며 크게 기뻐했어요. 한편, 정약용은 큰 배를 강에 나란히 띄워서 배다리를 만들어 정조의 화성 능행을 순조롭게 했어요.

정약용은 23세에 이벽으로부터 서학에 관해 듣고 관련 서적들을 읽었다고 합니다. 천주교 관련 사건이 발생할 때마다 정약용이 요직에 오르는 것을 시기한 정적들이 그를 천주교도로 몰아갔어요. 그러자 정약용은 1799년 "천주교에 관심을 가졌던 것은 서양의 학문과 과학적 지식을 얻기 위해서였다."라고 해명하는 자명소를 제출했어요. 사퇴 건의서를 함께 제출한 정약용은 정조의 만류를 뿌리치고 1800년 봄 가족을 데리고 낙향했습니다.

　1800년 가장 큰 후견인이었던 정조가 갑자기 세상을 뜨면서 승승장구하던 정약용에게도 시련이 닥쳤어요. 1801년(순조 1년) 신유박해 때 정약용은 한성으로 압송되었습니다. 서학과 관련된 주변 인물들은 대부분 사형을 당했고, 셋째 형인 정약종도 천주교도라는 이유로 참수를 당했어요. 정약용과 둘째 형 정약전은 그간의 공적을 인정받아 그나마 유배형에 처해졌지요. 정약전은 전라도 흑산도로 유배되어 그곳에서 생을 마감했어요.

　겨우 목숨을 부지한 정약용은 1801년 2월 장기로 유배되었다가 11월에 강진으로 옮겨져 18년 동안 유배 생활을 했어요. 유배

❍ 거중기
정약용은 1792년(정조 16)에 도르래를 이용한 거중기를 고안해 수원 화성을 축조하는 데 크게 이바지했다.

생활을 시작했을 때 천주교도라는 소문이
나서 사람들은 모두 정약용을 모른 척했어
요. 이런 어려움 속에서도 정약용은 제자들
을 키우고 저술 활동에 전념했답니다.

1808년 봄, 정약용은 윤박이라는 선비의
별장인 정자를 이용할 수 있게 되었어요. 다
산에 있다 해 '다산초당'으로 불렸지요. 그곳
에는 1,000여 권의 장서가 있어 정약용이 책
을 집필하는 데 많은 도움을 주었어요. 정약
용의 강진 유배 기간은 관료로서는 암흑기
였지만, 학자로서는 알찬 수확기였다고 할 수 있습니다. 정약용
은 다산초당에서 지방 행정의 개혁에 관한『목민심서』, 중앙 행정
의 개혁에 관한『경세유표』등 수많은 책을 저술했어요. 베트남
의 국부로 추앙받는 호찌민은 죽을 때 자신의 머리맡에 정약용
의『목민심서』를 놓아두라는 유언을 남겼다고 합니다.

1818년 가을, 정약용은 57세에 유배에서 풀려나 고향인 마현
으로 돌아왔습니다. 1836년(헌종 2년) 75세의 나이로 세상을 뜰
때까지 정약용은 유배 생활 중에 미처 마치지 못했던 저술 작업
을 계속했어요. 이때도 형법에 관한『흠흠신서』를 비롯해 많은
책을 집필했지요.

정약용의 저서는『여유당집』250권,『다산총서』246권과 나
머지 책을 포함해 508권에 달하지만 지금은 대부분 없어졌어요.
1934년에 와서야 500여 권의 저서를 정리한『여유당전서』가 편
찬되었지요.

여러분이 한번 '화성행행도 팔첩병'의 군졸이 되어 보세요!

'화성행행도 팔첩병'은 1795년(정조 19년) 윤2월 9일부터 16일까지의 행차를 그린 것입니다. 행차에 동원된 군졸은 5천 명 정도였다고 하는데, 이들은 열흘 동안 자신이 먹을 밥까지 스스로 챙겨 와서 왕의 행차를 뒤따라가야 했습니다. 당시 조선의 인구가 7백만 명 남짓했고 한성과 경기도 일원의 인구는 많아야 1백만 명 남짓했어요. 군역 대상지에서 200명에 1명꼴로 군졸이 동원된 셈이지요. 5천 여 군졸은 매서운 초봄 추위를 무릅쓰고 한성에서 화성까지 백리 길을 무거운 깃발을 든 채 16일 동안 걸어가야 했습니다. 또한 한강을 건너기 위해 바쁜 장삿배를 36척이나 동원해 배다리를 만들었지요. "군졸들과 배를 가진 사람들의 원성이 높았다."라고 실록에도 기록되어 있습니다. 왕의 성묘를 위해 화성과 시흥 행궁을 새로 짓고, 수천 명의 군사를 동원한 것이지요. 화성은 조선 역사상 가장 공역(功役)이 많이 들었으면서도 실전에는 쓰이지 않았던 건축물 중의 하나입니다. 하지만 후손들은 세계문화유산을 물려받았어요. 정조의 화성 행차는 백성들에게 좋은 구경거리였으나 겉으로 볼 때 좋은 구경거리라고 해서 그 이면을 놓쳐서는 안 됩니다.

화성행행도 팔첩병 中 「환어행렬도」

19 순조실록, 헌종실록, 철종실록 | 세도 정치의 전개

정조가 갑자기 세상을 떠난 후, 왕의 외척 세력인 안동 김씨와 풍양 조씨 등이 순조, 헌종, 철종 3대 60여 년간 정권을 잡았습니다. 세도 정치 시기에는 정치 집단 사이의 대립 구도가 사라지고 소수 가문 출신이 중앙 권력을 독점했지요. 이들을 견제할 세력이 없던 탓에 정치는 극도로 부패해졌습니다. 그 여파로 과거제가 문란해졌고, 매관매직이 기승을 부렸으며, 탐관오리는 백성의 고혈을 짜내는 데 혈안이 되었어요. 농민에 대한 수탈이 심해져 전정, 군정, 환곡 등 '삼정의 문란'이 극에 달했습니다. 결국 백성들의 불만이 폭발하고 말았지요. 홍경래의 난을 시작으로 민란의 불길이 전국 곳곳으로 퍼져 나갔어요. 정부가 근본적인 대책을 마련하지 못하자 불길은 쉽사리 수그러들지 않았습니다.

- **1805년** 순조의 장인 김조순이 정권을 장악함에 따라 안동 김씨 세력의 세도가 시작되다.
- **1811년** 평안도에서 몰락 양반 홍경래를 중심으로 농민 항쟁이 일어나다.
- **1839년** 천주교 금지령으로 천주교도들이 처형당한 기해박해가 일어나다.
- **1860년** 최제우가 민간 신앙과 유교, 불교, 도교를 융합한 동학을 창시하다.
- **1862년** 임술 농민 봉기가 진주 지방을 중심으로 일어나 전국으로 확산되다.

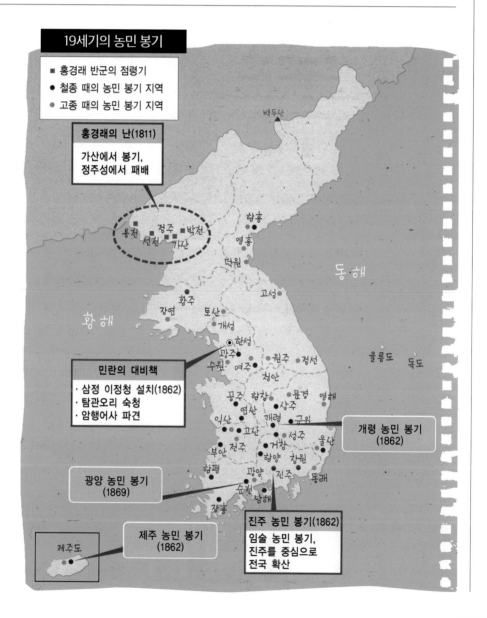

19세기의 농민 봉기

- ■ 홍경래 반군의 점령기
- ● 철종 때의 농민 봉기 지역
- ● 고종 때의 농민 봉기 지역

홍경래의 난(1811)
가산에서 봉기,
정주성에서 패배

민란의 대비책
· 삼정 이정청 설치(1862)
· 탐관오리 숙청
· 암행어사 파견

개령 농민 봉기
(1862)

광양 농민 봉기
(1869)

제주 농민 봉기
(1862)

진주 농민 봉기(1862)
임술 농민 봉기,
진주를 중심으로
전국 확산

1 순조실록

정순 왕후, 신유박해로 시파를 제거하다

정조의 정비 효의 왕후 김씨는 아들을 낳지 못했고, 의빈 성씨가 낳은 문효 세자는 5세의 어린 나이에 죽었어요. 이런 상황에서 화성 행궁이 마무리된 직후인 1790년(정조 14년) 6월 정조와 후궁 수빈 박씨 사이에서 아들 공(순조)이 태어났습니다. 왕실에서 애타게 기다리던 아들이 태어나자, 정조는 공을 효의 왕후의 양자로 삼고 1800년(정조 24년) 1월 왕세자로 책봉했어요.

1800년 6월 정조가 의문사하자, 순조는 7월에 11세의 어린 나이로 **창덕궁 인정문**에서 즉위했습니다. 순조의 나이가 어렸으므로 영조의 계비인 대왕대비 정순 왕후 김씨가 수렴청정했어요. 정순 왕후는 어린 임금의 보호자라기보다 집권에 성공한 왕처럼 행동했습니다. 정순 왕후 자신도 "주상은 어리고 나는 여주(女主, 여왕)로 조정에 왕림하고 있다."라고 말할 정도였지요.

15세에 영조의 계비가 된 정순 왕후는 사도 세자의 죽음에 동의했던 벽파의 실세 김귀주의 동생이었어요. 정권을 쥐게 된 정순 왕후는 친정 6촌 오빠인 김관주를 이조 참판에 앉히고 벽파

⊙ 창덕궁 인정문
(서울시 종로구)
왕위를 이어받는 의식이 거행되던 곳이다. 순조뿐만 아니라 효종·현종·숙종·영조 등 조선 왕조의 여러 임금이 인정문에서 즉위식을 치르고 왕위에 올랐다.

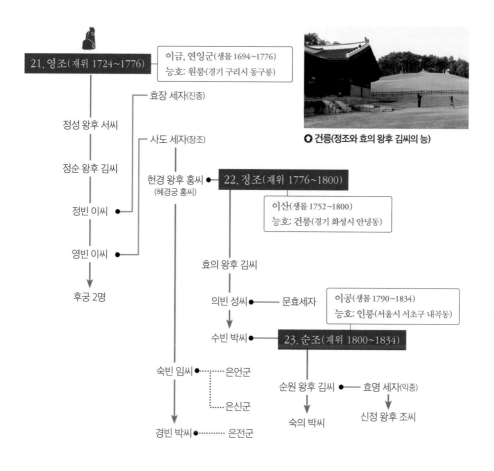

21. 영조(재위 1724~1776)

이금, 연잉군(생몰 1694~1776)
능호: 원릉(경기 구리시 동구릉)

효장 세자(진종)

사도 세자(장조)

정성 왕후 서씨

정순 왕후 김씨

정빈 이씨

영빈 이씨

후궁 2명

헌경 왕후 홍씨
(혜경궁 홍씨)

22. 정조(재위 1776~1800)

이산(생몰 1752~1800)
능호: 건릉(경기 화성시 안녕동)

◐ 건릉(정조와 효의 왕후 김씨의 능)

효의 왕후 김씨

의빈 성씨 ● 문효세자

이공(생몰 1790~1834)
능호: 인릉(서울시 서초구 내곡동)

수빈 박씨 ● 23. 순조(재위 1800~1834)

숙빈 임씨 ● 은언군

은신군

순원 왕후 김씨 ● 효명 세자(익종)

숙의 박씨

신정 왕후 조씨

경빈 박씨 ● 은전군

의 영수인 심환지를 영의정으로 삼는 등 노론 벽파를 대거 등용
해 벽파의 후견인이 되었지요. 비타협적인 강경한 벽파 심환지
와 오랫동안 숨죽여 온 정순 왕후가 손을 잡자 시파 쪽은 긴장할
수밖에 없었어요.

정순 왕후는 홍봉한의 시파를 내치고 천주교를 탄압하면서 남
인을 축출했지만, 김조순과 순조의 생모 수빈 박씨 가문인 반남
박씨는 우대했습니다.

1801년(순조 1년) 정순 왕후는 사교를 억누른다는 명분으로 천
주교도 100여 명을 처형하고 400여 명을 유배 보내면서 정조 때

부터 집권해 온 남인 중심의 시파를 거의 다 숙청했어요. 우리나라 최초의 외국인 신부 주문모는 한때 피신했다가 스스로 의금부에 나타나 문초를 받은 후 새남터에서 효수(梟首, 죄인의 목을 베어 높은 곳에 매달아 놓음)되었지요. 초기 교회의 지도자였던 이승훈, 정약종 등은 **서소문 밖**에서 참수되었고, 왕족인 송씨(정조의 이복동생 은언군의 부인)와 신씨(은언군의 며느리)도 사사되었습니다. 단지 학문 연구를 위해 서학을 공부한 정약용, 정약전 등은 귀양을 갔어요. 이처럼 1801년 신유년에 일어난 천주교도 박해 사건을 '신유박해' 혹은 '신유사옥'이라고 합니다. 천주교와 직접적인 관계가 없었던 실학자 박지원, 박제가 등도 관직에서 쫓겨났어요. 이로써 정조의 친위 세력을 형성하고 있던 시파 가운데 노론 출신의 외척만 남고 대다수 시파는 정계에서 밀려나고 말았습니다.

❖ 서소문 밖 순교자 현양탑
(서울시 중구)

조선 시대에는 많은 사람에게 경각심을 불러일으키기 위해 사람들의 왕래가 잦은 곳에서 사형을 집행했다. 서소문 밖도 이런 이유에서 1416년(태종 16)에 형장으로 지정되었다. 서소문 밖 형장에서는 신유박해 이래 1871년 무렵까지 수많은 천주교도가 처형되었다. 한국 천주교회에서 순교자들의 넋을 기리고자 현양탑을 세웠다.

☉ 새남터 성당(서울시 용산구)

새남터는 조선 시대에 국사범 등 중죄인의 사형을 집행하던 곳이었다. 1801년(순조 1) 신유박해 이후 많은 천도교도가 처형된 곳으로 유명하다. 순교자들을 기리기 위해 1983년에 성당이 세워졌다.

◉ 연풍성지(충북 괴산군)

신유박해 이후 천주교도들은 인적이 드문 곳에 숨어 살며 신앙생활을 지켜 나갔다. 연풍은 문경새재 서쪽 기슭의 고지에 자리 잡고 있어 천주교도들이 숨어들기 좋은 곳이었다. 하지만 천주교 탄압이 더욱 심해지면서 1866년 병인박해 때는 이곳에서 수많은 천주교도가 처형당했다.

◎ 교수형 형구돌
천주교도들을 처형할 때 사용한 형구다. 사람을 구멍 앞에 세운 다음, 목에 밧줄을 걸고 반대편 구멍에서 줄을 잡아당겨 죽였다.

◎ 다섯 성인상과 반석
1866년 3월 30일에 보령 갈매못에서 처형당한 다블뤼 주교, 오메트르 신부, 위앵 신부, 황석두 회장, 장주기 회장의 석상이다. 다섯 성인상은 이들이 서울에서 갈매못으로 압송될 때 쉬어 갔다는 반석 위에 세워졌다.

정순 왕후는 전국의 천주교도를 잡아들이기 위해 오가작통법을 이용했어요. 한 집에서라도 천주교도가 나오면 오가작통법에 따라 다섯 집이 모두 화를 입었으므로 무고하게 연루되어 죽는 사람도 많았지요.

1801년 10월 5일 정약종의 조카사위인 황사영이 신유박해의 실상과 대응 방안을 적은 비밀문서를 북경의 프랑스인 주교 구베아에게 보내려다 발각되었어요. 이를 '황사영 백서 사건'이라고 합니다. 당시 황사영은 프랑스의 무력을 동원해 조선의 종교적 자유를 얻고자 했기 때문에 조선 천주교회는 더욱 박해를 받게 되었어요.

시파 김조순, 순조의 장인이 되어 세도를 휘두르다

신유박해로 완전한 벽파 정권을 세운 정순 왕후도 1802년 10월 시파인 **김조순**의 딸을 순조의 비(순원 왕후)로 맞아들였어요. 김조순이 시파였으므로 노론 벽파는 김조순의 딸이 순조 비가 되는 것에 반대했지요. 하지만 정순 왕후는 정조의 유지를 거스를 수 없어 김조순의 딸을 왕비로 책봉했어요.

1804년 순조가 15세 되던 해에 정순 왕후는 수렴청정을 거두었고, 순조가 직접 정사를 보기 시작했어요. 하지만 장인 김조순과 외조부 박준원의 도움을 받을 수밖에 없었지요. 어린 순조는 여전히 이름뿐인 왕이었어요. 시파 세력인 김조순은 탕평을 건의하는 등 당색을 드러내지 않고 정순 왕후의 수렴청정에 협조함으로써 정순 왕후의 벽파 정권 때 살아남을 수 있었지요.

정순 왕후가 5년의 수렴청정을 거두고 물러난 지 일 년 만에 죽자 벽파는 몰락의 길을 걸었어요. 김관

○ 김조순(1765~1832)
조선 최고의 명문가인 안동 김씨 가문의 사람이다. 김상헌, 김수항, 김창집의 후손이다.

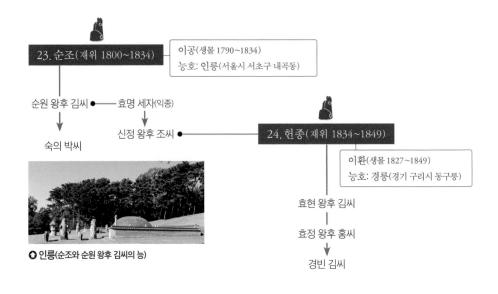

23. 순조(재위 1800~1834)

이공(생몰 1790~1834)
능호: 인릉(서울시 서초구 내곡동)

순원 왕후 김씨 ● ─── 효명 세자(익종)

숙의 박씨

신정 왕후 조씨 ● ─── 24. 헌종(재위 1834~1849)

이환(생몰 1827~1849)
능호: 경릉(경기 구리시 동구릉)

효현 왕후 김씨

효정 왕후 홍씨

경빈 김씨

❶ 인릉(순조와 순원 왕후 김씨의 능)

❶ 창덕궁 의두합
(서울시 종로구)
순조의 세자인 효명 세자가
서재로 사용하며 글을 읽던
곳이다. 단청을 하지 않아
다른 건물보다 소박한 모습
이다.

주는 정조의 뜻을 거슬러 순원 왕후의 삼간택을 방해한 죄로
귀양 가다가 병사했습니다. 정순 왕후의 오빠인 김귀주는 이
미 죽었는데도 역적으로 다루어졌지요.

정권을 잡은 안동 김씨는 조정의 요직을 모두 차지하고 전횡
과 뇌물 수수를 일삼았습니다. 이에 따라 인사 제도의 기본인 과
거 제도가 문란해지고 매관매직이 빈번하게 이루어졌어요. 세도

정치의 폐단으로 탐관오리의 탐학이 심해지고 재난과 질병이 만연하면서 곳곳에서 도적이 일어났지요.

정순 왕후 사후에도 여전히 벽파 세력이 위세를 떨치고 있었으므로 김조순은 수빈 박씨(순조의 생모) 가문인 반남 박씨와 손을 잡았어요. 왕의 외조부인 박준원, 그의 아들 박종경을 비롯한 반남 박씨가 나름대로 세력을 형성하고 있었기 때문이었지요.

순조는 조만영의 딸(신정 왕후, 조대비)을 세자빈으로 맞으면서 풍양 조씨 가문을 중용했습니다. 1827년(순조 27년)에는 효명 세자에게 대리청정을 맡겨 안동 김씨의 세도 정권을 견제하려 했으나, 1830년 세자가 일찍 죽는 바람에 실패했어요. 풍양 조씨도 또 다른 세도 정권에 불과해 균형과 견제의 역할을 하는 대신 온통 가문의 영달에만 관심을 보였지요.

1834년 순조는 34년의 재위 동안 세도 정권의 전횡, 잦은 민란과 자연재해 등으로 이렇다 할 업적을 남기지 못한 채 45세에 세상을 떴습니다. 순원 왕후로부터 1남 4녀를 얻었으나 효명 세자가 22세의 나이로 죽자 손자인 이환(헌종)이 왕위를 이었어요.

간택(揀擇)

조선 왕실에서 혼인을 치르기 위해 여러 혼인 후보자를 궐내에 모아 놓고 왕족 및 궁인들이 나아가 직접 보고 적격자를 뽑던 행사이다. 초간택의 후보자 수는 30명 안팎으로 여기서 5~7명을 선발하고, 재간택에서 3명을, 마지막 삼간택에서 1명을 결정했다.

○ 창덕궁 연경당(보물 제1770호, 서울시 종로구)

효명 세자가 순조를 위해 지은 건물이다. 창덕궁 안에 있는 건물 가운데 연경당이 유독 눈에 띄는 이유는 사대부 집의 형태를 띠고 있기 때문이다. 연경당은 집 전체를 가리키는 이름이자 사랑채의 당호다.

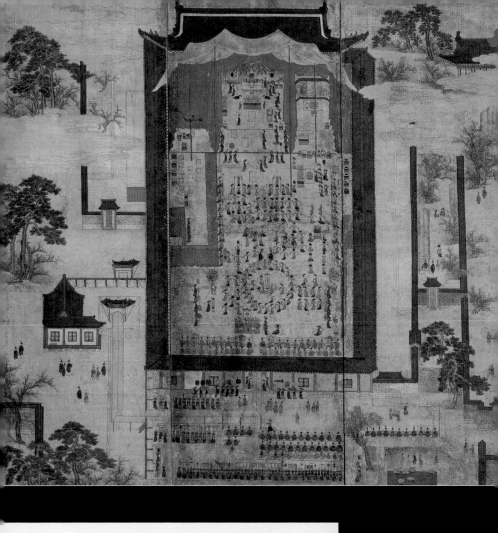

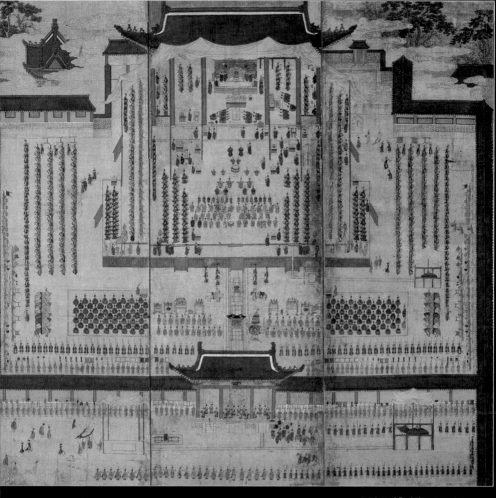

영국 상선 애머스트호를 왜 받아들이지 못했나

당시 세도 정치로 말미암아 짓눌린 백성의 삶을 보여 주는 기록이 있습니다. 1832년(순조 32년) 어느 날, 영국 상선 로드 애머스트호가 조선과의 교역을 성사하기 위해 황해도 몽금포에 다다랐어요. 애머스트호에 탔던 독일 개신교 선교사 **귀츨라프**는 북경의 선교 본부에 보낸 「조선 연안 항해기」에 조선에 관해 다음과 같이 기록했지요.

"조선 사람들은 끔찍한 곳에 거주하며 불결과 빈곤으로 생애를 보내야 했다. 우리가 만난 많은 사람의 피부는 어김없이 때로 덮여 있었고 몇 달이나 씻지 않아서 이가 득실댔다. 우리가 보는 앞에서 이를 손톱으로 짓눌러 죽이는 짓을 서슴지 않았다. 진흙으로 빚어진 살림 도구는 조잡하기 짝이 없었다. 조선 농민이 서양 기독교 문명을 받아들인다면 에덴동산이 도래할 것이다. 조선 사람들에게 절대적으로 필요한 것은 비누와 성서다."

귀츨라프는 중국학의 대가였으므로 홍주 목사와 한자로 필답할 수 있었습니다. 선교사는 "청이나 태국 등과도 교역하고 있는데, 조선과도 교역을 원한다. 우리는 양포, 천리경 등을 제공하고, 귀국으로부터 금이나 은, 약재 등을 받기를 원한다."라며 구체적인 품

○ **귀츨라프**(1803~1851)
조선에 나타난 최초의 개신교 선교사이다. 귀츨라프는 조선에 머물 때 『신약성경』에 기록된 주기도문을 한글로 번역하기도 했다.

목까지 제시했어요. 하지만 홍주 목사는 "청의 허락 없이 함부로 교섭할 수 없다."라는 답변을 내놓았지요. 결국 애머스트호는 가축, 채소, 곡물 등 필요한 물자를 공급받고 예물을 건넨 다음 기약 없이 떠났어요. 귀츨라프는 감자 씨앗을 전하면서 재배 방법을 가르쳐 주었고, 의약품과 복음서도 나누어 주었어요.

1854년 페리가 흑선을 이끌고 일본으로 가서 미·일 화친 조약을 맺기 20년 전의 일입니다. 일본보다 강력한 청의 영향력 아래에 있던 조선은 문호를 개방할 엄두도 내지 못했어요. 일본은 이미 18세기부터 네덜란드 상인들로부터 서구 문물을 받아들이고 있었지요.

공노비를 해방한 순조, "임금에게 백성은 귀천이 없다"

조선 후기에 정부는 공노비를 유지하는 데 비용이 많이 들고 효율성도 떨어지자, 공노비를 잡역에 종사하던 입역 노비에서 신공(身貢, 노역 대신 감이나 쌀, 돈 따위로 내던 세)을 바치는 납공 노비로 전환했습니다.

1731년(영조 7년)에는 아버지가 노비라도 어머니가 양민이면 자녀를 양민으로 삼는 법이 시행되면서 노비의 신분 상승은 더욱 촉진되었어요. 이 법을 '노비종모법(奴婢從母法)'이라고 합니다.

18세기 후반에 이르러 신공을 받을 수 있는 공노비가 줄어들자 1801년(순조 1년) 1월 중앙 관서의 노비 6만 6,000여 명을 해방

○ 방량 문서
노비를 양인으로 풀어 준다는 내용이 담긴 문서다. 이 문서를 주고받을 때는 돈이 오고 갔다.

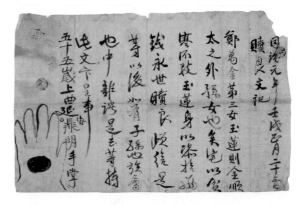

◐「벼 타작」(국립중앙박물관)

벼를 타작하는 평민과 이를 지켜보는 양반의 모습을 묘사한 김홍도의 작품이다. 신분적 갈등 관계에 있는 사람들을 한 장면에 그려 넣었지만 대립감이 느껴지기 보다는 평화로운 분위기가 느껴진다.

했어요. 이미 유명무실한 공노비를 양인으로 전환해 국가 재정을 늘리는 것이 오히려 바람직하다고 판단한 것이지요.

『순조실록』에는 왕이 관리와 백성에게 다음과 같은 문서를 내린 것으로 기록되어 있어요.

"임금이 백성을 볼 때 귀천이 없고 남녀 구별 없이 하나같이 적자다. 노(奴, 사내종)니 비(婢, 계집종)니 구분하는 것이 어찌 하나의 백성으로 보는 뜻이겠는가. 내노비 3만 6,974명과 시노비 2만 9,093명을 양민이 되도록 허락하라."

순조의 명을 받들어 승정원에서는 노비의 명단을 기록한 노비안을 거두어 창덕궁 돈화문 밖에서 불태우게 했어요. 순조의 공노비 혁파는 거의 2,000년 동안 존속되어 온 노비 제도를 폐지하는 본격적인 조치라는 점에서 큰 의미가 있습니다. 하지만 집권 세력은 자신들의 재산으로 간주한 사노비를 해방할 뜻이 없었어요. 순조의 공노비 해방 조치 후 90여 년 만인 1894년 갑오개혁 때 신분제가 폐지되면서 노비 제도는 법적으로 사라지게 되었습니다.

내노비(內奴婢)·시노비(寺奴婢)
내노비는 왕실 재정의 관리를 위해 설치한 내수사 소속 노비이고, 시노비는 중앙 관아에 소속된 노비다. 조선 초기 공노비는 주로 절에서 몰수한 노비로 충당되었다.

서북인 차별로 시작된 홍경래의 난, 농민 항쟁으로 확산되다

19세기가 되자 삼정의 문란과 탐관오리의 수탈로 백성의 원한은 쌓일 대로 쌓였어요. 농민의 저항은 한층 조직적인 형태로 나타났습니다. 처음에는 관리의 부정을 입에서 입으로 전해 퍼뜨리거나 벽보를 붙여 경고하는 소극적인 방법을 썼어요. 그러나 상황이 개선되지 않자 농민들은 세금 납부를 거부하거나 집단으로 항의 시위를 하고 수령에게 모욕을 주는 등 좀 더 적극적으로 나섰지요. 더 나아가 관아를 습격하거나 탐관오리를 폭행하는 사건도 일어났어요. 1811년(순조 11년) 평안도에서 일어난 '홍경래의 난'과 1862년(철종 13년) 단성에서 시작되어 진주를 거쳐 전국으로 확산된 '임술 농민 봉기'가 대표적인 예입니다.

홍경래의 난은 세도 정치에 시달리던 농민들과 부당한 차별 대우에 불만을 품어 온 평안도 사람들이 몰락한 양반 홍경래를 중심으로 일으킨 농민 봉기예요.

평안도 용강 출신인 홍경래는 지방에서 시행한 향시에는 급제 했으나 본시험에는 응시하지 않았어요. 과거에 급제하더라도 서북 지역에 대한 차별로 벼슬길에 나가기 힘들었기 때문이지요.

홍경래는 평안도 가산에서 서자 출신 지식인 우군칙과 만나 구체적으로 봉기 계획을 세웠습니다. 두 사람은 대부호 이희저를 포섭해 봉기를 위한 재정적 기반을 마련했어요. 대청 무역을 통해 부를 축적한 이희저는 체구가 장대한 장사였지요. 이희저는 천혜의 요새인 가산의 다복동을 근거지로 삼고 운산 촛대봉에 광산을 운영했어요. 노동자를 구한다는 광고를 내자 굶주린 유랑민들이 찾아왔지요. 마침 순조의 공노비 해방으로 양민이 된 사람들도 새로운 일자리를 찾아 평안도 지역의 광산에 몰려들기 시작했어요. 이들은 낮에는 광산 노동에 종사하고 밤에는 군사 훈련을 받았지요.

홍경래는 자신을 '평서 대원수'라고 칭하고 1811년 12월 20일을 거사일로 잡았으나 거사 계획이 새어 나가는 바람에 이틀 앞당겨 12월 18일에 출병했습니다. 홍경래 무리는 출병에 앞서 격문을 내걸어 "서북인에 대한 차별 철폐, 안동 김씨 세도 정권 타도" 등이 거병의 명분임을 널리 알렸어요. 봉기군은 별다른 저항을 받지 않고 열흘 만에 청천강 이북 지역인 가산, 선천, 정주 등을 점거했습니다.

관군이 전열을 가다듬고 추격을 시작하자 봉기군은 정주성으

○「신미년 정주성 공위도」(서울대학교규장각 한국학연구원)

정주성을 두고 관군이 농민군과 대치하는 상황을 묘사했다. 관군이 정주성을 점거한 농민군의 공격에 대비하여 목책 안에 들어가 있다. 홍경래는 정주성에서 죽었다.

로 후퇴했습니다. 관군은 정주성 공격에 앞서 반란군의 밀정을 가려낸다는 명분으로 농가를 불태우고 농민들을 닥치는 대로 죽였어요. 그러자 농민들은 관군의 폭압에 못 이겨 정주성으로 속속 입성했지요. 정주성의 봉기군은 더는 추락할 데가 없는 사람들이었어요. 이들은 가혹하게 수탈하던 수령들이 쥐새끼처럼 내빼는 모습도 직접 목격했지요. 이제 봉기는 자발적인 농민 항쟁의 성격을 띠게 되었어요.

싸움이 3개월이나 이어지자 1812년 4월 19일 관군은 광산 노동자들을 동원해 성 밑에 땅굴을 파고 들어갔습니다. 화약으로 성벽을 폭파하고 성안으로 밀려들어 갔지요. 4개월여의 야영과 전투에 지쳐 악에 받친 관군은 성안 사람들을 닥치는 대로 살육했습니다.

홍경래의 난은 평안도의 농민들이 하나로 뭉쳐 탐관오리의 착취와 지방 차별에 반대해 봉기한 농민 항쟁이었습니다. 그러나

평안도 지역에 한정되어 일어났고, 지도자들이 농민층을 조직적으로 끌어들일 개혁안을 내놓지 못해 실패로 돌아갔어요.

훗날 김삿갓으로 유명한 김병연은 강원도 향시에 응시해 장원으로 급제했어요. 향시의 시제는 홍경래의 난 때 투항한 선천 부사 김익순에 관해 논하는 것이었지요. 아들의 장원 소식에 기뻐하던 어머니는 시제 내용을 듣고는 안색이 달라졌어요. 김익순이 바로 김병연의 증조부였기 때문이지요. 그 사실을 알고 충격을 받은 김병연은 평생 방랑하며 '김삿갓'으로 살았다고 합니다.

❶ 김삿갓 조형물
❷ 김삿갓 유적지
(강원 영월군)
김삿갓을 기념하기 위해 조성한 유적지이다. 김삿갓 연구 자료를 전시하고 있는 난고문학관과 김삿갓 묘, 김삿갓이 살던 집터 등이 있다.
영월군청 제공

2 헌종실록

순원 왕후, 8세의 헌종 대신 수렴청정하다

순조는 건강이 나빠지자 19세의 효명 세자에게 대리청정을 맡겼습니다. 효명 세자는 자신의 역할을 제대로 수행했고, 대리청정을 시작한 지 몇 달 후에는 아들까지 낳았어요. 하지만 1830년(순조 30년) 세자가 22세에 갑자기 세상을 떠났어요. 순조는 슬픔에 겨워 직접 제문을 짓기까지 했습니다. 순조도 지병이 악화되어 1834년 45세로 생을 마감했어요. 결국, 효명 세자의 아들 환(헌종)이 8세의 어린 나이로 경희궁 숭정문에서 즉위했습니다.

헌종의 나이가 어려 순조의 비인 대왕대비 순원 왕후가 수렴청정했습니다. 순원 왕후는 아들 효명 세자의 묘호를 익종으로 추존(追尊, 왕위에 오르지 못하고 죽은 이에게 임금의 칭호를 주던 일)했어요. 세자가 일찍 죽음으로써 왕비가 되지 못했던 세자빈 신정 왕후 조씨는 왕대비로 격상되었고, 자연히 순원 왕후는 대왕대비가 되었지요. 대왕대비는 왕대비의 아버지 조만영을 호위대장에 앉혔어요. 또한 김조순이 그랬듯이 수빈 박씨(순조의 생모)

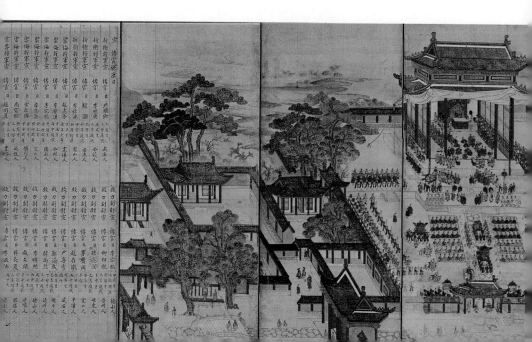

○ 수릉(효명 세자와 신정 왕후 조씨의 능)

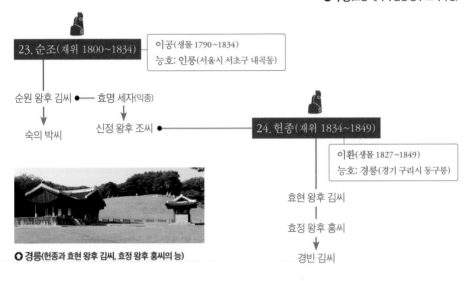

| 23. 순조(재위 1800~1834) | 이공(생몰 1790~1834)
능호: 인릉(서울시 서초구 내곡동) |

순원 왕후 김씨 ● ─ 효명 세자(익종)

숙의 박씨 　　　 신정 왕후 조씨 ● ─ 24. 헌종(재위 1834~1849)

이환(생몰 1827~1849)
능호: 경릉(경기 구리시 동구릉)

효현 왕후 김씨

효정 왕후 홍씨

경빈 김씨

○ 경릉(헌종과 효현 왕후 김씨, 효정 왕후 홍씨의 능)

가문인 반남 박씨를 우대했지요. 이로써 조정은 안동 김씨, 풍양 조씨, 반남 박씨의 3대 세도 가문이 좌지우지하게 되었어요.

헌종은 열 살 되던 해인 1837년 김조근의 딸을 아내(효현 왕후)로 맞아 혼례를 올렸어요. 하지만 효현 왕후가 병에 걸려 갑자기 죽자, 1844년 홍재룡의 딸을 계비(효정 왕후)로 맞이했지요. 1840년(헌종 6년) 12월 순원 왕후가 6년 2개월의 수렴청정을 끝내자, 헌종이 15세에 친정을 시작하게 되었습니다.

헌종의 어머니인 신정 왕후 조씨(조대비)의 부친 조만영은 헌종을 보호하는 한편 자신의 동생과 아들을 요직에 앉혔습니다. 1846년 조만영이 죽자 정권은 다시 안동 김씨에게 넘어갔어요.

1848년 스물두 살의 어엿한 청년이 된 헌종은 자기 목소리를

내기 시작했어요. 헌종은 외삼촌 조병구의 권력 남용을 못마땅
하게 생각하고 있었습니다. 그러던 차에 조병구가 입궐하자 그
의 죄목을 열거하며 "외삼촌의 목에는 칼이 들어가지 않습니
까?"라고 말했어요. 조병구는 기겁하고 궁궐을 빠져나오다가 수
레가 뒤집히는 바람에 머리를 땅에 박고 죽고 말았지요.

헌종 때 권력을 잡은 풍양 조씨 일가는 안동 김씨 일가를 견제
하는 데 급급했고, 백성의 생활을 외면해 전정, 군정, 환곡 등 삼
정의 문란을 초래했어요. 또한 1848년(헌종 14년)부터는 이양선
이 해안에 자주 출몰해 민심은 더욱 흉흉해졌지요. 당시 국제 정
세에 어두웠던 조정은 이양선의 출몰에 대책을 세우지 않고 권
력 장악에만 골몰했지요.

○ 경릉(경기 구리시)
헌종과 정비인 효현 왕후 김
씨, 계비인 효정 왕후 홍씨의
무덤이다. 경릉은 쌍릉을 변
형시킨 삼연릉이고, 능의 배
치는 우왕좌비(右王左妃)의
원칙에 따랐다.

헌종은 나이도 젊고 외모가 수려해 많은 궁녀들이 관심을 가졌다는 말도 있지만 후사는 없었어요. 15년의 재위 기간 중 9년여의 친정 기간이 있었지만 세도 정치의 그늘에서 벗어나지 못하고 1849년 23세의 젊은 나이로 생을 마감했습니다. 능은 경릉으로 경기도 구리시 동구릉에 있어요.

순원 왕후와 노론 벽파, 기해박해를 일으키다

천주교도는 벽파 정권을 대변한 정순 왕후 시절에 혹독한 탄압을 받았어요. 하지만 '신 앞에 모든 인간은 평등하고, 불안한 현실을 대신할 내세가 존재한다.'라는 천주교 교리에 일부 백성이 공감하면서 천주교는 계속 전파되었지요. 1802년 순조가 김조순의 딸

○ 해미읍성(충남 서산시)
서해안을 방어하는 임무를 담당하던 조선 시대의 석축 읍성이다. 천주교의 역사에서도 의미가 깊은 곳이다. 조선 말 약 3,000여 명의 천주교도가 이곳에서 처형당했다.

을 왕비로 삼은 이후 시파에 속한 안동 김씨의 세도 정치가 시작되었고, 천주교도는 별다른 박해를 받지 않으면서 늘어갔어요. 조선 교구가 설정되고 서양인 신부가 몰래 들어와 포교하면서 천주교는 한성과 서해안 일대를 중심으로 급속히 퍼져 나갔지요.

신유박해 때 처형된 정약종의 아들 정하상은 조선 교회에 대한 지원을 당부하는 편지를 마카오의 포르투갈 총독을 거쳐 교황청에 전달했습니다. 이에 교황청은 조선 교회를 북경 교구에서 분리하고 대주교로 프랑스의 신부인 브뤼기에르를 임명했어요. 브뤼기에르와 함께 서양인 최초의 신부 모방이 1836년(헌종 2년) 조선에 입국했습니다. 모방과 정하상은 전도 활동을 하면서 **김대건**을 발탁해 마카오로 유학을 보냈어요.

헌종이 즉위한 후 실권을 장악한 노론 벽파 조인영(조만영의

동생)은 순원 왕후와 손을 잡고 대대적으로 천주교를 탄압했습니다. 조정에서는 1839년(헌종 5년) 3월 천주교 금지령을 내려 수많은 천주교도를 체포했고, 8월에는 모방, 샤스탕, 앵베르 등 서양인 신부 세 명과 정하상 등을 처형했어요. 기해박해 기간에 전국적으로 100명 이상이 목숨을 잃었지요. 풍양 조씨 세력은 천주교를 탄압하면서 천주교에 비교적 관대했던 안동 김씨 세력도 제거하고자 했어요.

풍양 조씨 세력의 천주교 탄압이 계속되는 가운데 1846년(헌종 12년) 프랑스 해군 함장 세실이 군함 3척을 이끌고 충청도 홍주의 외연도에 정박했어요. 세실은 기해박해 때 프랑스인이 처형된 것에 항의하는 국서를 왕에게 전할 것을 요구했어요. 이런 내용은 곧바로 헌종에게 보고되었지만 헌종은 오히려 천주교를 탄압하는 쪽으로 결론을 냈어요.

1845년(헌종 11년) 김대건이 마카오에서 돌아와 조선인 최초의 신부가 되었어요. 헌종은 프랑스 군함 출현으로 흉흉해진 민

○ 해미읍성 옥사
(충남 서산시)
천주교도를 가두었던 감옥이다. 수감되었던 천주교도들은 옥사 앞에 있는 회화나무에 매달려 고문당하고 처형당했다고 한다.

심을 수습한다는 명목으로 다음 해에 김대건과 여러 천주교도들을 새남터에서 효수형(梟首刑, 죄인의 목을 베어 장대에 매달아 놓는 형벌)에 처했어요. 김대건은 죽기 전에 배교(背敎, 믿던 종교를 배반함)를 강요하는 혹독한 고문을 받고도 다음과 같이 대답했다고 합니다.

"한 번 나고 죽는 것은 사람이 피할 수 없다. 천주를 위해 죽는 것이 나의 소원이니, 오늘 묻고 내일 물어도 대답은 같다. 때려죽여도 역시 같으니 빨리 때려죽여 달라."

1847년 프랑스 군함 글로아르호가 세실이 전했던 국서에 대한 답변을 받아가겠다며 조선에 들어오려고 했어요. 하지만 전라도 만경의 고군산 열도에서 좌초되는 바람에 다른 배를 타고 본국으로 돌아가게 되었지요. 이 소식을 전해들은 조정에서는 후환을 우려해 프랑스 신부를 죽인 사실과 프랑스 선박의 출현 등을 적은 문서를 청의 예부에 전달했어요. 이 문서가 조선이 서양에 보낸 첫 외교 문서였습니다.

❍ 김대건 신부상(절두산 성지)

3 철종실록

강화도령, 순조의 양자가 되어 왕위에 오르다

○ 철종(1831~1863)
왕이 구군복(具軍服)을 입고 있는 초상화는 철종의 초상화가 유일하다. 화재로 왼쪽 3분의 1이 소실되었다. 오른쪽의 글로 미루어 1861년(철종 12)에 모사되었다는 것을 알 수 있다.

헌종이 후사 없이 죽자 순조 비 순원 왕후 김씨는 영조의 유일한 후손인 이원범을 왕위 계승자로 지목했어요. 헌종의 할머니인 순원 왕후는 신정 왕후 조씨(조대비, 추존 왕 익종의 비) 일파가 왕을 먼저 세울 것을 염려했습니다. 그래서 부랴부랴 헌종보다 항렬이 높은 강화도령 이원범을 왕위에 올렸어요. 안동 김씨 가문은 '종묘에서 선왕에게 제사를 지낼 때 항렬이 높은 이가 항렬이 낮은 이에게 제사를 올려서는 안 된다.'라는 왕가의 법도조차 권력 유지를 위해 무시해 버렸지요.

안동 김씨 일족은 왕족이라도 자신들의 권력 유지에 방해되는 자는 사전에 처단했어요. 흥선 대원군의 형 이하전이 그런 경우입니다. 항렬로 볼 때 이하전이 헌종의 조카뻘이었으므로 순원 왕후는 처음에 이원범이 아닌 이하전을 후사로 이을 생각이었어요. 하지만 이하전 주변에 벽파 세력이 포진해 있는 것을 염려한 안동 김씨 세력이 순원 왕후를 설득해 후계자를 이원범으로 바꾸었어요. 안동 김씨 세력은 자신들의 뜻대로 움직일 수 있는 왕을 올려놓고 풍양 조씨에게 일시적으로

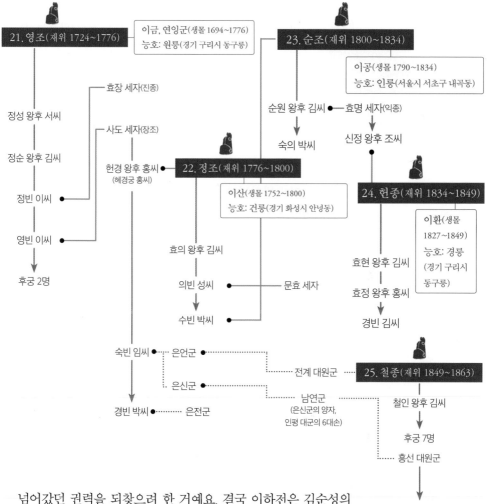

21. 영조(재위 1724~1776) ── 이금, 연잉군(생몰 1694~1776)
능호: 원릉(경기 구리시 동구릉)

23. 순조(재위 1800~1834)

이공(생몰 1790~1834)
능호: 인릉(서울시 서초구 내곡동)

정성 왕후 서씨

효장 세자(진종)

순원 왕후 김씨 ── 효명 세자(익종)

숙의 박씨

신정 왕후 조씨

정순 왕후 김씨

사도 세자(장조)

헌경 왕후 홍씨
(혜경궁 홍씨)

22. 정조(재위 1776~1800)

이산(생몰 1752~1800)
능호: 건릉(경기 화성시 안녕동)

24. 헌종(재위 1834~1849)

정빈 이씨

이환(생몰
1827~1849)
능호: 경릉
(경기 구리시
동구릉)

효현 왕후 김씨

영빈 이씨

효의 왕후 김씨

효정 왕후 홍씨

후궁 2명

의빈 성씨 ── 문효 세자

경빈 김씨

수빈 박씨

숙빈 임씨 ── 은언군

전계 대원군

25. 철종(재위 1849~1863)

은신군

남연군
(은신군의 양자,
인평 대군의 6대손)

철인 왕후 김씨

경빈 박씨 ── 은전군

후궁 7명

흥선 대원군

여흥부대부인 민씨

넘어갔던 권력을 되찾으려 한 거예요. 결국 이하전은 김순성의
추대를 받아 모반했다는 무고를 받고 제주도에 유배 갔다가 사
약을 받았습니다.

정조의 이복동생인 은언군의 손자 이원범은 순조의 양자로 입
적해 1849년 19세에 왕위에 올랐어요. 철종은 강화도에서 나고
자란 일자무식의 농부였기 때문에 당시 사람들은 비꼬아서 '강
화도령'이라고 불렀지요.

1801년 신유박해가 일어나자 은언군의 부인 송씨와 며느리

신씨가 청에서 온 주문모 신부에게 세례를 받은 사실이 발각되어 처형당하고 말았습니다. 정순 왕후는 은언군에게도 책임을 물어 사약을 내렸지요.

은언군의 서자 이광은 1841년 유배지인 강화도에서 사망했고, 1844년 이광의 큰아들 이원경은 민진용의 모반 사건에 휘말려 사약을 받았어요. 몰락한 양반인 민진용은 하급 무관들을 동지로 규합한 후 이원경을 왕으로 추대하려다 사전에 발각되어 능지처참을 당했습니다. 이를 '민진용의 옥'이라고 해요.

이광의 셋째 아들 이원범은 산에서 나무를 짊어 와 행상을 하거나 농사를 지으며 겨우 목숨을 이어 가고 있었습니다. 그러던 어느 날 그에게 갑자기 왕통을 이으라는 교지가 내려왔어요. 나무꾼이자 죄인의 아들인 이광범이 자고 일어나니 왕이 되어 있었던 것이지요. 죽은 아버지 이광도 전계 대원군에 봉해졌어요.

❂ 용흥궁(인천시 강화군)
철종이 왕위에 오르기 전에 살았던 집을 보수하고 단장한 건물이다. 정상적인 법통이 아닌 다른 사정으로 임금에 추대된 사람이 이전에 살던 집을 '잠저'라고 하는데, 대개 잠저는 왕위에 오른 후에 다시 짓는다.

철종, 세도 정치의 그늘에서 벗어나지 못하다

철종은 19세에 느닷없이 왕이 되는 바람에 처음에는 순원 왕후가 수렴청정을 했어요. 순원 왕후는 조선 왕조에서 유일하게 헌종, 철종에 걸쳐 두 차례 수렴청정을 하게 되었지요.

1851년(철종 2년) 9월 철종은 대왕대비의 가까운 친척인 김문근의 딸을 왕비로 맞았어요. 이로써 순조, 헌종, 철종 세 임금의 중전이 안동 김씨 가문에서 나왔어요. 그래서 우스갯소리로 중궁전은 안동 김씨의 소유라는 말까지 나오기도 했어요.

김문근이 왕비의 아버지로서 철종을 돕게 되면서 순조 때부터 시작된 안동 김씨의 세도 정치가 또다시 이어졌어요. 김문근의 조카 김병학이 대제학을, 김병국이 훈련대장을, 김병기가 좌찬성을 차지하면서 조정은 안동 김씨의 손아귀에 들어갔지요. 60년 동안 안동 김씨의 세도가 얼마나 심했는지 "남자를 여자로 만드는 일 외에는 못 하는 일이 없다."라는 말이 나돌 정도였어요.

○ 창덕궁 희정당
(보물 제815호, 서울시 종로구)
철종은 별안간 대왕대비 순원 왕후의 명을 받아 6월 8일 덕완군에 봉해졌다. 이튿날인 6월 9일 창덕궁 희정당에서 관례를 행한 후 인정문에서 정조의 손자이자 순조의 양아들로 즉위했다.

철종은 즉위 3년 되던 해인 1852년부터 친정을 시작했습니다. 강화도에서 서민의 어려움을 몸소 체험했던 철종은 나라에 재해가 닥쳤을 때 누구보다 먼저 발 벗고 나섰어요. 1853년 봄, 관서 지방에 흉년이 들었을 때 선혜청의 5만 냥과 사역원의 6만 냥을 백성에게 꾸어 주었지요. 그해 여름에 심한 가뭄이 들었는데도 재물과 곡식이 없어 구휼을 못하게 되자, 철종은 재물을 절약할 것을 당부하고 탐관오리의 수탈은 엄히 다스리겠다고 호언장담했어요.

● 철종의 외가
(인천시 강화군)
철종의 외숙인 염보길이 살던 집이다. 원래 안채와 사랑채를 좌우로 둔 H자형 구조였는데 행랑채 일부가 헐려 지금은 ㄷ자형 구조를 이루고 있다.

철종이 점차 학문을 가까이하면서 정치적인 역량을 기르는 것을 우려해 안동 김씨 세력은 일부러 후궁과 궁녀를 계속 들여보냈다고 합니다. 철종은 술과 궁녀들을 가까이하면서 정사를 제대로 돌보지 못했고, 그 틈을 타서 안동 김씨는 매관매직과 수탈에 더욱 열을 올렸지요.

야사에 전하는 김좌근의 애첩 이야기가 당시의 분위기를 잘 보여 줍니다. 정실에게서 자식을 두지 못

● 철종이 쓴 글씨

한 김좌근은 나주 기생 양씨를 총애했는데, 그녀에게 벼슬 청탁을 하는 사람들이 줄을 섰다고 해요. 양씨를 통하면 대부분 원하는 벼슬을 얻을 수 있어 그녀는 나주의 대신이라는 의미로 '나합'이라 불렸지요. '합(閤)'은 정승이나 세도가에게 붙이는 호칭이었어요.

안동 김씨의 전횡에 대처할 방법을 찾을 수 없자, 철종은 국사를 등한히 하고 술과 궁녀들을 가까이하는 악순환을 되풀이했어요. 철종은 철인 왕후를 비롯한 여덟 명의 부인으로부터 5남 1녀를 얻었으나 모두 일찍 죽었습니다. 궁인 범씨 소생의 영혜 옹주가 철종의 유일한 혈육이었지요. 철종은 1863년 12월 8일 재위 14년 만에 33세를 일기로 눈을 감았어요. 철종의 능은 예릉으로 경기도 고양시 원당동 서삼릉에 있습니다.

○ 예릉(경기 고양시)
철종과 철인 왕후의 무덤이다. 능이 조성된 언덕 아래에 있는 건물은 정자각이다. 건물의 모양이 'ㅜ'자와 비슷하다 하여 정자각이라고 부른다. 제례 때 이곳에 제물을 차려 놓고 제사를 지냈다.

4 세도 정치의 그늘

매관매직이 성행하면서 삼정이 문란해지다

세도 정치는 왕의 신임을 받는 인물이 왕권을 강화하는 방편으로 시작되었어요. 하지만 순조 이후 왕권이 급격히 약해지면서 특정 집안의 권력 독점으로 그 의미가 변질되어 버렸지요.

세도 정치 시기에는 붕당처럼 정치 집단 사이에 대립적인 구도가 사라졌어요. 중앙 정치 세력은 소수의 가문 출신으로 좁아졌지요. 권력 구조에서도 비변사를 중심으로 고위직만 정치적 기능을 발휘하고, 그 아래의 관리는 언론 활동 같은 정치적 기능을 거의 상실한 채 행정 실무만 맡게 되었어요.

세도 정권은 남인, 소론 등 재야 세력과 지방 선비들을 권력에서 배제했으며, 상인들과 부농들을 통치 집단에 포섭하지 못하고 오히려 수탈의 대상으로 삼았습니다. 지방에서는 정조 이후 향약을 관장하게 된 수령이 양반 사족을 배제한 채 절대권을 가지고 조세를 거두었어요. 더욱이 상품 화폐 경제의 발달은 지배층의 사치 욕구를 자극해 국가의 재정 지출이 많이 늘어났지요.

정치 기강의 해이로 과거제가 문란해지고 매관매직이 기승을 부리면서 탐관오리는 조세 수탈에 혈안이 되었어요. 과거 시험에서는 부정한 방법을 동원해 합격자를 남발했고, 지방 수령의 자리를 상품처럼 팔았지요. 과거에 급제해도 세도가에 줄을 대지 않으면 좋은 관직에 오르기가 어려웠습니다. 많은 뇌물을 주고 관직을 산 관리들은 뇌물로 쓴 돈을 되찾기 위해 백성으로부터 더 많은 세금을 거두어들였어요.

재원이 줄어든 지방 관청에서는 각종 잡세를 부과하거나 환곡, 고리대 등을 통해 부족한 재정을 보충할 수밖에 없었습니다. 이에 따라 농민에 대한 수탈이 더욱 심해져 전세 수취 제도인 전

세도 정치(勢道政治)
세도는 '세상의 도를 맡는 임무'라는 뜻을 지닌 세도 지임(世道之任)에서 비롯된 말이다. 후에 세력을 믿고 왕실의 근친이나 신하가 온갖 정사를 마음대로 하는 정치로 의미가 변질되었다.

정, 군포 징수 제도인 군정, 구휼 제도인 환곡 등 '삼정의 문란'이 극에 달했어요. 극도에 달한 수령의 부정부패는 중앙 권력과도 연계되어 있어 암행어사의 파견만으로는 막을 수 없었지요. 세금의 항목과 액수는 법으로 정해져 있었지만, 관리들은 새로운 항목을 만들어 정해진 양의 몇 배 이상을 거두었어요.

삼정 가운데 농민들에게 가장 고통스러운 것은 환곡이었습니다. 환곡은 봄에 관청의 곡식을 농민에게 빌려주었다가 가을에 10분의 1 정도의 이자를 붙여서 거두어들이는 제도였어요. 이자는 원래 여러 가지 원인으로 발생한 손실을 보충하기 위한 것이었으나, 관청의 경비를 마련하기 위한 재원으로 사용되면서 세금처럼 되고 말았습니다. 여기에 탐관오리들의 탐욕으로 실제로는 고리대 구실을 했어요. 이에 양반 지주들은 환곡을 빌리려 하지 않았고, 농민들만 원치 않는 환곡을 떠맡아 높은 이자를 물어야 했지요.

현실을 자각한 민중이 임술 농민 봉기를 일으키다

안동 김씨의 전횡으로 삼정의 문란이 더욱 심해지자, 1862년(철종 13년) 경상도 단성에서 시작된 민란이 진주 지방을 중심으로 삼남 지방 여러 곳에서 37차에 걸쳐 일어났어요. 규모는 수천 명에서 수만 명에 이르렀고 봉기는 보통 2일에서 7일간 계속되었지요. 민란이 3월에서 5월 사이의 춘궁기에 집중된 것으로 보아 생존과 직결된 문제였음을 알 수 있어요. 1862년에 일어난 민란을 통칭해 '임술 농민 봉기'라고 합니다.

진주 민란의 직접적인 원인은 경상 우병사 백낙신의 수탈이었습니다. 백낙신이 착취한 돈만 4만 5,000냥 정도에 달했는데, 이는 쌀 1만 5,000석에 해당하는 엄청난 양이었어요. 그런데도 진주 목의 역대 불법 수탈 곡식을 메우기 위해 15만 6,000여 냥을 일시에 호별로 배당해 수납하려 했지요.

진주에서 30리쯤 떨어진 유곡동에 살았던 유계춘이 농민 운동을 모의하고 있었어요. 이웃 단성 주민이 봉기하자 유계춘도 2월 18일 이른 아침에 행동을 개시했습니다.

덕산 장터를 덮쳐 철시(撤市, 시장, 가게 따위가 문을 닫고 영업을 하지 아니함)하게 한 농민 시위대는 머리에 흰 수건을 두르고 손에는 몽둥이나 농기구를 쥐고 구름처럼 진주성으로 몰려갔습니다.

농민군은 시위에 불참하는 자에게는 벌로 돈을 받았고, 이마저 거부하면 집을 부수어 버렸어요. 그러자 주변 농민들이 속속 대열에 가담해 농민군의 수는 수만 명에 이르게 되었지요.

하룻밤을 성 밖에서 보낸 농민 봉기군은 2월 19일 우병사 백낙신과 목사 홍병원으로부터 환곡과 전정의 폐단을 바로잡겠다는 약속을 받아 냈어요. 농민군은 자진 해산하기까지 나흘 동안 악질적인 향리들을 닥치는 대로 붙잡아 4명을 죽였고, 평소 손가락질의 대상이 되었던 부호들을 습격해 23개 면에 걸쳐 126호를 파괴하고 재물을 빼앗았습니다.

❂ 노비치부책
(국립중앙박물관)
몇몇의 노비에게서 5년 동안 받은 곡식량을 기록해 놓은 치부책이다. 문서 상태로 보아 1891년부터 1895년에 작성된 것으로 추정된다.

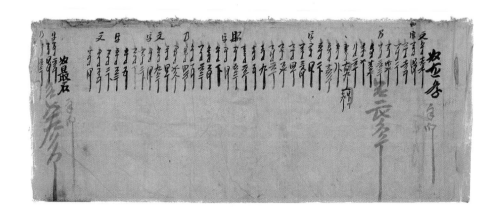

조정에서는 안핵사 박규수와 암행어사 이인명을 파견해 조사하게 했어요. 그 결과 백낙신은 재산을 몰수당한 채 전라도 강진현 고금도에 유배되었지요. 진주 민란은 다른 지방의 농민을 자극해 1862년 함흥에서 제주도에 이르기까지 30여 지역에서 농민 봉기가 일어났습니다. 임술 농민 봉기의 피해 규모도 상당했어요. 살해된 자가 15명 이상이고, 부상자가 수백 명이었으며, 불타거나 파괴된 가옥은 1,000여 호에 달했지요.

농민 봉기로 말미암아 양반 중심의 통치 체제가 점차 무너졌어요. 철종은 안핵사 박규수의 건의에 따라 삼정이정청이라는 임시 기구를 설치해 농민의 부담을 완화하려 했습니다. 하지만 삼정이정청은 안동 김씨의 세도 정치 때문에 제대로 기능을 발휘하지 못했어요.

동학, "사람을 섬기는 것이 곧 하늘을 섬기는 것"

동학은 1860년(철종 11년) 경주 출신의 몰락한 양반인 최제우가 창시했어요. 전통적인 민간 신앙에 유교, 불교, 도교의 장점을 취하고 천주교의 교리도 일부 받아들였지요. 샤머니즘의 부적과 주술도 인정했어요.

동학은 천주교로 대표되는 서양 세력의 침략으로부터 나라를 구하고 백성을 편안하게 하려는 반외세적인 성격을 지니고 있었어요. 서양 세력의 침략과 천주교의 전파가 우리 것을 해치고 사회를 위태롭게 한다는 생각에서 우리 것을 지키고 고통받는 사람들을 구원하고자 했지요. 동학이라는 이름도 천주교를 포함한 서학에 대항한다는 의미에서 붙여진 것이랍니다.

동학의 중심 교리는 한울님을 모신다는 시천주(侍天主) 사상과 '사람이 곧 하늘'이라는 인내천(人乃天)입니다. 이는 '인심이 곧 천심이므로 사람을 섬기는 것이 곧 하늘을 섬기는 것'이라는 뜻이지요. 이에 따라 동학은 양반과 상민의 차별이 없고, 여성과 어린이의 인격이 존중되며, 노비 제도가 없는 평등한 사회를 추구했어요. 동학의 인내천 사상은 평민과 천민에게도 사람은 누구나 고귀하다는 생각을 심어 주었습니다.

동학의 평등사상은 억압받는 농민들의 환영을 받아 농촌 사회에 급속히 퍼져 나갔어요. 최제우가 포교 활동을 시작한 지 6개월 만에 3,000여 명의 신자가 생겼지요. 급속도로 확대되는 동학 세력에 위협을 느낀 흥선 대원군은 1863년(고종 즉위년) 동학이 세상을 어지럽히고 백성을 속이는 종교라는 이유로 교조인 최제우를 처형했습니다.

최제우의 뒤를 이은 **최시형**은 교세를 확대하면서 경전인 『동경대전』과 포교 가사집인 『용담유사』를 펴내고, 포 · 접 등 교단 조직을 갖추었습니다. 최시형은 백성에게 다음과 같이 가르쳤어요.

"동학은 호미나 지게를 든 사람 중에서 많이 나올 것이다."

"부자와 높은 사람, 글 잘하는 사람은 바로 그것에 막혀 도를 통하기 어렵다."

"아이를 때리는 것은 하느님을 때리는 일이니 하지 마라."

다시 교세가 커진 동학은 최시형에 의해 충청북도 보은을 중심으로 삼남은 물론이고 강원도와 경기도 일대까지 퍼져 나갔어요. 1894년에 동학 농민 운동이 일어나 나라가 뒤흔들리기도 했어요. 동학은 1905년에 천도교로 이름을 바꾸어 오늘날까지 이어지고 있답니다.

○ **최시형**(1827~1898)
먼 일족이었던 최제우의 수제자가 된 후 그를 이어받아 동학의 제2대 교주가 되었다. 탁월한 조직력을 보여 주었던 최시형은 동학군을 이끌고 공주에서 싸웠으나 참패했다. 이후 피신했지만 1898년 원주에서 체포되어 처형되었다.

김정호, 실용성과 예술성을 겸비한 대동여지도를 완성하다

대동여지도는 일제조차도 감탄했을 정도로 정확성을 자랑합니다. 일제가 경부선 철도를 부설하기 위해 전국을 측량해 5만분의 1 지도를 만들었는데, 대동여지도와 비교했더니 별로 차이가 없었다고 해요.

목판으로 인쇄된 김정호의 대동여지도에는 산맥, 하천, 포구, 도로망이 매우 정밀하게 표시되어 있습니다. 또한 거리를 알 수 있도록 10리마다 눈금을 표시해 놓았지요.

대동여지도와 『대동지지』의 내용이 모두 1864년(고종 1년) 당시의 것이므로 김정호는 1800년경에서 1864년경까지 순조, 헌종, 철종 대에 걸쳐 살았던 사람으로 추정됩니다.

그런데 김정호가 지도를 제작해 국가 기밀을 누설했다는 죄명으로 옥사했다는 설이 있어요. 과연 사실일까요?

1935년 일제가 발행한 『조선어독본』에는 "김정호가 대동여지도를 만들어 조정에 올리자, 지도의 정밀함에 놀란 조정 대신들이 나라의 기밀을 누설할 우려가 있다고 보고 판목을 압수하였다. 쇄국 정책을 고수했던 흥선 대원군은 김정호를 국가 기밀 누설죄로 옥에 가두고 대동여지도 목판을 불살랐다. 결국 김정호는 옥에서 목숨을 거두었다."라는 내용이 수록되어 있습니다.

하지만 이는 일제가 조선 지배층의 무지함을 부각하기 위해 조작한 것이었어요. 대동여지도가 온전히 전해졌고, 불태웠다는 목판이 여러 장 발견되었을 뿐만 아니라 김정호의 옥사에 관한 다른 기록이 전혀 없기 때문이지요.

또한 김정호가 지도 제작을 할 때 관찬 지도 자료를

○『조선어독본』
보통학교에서 학생들에게 한국어를 가르칠 때 사용한 책이다. 일제 강점기에 조선 총독부에서 발행했다.

◆ 22첩을 상하로 연결한 대동여지도 전도(성신여자대학교박물관)

◆ 대동여지도 목판(보물 제1581호, 국립중앙박물관)

일제 강점기에 조선 총독부가 발행한 『조선어독본』에는 "김정호가 대동
여지도를 제작하자 흥선 대원군이 김정호를 감옥에 가두고 지도의 판목
은 압수해 불태웠다."라고 기록되어 있다. 하지만 김정호의 옥사설은 사
실이 아닌 것으로 확인되었다. 김정호가 대동여지도를 제작하기 위해
만든 목판은 약 60매로 추정되고, 이 중 12매가 오늘날까지 남아 있다.
위 사진은 함경도 갑산 지역이다.

◆ 대동여지도 지도첩(보물 제850호, 국립중앙박물관)

대동여지도는 김정호가 1861년(철종 12)에 제작한 22첩으로 된 목판 지도이다. 우리나라의 지리를 여러 장의 목판에 새기고 이것을 찍어
내 22장의 지도를 만들었다. 22장의 지도를 연결하면 3×7m의 거대한 지도가 된다. 지도는 병풍처럼 접을 수 있다. 대동여지도는 팔만대장
경처럼 목판으로 만들었기 때문에 필요한 만큼 찍어 낼 수 있었다. 많은 사람이 우리나라 지도를 이용할 수 있도록 하기 위한 김정호의 애
민 정신이 담겨 있다.

○ **대동여지전도**
(보물 제850호,
국립중앙박물관)
전국을 한 장의 지도에 담
아 한눈에 살피기 쉽도록 김
정호가 대동여지도를 111×
67.5cm로 줄여 만든 전국 지
도로 추정된다. 대동여지도
전도는 3층 건물 높이쯤 되
는 거대한 지도이다. 각 군현
의 위치와 도로망이 자세히
나타나 있다.

이용하게 도와준 신헌이 처벌받기는커
녕 병조 판서에 제수된 일도 있었어요.
대동여지도 판목 1매가 숭실대학교 박물관
에, 판목 15매가 국립중앙박물관 수장고에
소장되어 있어 판목 소각설이 거짓이라는 사
실도 밝혀졌지요.

그리고 김정호가 지도 제작에 평생을 바쳤다는 사
실로 보아 그는 순수하게 여행과 지도 제작에 흠
뻑 빠져 있었던 것으로 보입니다. 대동여지도
를 제작하기 위해 백두산을 열일곱 번이나 오
르고 전국을 세 차례나 답사했다는 일화가 전해
지고 있지요. 하지만 당시의 도로 사정과 김정
호의 재정적인 형편으로 볼 때 전국을 모두 답
사하기는 어려웠을 거예요. 그때까지의 지도를
자료로 삼아 수정하고 보충하여 대동여지도를 만든 것으로 추
정됩니다.

대동여지도는 가로 20cm, 세로 30cm의 지도첩 22개로 제작
되어 펴거나 접을 수 있었기 때문에 휴대가 가능했어요. 또한
분첩을 따로 떼어 낼 수도 있어서 한 지역의 지도만 휴대할 수
도 있었지요. 게다가 대동여지도는 도로와 하천, 산줄기 등이 아
름답게 조화를 이루고 있어 예술적인 가치도 매우 뛰어납니다.

대동여지도의 실용성에 주목한 일제는 1904년 러 · 일 전쟁
때 이 지도를 사용했고, 한 · 일 합병 후에는 토지 조사 사업을
벌이면서 참고 자료로 활용했다고 합니다.

삼정의 문란이 초래된 원인을 살펴볼까요?

정조는 중앙의 통치력 강화를 위해 향촌 자치 규약인 향약을 수령이 직접 주관하도록 했어요. 수령이 지방 사림의 영향력에서 벗어남으로써 마음만 먹으면 쉽게 백성을 수탈할 수 있었지요. 수령이 절대권을 갖고 세금을 부과했으므로 이들의 수탈을 견제할 세력은 없었습니다. 수령의 향약 관리로 지방 사림의 영향력은 급격히 약화되었어요. 정조 때 노론 벽파들은 지방에 자기편인 수령을 내려 보내 향약을 관리하게 했지요. 군현 단위의 향약을 수령에게 빼앗긴 양반들은 촌락을 단위로 동약(洞約)을 만들었지만 이미 대세는 기울었어요. 정조가 갑자기 사망한 후 왕의 외척이 순조, 헌종, 철종의 3대 60여 년간 세도 정치를 전개했어요. 세도 정권은 재야 세력과 지방 선비들을 권력에서 배제했지요. 때를 만난 수령은 기회를 놓칠세라 농민에 대한 수탈에 혈안이 되었어요. 수령의 수탈로 전세 수취 제도인 전정, 군포 징수 제도인 군정, 구휼 제도인 환곡 등 삼정의 문란은 극에 달했어요. 정조는 당대에는 치세를 이루었지만 후세에 잘못된 시스템을 남긴 과오도 있습니다. 후계자 구도가 제대로 정립되지 않은 상태에서 성군이 죽을 경우 오히려 풍선 효과에 의해 곪은 부분이 터져 나오지요. 시스템 정비가 중요한 이유입니다. 세종과 문종이 죽은 후 세조 때 훈구파가 정권을 농락했고, 정조가 죽은 후에는 세도 가문이 삼정의 문란을 초래했어요.

∽

김홍도의 「벼 타작」

20 고종실록 ①|
흥선 대원군의 섭정

철종이 죽고 어린 나이의 고종이 왕위에 오르자, 고종의 아버지인 흥선 대원군이 정치적 실세로 등장했습니다. 실권을 잡은 흥선 대원군은 국내의 위기에서 벗어나고자 과감한 개혁을 추진해 나갔지요. 먼저 세도 가문인 안동 김씨 세력을 몰아내고 당파와 신분에 관계없이 인재를 고르게 등용했어요. 비변사를 혁파하고 법전을 새로 편찬하는 등 왕권 강화에 힘썼고, 서원 철폐, 양전 사업, 호포제 등을 실시해 국가에 필요한 재정을 마련했습니다. 왕실의 권위를 높이기 위해 경복궁 중건 사업도 벌였지만 과도한 공사비의 부담은 고스란히 백성에게로 돌아갔어요. 한편, 프랑스와 미국 등 서양 세력은 조선에 통상을 요구했지만 흥선 대원군은 이를 거부했어요. 병인양요에 이어 오페르트 도굴 사건과 신미양요가 일어나자 조선은 문을 더욱 굳게 닫아걸고 외세를 배척했습니다.

- **1866년** 8월 제너럴셔먼호가 평양 부근의 대동강에서 약탈을 자행하다.
- **1866년** 10월 프랑스가 병인박해를 빌미로 강화도를 침략한 병인양요가 일어나다.
- **1868년** 독일인 오페르트가 흥선 대원군의 아버지 남연군의 묘를 도굴하려다 실패하다.
- **1871년** 제너럴셔먼호 사건을 구실로 미국이 강화도를 침략한 신미양요가 일어나다.

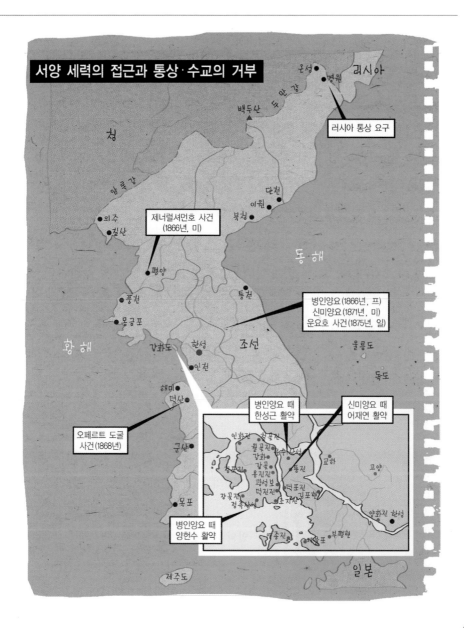

서양 세력의 접근과 통상·수교의 거부

러시아 통상 요구

제너럴셔먼호 사건
(1866년, 미)

병인양요(1866년, 프)
신미양요(1871년, 미)
운요호 사건(1875년, 일)

오페르트 도굴
사건(1868년)

병인양요 때
한성근 활약

신미양요 때
어재연 활약

병인양요 때
양헌수 활약

1 흥선 대원군의 작품, 고종과 명성 황후

흥선 대원군, 보신을 위해 구걸까지 하다

임술 농민 봉기의 기운이 채 가시기도 전인 1863년 12월 철종은 후사도 없이 죽었습니다. 전대 왕이 후사 없이 사망했을 경우 후계자 지명권은 왕실의 웃어른에게 있었어요. 당시 웃어른은 헌종의 어머니이자 효명세자(익종)의 부인인 신정왕후 조씨(조대비)였지요. 조선의 새 주인을 지명하는 막중한 권한이 조대비에게 주어진 거예요.

풍양 조씨 출신인 조대비는 안동 김씨의 세도에 눌려 지내고 있었어요. 이때 흥선군 **이하응**(영조의 증손인 남연군의 넷째 아들)은 조대비에게 은밀히 줄을 댔지요. 이하응은 자신의 12살 난 둘째 아들 이명복(고종)을 철종의 후사로 세우고 조대비가 수렴청정하는 계책을 은밀히 올렸어요. 이하응의 제안에 따라 조대비는 이명복을 자신의 남편인 익종의 양자로 삼아 철종에 이어 왕위에 올렸습니다.

철종이 왕위에 있는 동안 세도를 부리던 안동 김씨는 왕실과 종친에게 온갖 위협을 가했어요. 조금이라도 똑똑해 보이는 종친은 역모자로 몰려 숙청당하기 일쑤였지요. 흥선군은 몸을 보전하기 위해 시정의 무뢰한들과 어울려 파락호(破落戶, 재산이나 세력이 있는 집안의 자손으로서 집안의 재산을 몽땅 털어먹는 난봉꾼을 이르는 말) 생활을 했어요. 이때 흥선군은 안동 김씨 가문을 찾아다니며 구걸도 서슴지 않

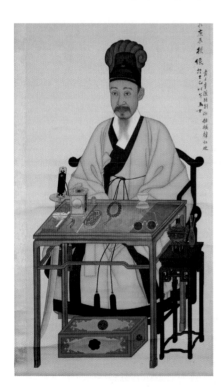

❖ 이하응(1820~1898)
고종의 아버지 이하응은 어린 아들을 대신하여 섭정했다. 안동 김씨 세력을 누르고 인재를 고르게 등용하는 등 개혁을 단행했다.

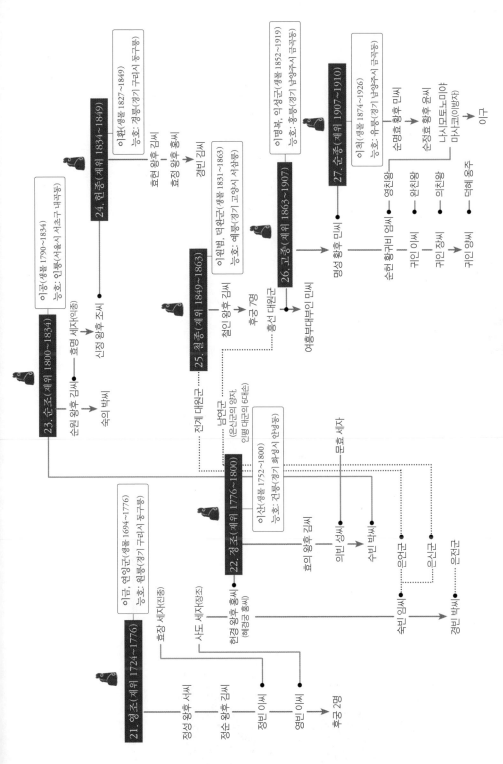

아 '궁도령'으로 불리기도 했어요. 흥선군은 시정잡배와 어울리며 서민의 생활을 몸소 체험했고 백성의 바람이 무엇인지도 알게 되었습니다.

안동 김씨의 경계 대상에서 벗어난 이하응은 조대비에게 연줄을 대어 아들을 임금으로 올렸습니다. 이에 따라 흥선군은 흥선 대원군이 되었지요. 대원군은 왕의 아버지에게 붙이는 호칭이에요. 죽은 자에게 칭호를 올려 높이는 것이 일반적인 관례인데, 흥선 대원군은 조선 역사상 유일하게 살아 있으면서 대원군의 칭호를 받았습니다.

신정 왕후 조씨의 명으로 대원군의 사저인 운현궁에서 궁궐로 들어가는 전용 문이 만들어졌지만, 대원군이 전용 문으로 출입하는 경우는 드물었어요. 흥선 대원군의 개혁안은 주로 대왕대비의 하교를 통해 이루어졌지요. 신정 왕후 조씨는 왕실 재건에 대원군과 뜻을 함께했습니다. 대왕대비는 수렴청정한 지 2년 3개월이 지난 1866년(고종 3년) 수렴청정의 대권을 대원군에게 넘겨주었어요.

○ 경복궁 자경전 십장생 굴뚝(보물 제810호, 서울시 종로구)

벽돌을 쌓아 네모 형태로 만든 굴뚝이다. 기와지붕 위에 연기를 빠지게 하는 시설을 갖추어 놓았다. 왼쪽 사진을 보면 굴뚝 가운데에 가장 한국적인 무늬로 알려져 있는 십장생 무늬를 새겨 넣었다. 조형미과 세련미를 갖추고 있어 조선 시대 궁궐에 있는 굴뚝 가운데 가장 아름답다는 평가를 받는다.

○ 경복궁 자경전(보물 제809호, 서울시 종로구)
고종의 양어머니인 신정 왕후를 위해 지은 대비전이다. 총 44칸 규모인 자경전은 대비가 일상생활을 하던 건물이다.

❂ 흥선 대원군의 전신 초상 3점
흥선 대원군이 각각 다른 복장을 하고 있는 초상화로, 왼쪽부터 「금관조복본」, 「흑건청포본」, 「흑단령포본」이다.

○ 운현궁 이로당(서울시 종로구)
운현궁의 안채인 이로당은 남자들이 드나들지 못하는 여자들만의 공간이었다. 이로당의 안주인은 흥선 대원군의 아내인 부대부인 민씨였다.

중전 민씨와 대원군의 갈등이 시작되다

그동안 안동 김씨와 풍양 조씨의 세도 가문은 자기 가문의 딸을 왕비로 내세워 세도 정치를 펼쳤습니다. 세도 정치의 폐해를 절감한 대원군은 유력 가문에서는 며느리를 들이지 않기로 마음먹었지요.

대원군은 세도 정치를 방지하기 위해 친정 세력이 몰락한 여흥 민씨 집안의 무남독녀를 며느리로 들이기로 했어요. 여흥 민씨 가문은 비록 가세는 기울었어도 노론 명문가였습니다. 민씨의 어머니와 양 오빠인 민승호도 건재했어요. 더구나 민승호는 대원군 부인의 동생이었지요. 대원군은 부인과 며느리가 모두 여흥 민씨여서 흐뭇해했어요.

형식적인 삼간택을 통해 낙점된 민씨는 열여섯의 나이에 한 살 어린 고종과 혼례를 치렀어요. 하지만 아이러니하게도 대원군은 나중에 자신이 선택한 며느리에 의해 쫓겨났습니다.

고종은 중전 민씨보다 궁인 이씨에게 눈이 가 있었어요. 대원군은 고종에게 후궁 두기를 권유했고, 궁인 이씨는 고종의 후궁이 되었지요. 마침내 1868년(고종 5년) 고종의 사랑을 받은 궁인 이씨가 중전보다 먼저 아들(완화군)을 낳았습니다. 손이 귀한 왕실에서 아들이 태어나자 대원군은 크게 기뻐하며 완화군을 운현궁에 데려와 양육했어요. 대원군이 완화군을 편애해 세자로 삼으려 하자, 대원군과 중전 사이에 갈등의 골이 깊어졌습니다. 완화군은 13살의 어린 나이에 요절했는데, 중전의 질투로 독살되었다는 설이 있어요.

중전 민씨도 3년 후 원자를 낳았지만, 항문이 없어 며칠 후 죽고 말았어요. 이때도 대원군이 보낸 보약 때문에

○ 중전 민씨가 쓴 한글 편지(국립고궁박물관)

진짜 명성 황후는 누구인가?

『민비와 서의(西醫)』에서 애니 엘러스는 명성 황후의 모습을 이상적인 조선 여인상으로 묘사했다. "황후께서는 황공하오나 그야말로 조선 여성으로의 모든 아름다움을 구비하신 미인이셨습니다. 크지도 작지도 않은 키, 가느다란 허리, 희고 갸름하신 얼굴, 총명과 자애의 상징인 흑진주 같은 눈, 옻칠같이 검고 구름 같은 머리, 이 모든 영자(英姿)가 아직도 내 눈에서 사라지지 않습니다. 취미에 부유하심은 우리 미국 여성을 엿볼 수 있었습니다. 옷, 화장, 음악 감상 등 취미가 다양했습니다."

◐ 명성 황후로 알려져 왔지만 궁녀로 추정되는 사진

◐ 이승만 전 대통령의 『독립정신』에 실린 사진

◐ 영국인 수집가 테리 베닛이 2006년에 '시해된 왕비'라고 주장하며 공개한 사진

원자가 죽었다는 이야기가 야사에 전합니다. 대원군이 중전을 견제했다고 하지만, 손이 귀한 왕실에서 과연 손자를 죽일 생각까지 했을까요?

2 흥선 대원군의 개혁

흥선 대원군, 비변사를 혁파해 안동 김씨를 약화하다

대권을 거머쥔 대원군에게는 해결해야 할 과제가 많았습니다. 세도가인 안동 김씨 세력을 몰아내 왕권을 확립하고, 삼정의 문란으로 일어난 민란도 수습해야 했으며, 외세의 침략에도 대비해야 했지요. 이런 문제들을 해결하려면 먼저 권력부터 단단히 다져야 했어요. 그러기 위해서는 안동 김씨 세력을 몰아내는 것이 급선무였지요.

하지만 대원군은 대왕대비 조씨와 동맹 관계에 있었고, 김병학과 김병국 등 일부 안동 김씨 세력으로부터도 지원을 받았기

● 삼군부 총무당
(서울시 성북구)

1868년(고종 5)에 지어진 삼군부의 중심 건물이다. 삼군부는 조선 초기의 군무(軍務)를 통할하던 관청이었는데, 1865년(고종 2)에 다시 설치되어 군무를 통솔하고 변방에 관한 일체의 사항까지도 관장했다. 이후 1880년(고종 17)에 통리기무아문이 설치되면서 폐지되었다.

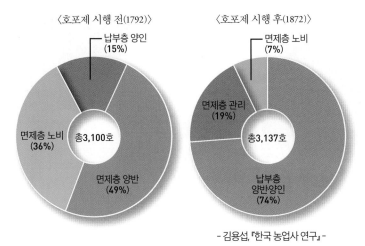

〈호포제 시행 전(1792)〉 〈호포제 시행 후(1872)〉

납부층 양인
(15%)

면제층 노비
(36%) 총3,100호

면제층 양반
(49%)

면제층 노비
(7%)

면제층 관리
(19%) 총3,137호

납부층
양반양인
(74%)

○ 호포제 시행으로 나타난
부담층의 변화(경북 영천)
호포제 시행 이후 양반층의
납부 비율이 크게 확대되었
음을 확인할 수 있다.

- 김용섭, 『한국 농업사 연구』 -

때문에 무조건 몰아낼 수는 없었어요. 그래서 집권기에는 안동
김씨 세력을 중심으로 명문가의 권력층을 끌어들이면서도 당파
와 관계없이 인재를 기용하며 정권을 유지해 나갔습니다. 특히
김병학은 가장 오래 좌의정, 영의정을 맡으면서 대원군의 개혁
정책을 뒷받침했어요. 경복궁 중건을 위해 당백전을 발행한 것
도 김병학이 건의해서 이루어졌지요.

대원군은 비변사에도 손대기 시작했어요. 비변사가 권력을 장
악하고 행사하는 원천이었기 때문이지요. 대원군은 1864년 1월
비변사의 기구를 축소해 군과 관련된 일만을 관장하게 하고, 대
신 의정부가 조정의 모든 사무를 주관하게 했어요. 다음 해 3월
에는 의정부와 비변사를 통합해 비국(備局)을 설치했지요.

1868년에는 **삼군부**를 설치해 축소된 비변사가 가지고 있던 군
사 통솔권까지 아예 삼군부로 이전했습니다. 이로써 비변사를
무대로 권력을 행사하던 안동 김씨 세력은 세력이 크게 약해졌
어요.

○ **만동묘(충북 괴산군)**
임진왜란 때 구원병을 보내
조선을 도와준 데 대한 보
답으로 명의 임금인 신종과
의종의 제사를 지내기 위해
1704년(숙종 30)에 지은 사
당이다.

서원 철폐와 호포제로 재정을 확충하다

개혁을 위한 대원군의 노력은 당쟁의 근원인 서원이 존재하는
한 한계를 지닐 수밖에 없었습니다. 서원은 지방 양반이 세력을
확장할 수 있는 정치적 · 경제적 기반이었거든요. 서원전은 면
세전이 많아 국가 재정을 악화시켰고, 주변 농민을 품삯도 없이
부려 백성의 원성이 자자했어요.

대원군은 과감히 서원 정리에 나섰습니다. 1864년 서원의 실
태를 조사하면서 보유 토지의 면세를 축소하고, 소속 노비의 신
분을 바로잡아 군포 수입을 늘렸어요. 1868년에는 서원에 정원
외로 끼어든 사람을 골라내고, 서원의 논밭에 세금을 물렸으며,
수령이 서원의 장이 되어 사무를 주관하도록 했지요.

1871년(고종 8년)에는 "백성을 해치는 자라면 공자가 다시 살
아난다고 하더라도 용서하지 않겠다."라고 선언한 뒤 47개소의
서원만 남기고 나머지 1,000여 개의 서원을 모두 철폐했습니다.
대원군은 여기에 그치지 않고 노론의 사상적 근거지인 **만동묘**도
폐지했어요. 만동묘는 송시열의 뜻에 따라 제자인 권상하가 세운

사당입니다. 임진왜란 때 도와준 명에 대한 의리를 지킨다고 망한 나라의 황제인 신종과 의종을 모시고 있었던 곳이었습니다.

대원군은 민란의 원인을 삼정(전정, 군정, 환정(환곡)을 이름)의 문란으로 보고 이것을 바로잡아 농민의 불만을 수습하려고 했습니다. 전정의 경우에는 토지 조사 사업인 양전 사업을 시행해 양안에 올리지 않은 땅인 은결을 찾아내고, 부당한 세금 징수를 고쳐 나갔어요.

군정에서는 호포법을 시행해 양반에게도 호포세를 부과했어요. 호포법은 '호(戶)'를 단위로 면포를 징수하는 제도입니다. 양반, 상민 할 것 없이 군포를 징수했으므로 양반들의 반발이 극심했지요. 하지만 신분제의 동요로 양반이 급증하고 일반 백성과 노비의 수가 급감하고 있는 상황에서 호포제만이 부족한 세금을 충당할 방법이었어요. 호포제가 시행되자 양반들은 자신의 이름으로는 차마 세금을 낼 수 없다 해 집에 딸린 노비의 이름으로 세금을 내기도 했답니다.

◐ **창덕궁 신선원전 대보단자리(서울시 종로구)**
1704년(숙종 30)에 명의 임금인 신종의 제사를 지내기 위해 대보단을 조성했다. 일제 강점기인 1921년에 대보단을 없애고 신선원전을 세웠다.

○ 「동궐도」(국보 제249-1호, 고려대학교박물관)
창덕궁과 창경궁 일대를 입체감이 나도록 그린 궁궐 배치도이다. 두 궁의 전각과 다리, 담장은 물론 연꽃과 괴석 등 조경까지 선명하고 세밀하게 묘사했다. 회화적 가치보다는 궁궐 건물 연구에 더 큰 의미를 지닌다.

○ 창덕궁 구선원전(보물 제817호, 서울시 종로구)
선원전은 조선 시대 역대 임금의 초상을 봉안하고
제사를 지낸 건물이다. 1921년에 신선원전을 지어 왕
의 초상을 옮긴 후부터 구선원전으로 불리게 되었
다. 오늘날 구선원전은 주요 유물을 보관하는 창고
로 쓰이고 있다.

⊙ 당백전(화폐박물관)
명목 가치가 기존 상평통보
의 100배에 해당하여 당백전
(當百錢)이라고 불렀다. 실질
가치는 기존 상평통보의 5~6
배 정도였다. 앞면에는 '상평
통보', 뒷면에는 '호대당백'이
라는 글자가 쓰여 있다.

조선 초기에는 양반이 전체 사회 구성원의 2~3%에 불과해 세금을 면제해 주어도 큰 문제가 없었습니다. 하지만 흥선 대원군 집권기에는 양반에게 세금을 전가하지 않으면 국가 재정 수입이 줄어들고, 모자라는 세금이 소수에게 전가되어 부담이 커질 수밖에 없었어요. 많은 양반이 반발했지만 당시 양반이 사회 구성원의 60%를 차지하고 양인이 30%, 노비가 10%를 차지하고 있었기 때문에 그대로 추진할 수밖에 없었지요.

대원군은 환정(환곡)의 폐단을 막기 위해 빈민 구호 제도인 사창 제도를 도입했습니다. '이(里)'를 단위로 설치한 사창은 경제적 여유가 있는 사람에게 운영을 맡겼으므로 탐관오리의 부정이 줄어들었어요.

왕권 강화를 위해 경복궁을 중건하다

대원군은 왕실의 권위를 과시하기 위해 **경복궁**을 중건했어요. 조선의 법궁인 경복궁은 임진왜란 때 불탄 이후 재건하지 못했지요. 대원군의 야심 찬 경복궁 중건 사업은 국력을 소모하고 백성을 고통 속에 몰아넣었어요.

궁궐 재건 비용이 만만치 않아 전국에서 거목과 거석을 징발하고, 재원을 마련하기 위해 원납전을 징수했어요. 원납전은 여유가 있는 백성이 의연금으로 내는 돈을 의미했습니다. 하지만 부역에 나갈 수 없다면 경비라도 내야 한다며 모든 집마다 강제로 거두어들였지요. 어느덧 강제 징수가 당연시되어 양반가의 노비들에게도 원납전을 거두어들였어요. 사람들은 "원해서 내는 원납전(願納錢)이 아니라 원망하며 내는 원납전(怨納錢)"이라고 비아냥거렸지요.

원납전으로도 부족해 좌의정 김병학의 건의에 따라 1866년 **당**

백전을 주조하였습니다. 당백전의 명목 가치는 상평통보의 100배였지만, 실질 가치는 상평통보의 5~6배밖에 되지 않아 실제로는 30전도 쳐주지 않았어요. 게다가 위조된 당백전이 넘쳐나 당백전의 가치는 더욱 떨어졌지요. 물가가 상승하는 등 경제에 온갖 부작용이 생기면서 백성의 원성만 높아졌어요.

1868년(고종 5년) 주요 공사가 마무리되어 왕과 대비가 모두 경복궁으로 거처를 옮겼어요. 경복궁 중건에 이어 성균관, 종묘, 도성 등도 대대적으로 보수에 들어갔지요.

대원군은 왕권 강화를 위해『대전회통』과『육전조례』등 법전도 펴냈어요.『대전회통』은 성종 때 만든『경국대전』과 영조 때 만든『속대전』을 서로 통하게 하나로 합해 만든 조선 법전의 완성본입니다.『육전조례』는 행정 실무를 수행하는 6조(이·호·예·병·형·공)가 해야 할 일을 법전으로 만든 거예요. 각 관청이 남긴 사례를 선별해 만든 행정 법령에 해당하지요.

❍ **경복궁**(서울시 종로구)
무악산에서 내려다본 경복궁의 모습이다. 왼쪽에 경희루가, 가운데에 근정전이 보인다.

3 흥선 대원군의 통상 수교 거부 정책

프랑스, 병인박해를 빌미로 병인양요를 일으키다

대원군은 내정 개혁에만 전념할 수 있는 형편이 아니었어요. 외세가 호시탐탐 침략의 기회를 엿보고 있었으므로 이에 대한 대비도 시급했지요.

1860년 제2차 아편 전쟁에서 청이 영국에 패하면서 북경이 함락되고 말았어요. 러시아가 베이징 조약 체결을 중재하는 대가로 연해주를 차지하자, 조선은 두만강을 사이에 두고 러시아와 국경을 마주하게 되었지요. 조선에서는 서양 세력과 러시아에 대한 경계심이 높아졌습니다. 이후 러시아 사람들이 통상을 요구했고, 러시아가 남진한다는 소문도 나돌았어요. 승지 남종삼은 대원군에게 "프랑스와 동맹을 맺어 러시아의 남침을 저지하십시오. 조선에서 활동하고 있는 프랑스 주교 베르뇌를 통하면 가능할 것입니다."라고 건의했어요.

❂ 절두산 성지
(서울시 마포구)

프랑스군의 침략 이후 조선은 천주교도에 대한 탄압을 더욱 강화했다. 서울의 강변 북로 변에는 절두산 성지가 불쑥 솟아 있다. 정상에서 천주교도들의 목을 쳐 절벽 아래 한강으로 떨어뜨렸다고 해서 절두산이라는 이름이 붙었다. 흥선 대원군은 1866년부터 1872년까지 6년 동안 8,000여 명의 천주교도를 처형했는데, 병인박해의 생생한 현장이 바로 절두산 성지이다.

대원군은 오랑캐로 오랑캐를 제압한다는 이이제이(以夷制夷) 원칙에 따라 남종삼의 건의를 받아들이려 했습니다. 하지만 프랑스 선교사들이 러시아 견제에 소극적이어서 일 진행이 지체되었고, 청에서 천주교도를 탄압하고 있다는 보고도 들어왔어요. 이에 대원군은 천주교도를 탄압하기로 방침을 바꿨습니다.

대원군은 1866년 베르뇌 주교를 비롯한 아홉 명의 프랑스 선교사와 수천 명의 천주교도를 체포해 서울의 새남터와 보령의 갈매못 등지에서 처형했어요. 이를 '병인박해'라고 합니다.

프랑스 신부 리델은 조선에서 청으로 탈출해 톈진에 있던 프랑스 동양 함대 사령관 로즈를 찾아가 박해 사실을 알렸어요. 리델은 조선에 군함을 출동시켜 남아 있는 두 신부와 천주교도들을 구해 달라고 요청했지요. 로즈 제독은 1866년 9월 세 척의 군함을 거느리고 산둥의 지부항을 출발해 경기도 작약도 앞바다에 도착했어요. 암초에 걸린 군함을 제외한 두 척이 강화도를 거쳐 양화진까지 거슬러 올라와 한성을 관찰한 후 일단 지부로 돌아갔지요.

프랑스 함대가 돌아가자 기정진은 척화 상소를 올렸어요.

"한 번 길을 열어 주면 2~3년 이내에 모든 백성이 서양화될 것입니다. 서양과 통교하면 그들은 우리를 속국으로 만들어 우리의 소녀들을 잡아가고, 백성을 금수로 만들 것입니다."

프랑스 함대는 그해 10월 전선 일곱 척에 1,500여 명의 병사를 태우고 다시 조선에 나타났어요. 프랑스는 자국의 신부를 살해한 일에 대한 배상금 지급과 책임자 처벌, 통상 조약 체결 등을 요구했지만, 조선 조정은 이를 침략으로 받아들이고 대응했습니다.

● 정족산성 전투 디오라마(강화역사박물관)
병인양요 때 정족산성(삼랑성)에서 진을 치고 있던 양헌수의 조선군이 프랑스군을 맞아 벌인 전투 장면이다.

● 양헌수 승전비(인천시 강화군)
양헌수가 병인양요 때 프랑스군을 격퇴한 일을 기념하기 위해 1873년에 강화군민들이 건립한 비이다.

● 문수산성(경기 김포시)
갑곶진과 함께 강화도 입구를 방어하던 성이다. 병인양요 때 120여 명의 프랑스군이 문수산성을 정찰하다가 매복 중이던 한성근 휘하 조선군의 공격을 받고 27명의 사상자를 내고 물러갔다.

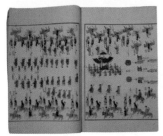

◑ 영조 정순왕후 가례도감의궤
(국립중앙박물관)

영조와 정순 왕후의 혼례(1759) 과정을 기록한 의궤이다. 프랑스가 병인양요 때 강화도 외규장각에서 약탈한 도서는 1978년 서지학자 박병선 박사가 297권을 발굴하여 공개하면서 그 존재가 알려졌다. 현재 5년 단위로 갱신하는 방식으로 우리나라에 돌아왔다.

◑ 외규장각과 고려궁지(인천시 강화군)

강화 고려궁지에는 외규장각과 강화 유수부가 있었다. 1782년에 지어진 외규장각은 1866년 병인양요가 일어나면서 소실되었고, 이곳에 보관되어 있던 의궤는 프랑스군이 약탈해 갔다.

○ 이항로의 묘

○ 이항로(1792~1868)

조선 말 위정척사 사상의 대표 학자이다. 이항로는 기정진과 더불어 1866년 병인양요 당시 척화주전론(斥和主戰論)을 주장하며 흥선대원군의 통상 수교 거부 정책을 지지하는 상소를 올린 인물이다.

◐ 이항로 생가로 들어가는 입구

◐ 이항로 생가의 안뜰

◐ 이항로 생가(경기 양평군)

○ 문수산성(경기 김포시)
병인양요 때 조선군과 프랑
스군이 격전을 벌였던 곳이
다. 해안 쪽 성벽과 문루는 모
두 파괴되었고 지금은 문수
산 등성이를 연결한 성곽만
남아 있다.

120여 명의 프랑스군이 **문수산성**을 정찰하다가 매복 중이던 한성근 등 조선군의 공격을 받고 27명의 사상자를 낸 채 물러났어요. 강화부를 점령한 160여 명의 해병은 전등사를 털기로 하고 **정족산성** 동문 쪽으로 올라왔습니다. 하지만 매복 중이던 **양헌수** 휘하 조선군 포수 500여 명이 일제 사격을 가해 6명이 즉사하고 30여 명이 상처를 입었어요. 조선군의 피해는 한 명의 전사자와 세 명의 부상자뿐이었지요.

조선이 조약을 맺을 의사가 없다는 것을 확인한 로즈 제독은 강화성 내의 관아에 불을 지르고 외규장각 의궤, 은괴, 무기, 보물 등을 약탈한 후 청으로 철군했어요. 이때 프랑스군이 약탈해 간 의궤 등 외규장각 도서들은 1975년 서지학자 **박병선** 박사가 프랑스 국립도서관에서 찾아내 세상에 알렸습니다. **박병선** 박사와 우리 정부의 노력으로 2011년 6월 외규장각 도서가 영구 임대 방식으로 우리 곁에 돌아왔지요.

오페르트의 남연군 묘 도굴, 조선의 빗장을 걸게 하다

병인양요 후 상인이자 인류학자인 독일인 오페르트 일당이 대원군의 아버지인 남연군의 무덤을 도굴하려다 실패하고 달아나는 사건이 발생했습니다.

오페르트는 1866년(고종 3년) 3월과 8월 두 차례에 걸친 조선과의 통상 교섭에 실패했어요. 기회를 노리던 오페르트는 병인박해 때 조선에서 탈출한 프랑스 신부 페롱을 끌어들였습니다. 페롱은 프랑스 제독 로즈가 조선을 원정할 때 조선인 천주교도들과 함께 뱃길을 안내하기도 했어요. 오페르트와 페롱은 머리를 맞대고 "남연군의 묘를 발굴해 시체와 부장품으로 대원군과 통상 문제를 놓고 흥정하자."라는 작전을 짰어요. 오페르트는 자금을 전담한 미국인 젠킨스, 프랑스 신부 페롱, 선장 묄러, 조선인 모리배 두 명, 유럽 · 필리핀 · 중국 선원 등 총 140명으로 구성된 도굴단을 조직했습니다.

1868년 5월 덕산군에 상륙한 오페르트 일당은 러시아 사람이라고 사칭하면서 덕산 관아를 습격해 무기고를 털어 선원들을

○ 남연군의 묘
(충남 예산군)

흥선 대원군의 아버지인 남연군 이구의 무덤이다. 원래 경기 연천군에 있던 묘를 충남 예산군으로 이장했다. 1868년 독일 상인 오페르트가 남연군의 묘를 도굴하려다 실패했다.

무장시켰어요. 또한 민가에서 발굴 도구를 약탈해 **남연군의 묘**로 직행했지요. 이들은 밤에 도굴에 착수했으나 무덤구덩이가 워낙 견고해 곡괭이 날이 들어가지 않았어요. 당황한 오페르트는 날이 밝아 오자 철수했습니다.

남연군 묘는 원래 경기도 연천에 있었어요. 대원군은 "충청남도 예산 덕산면의 절 자리가 제왕이 두 명이나 나올 명당"이라는 지관의 말을 듣고 절을 사들인 후 연천에 있던 남연군 묘를 이장했습니다. 대원군은 도굴에 대비해 튼튼한 석관을 마련하고 석회석으로 다져 놓았어요. 이 때문에 오페르트 일당이 도굴에 실패한 것이지요.

작전에 실패한 오페르트 일당은 해안을 따라 북상해 영종진에 상륙한 후 성문을 열라고 소리쳤어요. 영종 첨사가 사격을 명해 마닐라인 두 명이 사망하자 오페르트 일당은 도주했지요. 이 사건으로 젠킨스는 미국인에 의해 고발당했고, 신부 페롱은 프랑스 정부로부터 소환을 당했어요. 대원군의 아버지인 남연군의 묘가 파헤쳐지자, 조상 숭배 사상이 강한 조선 땅에서는 서양인을 배척하는 분위기가 더욱 고조되었습니다.

미국, 제너럴셔먼호 사건을 빌미로 신미양요를 일으키다

1866년(고종 3년) 8월 병인양요 직전에 미국의 상선 제너럴셔먼호가 대동강을 거슬러 올라와 평양까지 다가왔습니다. 이 배에 탄 서양 사람들이 통상을 요구하자, 관리들은 외국과의 통상을 나라에서 금지하고 있다며 물러갈 것을 요구했어요. 하지만 미국 선원들은 배에서 내려 민가를 약탈하고 함부로 총을 쏘아 백성 일곱 명을 죽였어요.

평안 감사 박규수는 인화 물질을 실은 작은 배들을 연결해 불을 지른 후 정박해 있는 제너럴셔먼호 쪽으로 보냈어요. 작은 배의 불은 바로 제너럴셔먼호로 옮겨붙었지요. 배에서 탈출한 선원들은 모두 체포되었어요. 분노한 평양의 관민은 제너럴셔먼호 선원을 모두 때려죽였습니다.

1867년 2월 미국 사신이 중국을 통해 "제너럴셔먼호 사건을 공동 조사하고 조약을 맺어 교역하자."라는 서신을 보내왔어요. 조선이 미국의 제안에 불응하자 1871년 5월 미국은 군함 5척, 병력 1,230여 명을 동원해 강화도를 침략했습니다. 이 사건이 '신미양요'예요.

6월 10일 미국 아시아 함대가 손돌목에 접어들자 광성진에서 대포를 쏘아 댔지만 사정거리가 미치지 못해 바다에 떨어졌어요. 미군 측은 초지진을 맹포격하고 450여 명의 병력을 상륙시켜 포대를 점령했습니다. 이날 밤 조선군은 **초지진**을 야습했으나 우세한 화력에 밀려 후퇴하고 말았어요.

6월 11일 미군은 초지진을 출발해 **덕진진**으로 향했고 함포 사격을 앞세워 덕진진도 쉽게 점령했습니다. 조선군은 물살이 빠르고 굴곡이 심한 손돌목 어귀의 **광성보**에 지휘소를 설치했어요. 탐사대의 선두가 손돌목에 접어들자, 조선군은 광성보 지휘

❶ **강화 초지진** 조선군은 초지진에서 우수한 근대식 무기로 무장한 프랑스·미국·일본의 함대와 맞서 싸웠다.
❷ **미군의 초지진 상륙 작전 기록화** 1871년 대포와 총으로 무장한 미군들이 초지진 상륙 작전을 감행하는 장면을 그린 기록화이다.
❸ **초지진을 점령한 미군** 1871년 신미양요 때 미군들이 강화도 초지진을 점령하고 포대지에서 휴식을 취하고 있다.

🔷 **강화 초지진**(인천시 강화군)
1866년 병인양요 때 천주교 탄압을 구실로 침입한 프랑스의 극동 함대와 1871년 신미양요 때 무역을 강요하며 침입한 미국 아시아 함대.
그리고 1875년 개항을 강요하며 침공한 일본 군함 운요호를 맞아 조선군이 치열하게 전투를 벌인 곳이다.

○ 강화 덕진진(인천시 강화군)

신미양요 때 조선군이 미국 함대와 치열한 포격전을 벌인 곳이
다. 덕진진은 초지진에 상륙한 미국 군대에 의해 점령당했다. 병
인양요 때에는 양헌수의 군대가 덕진진을 거쳐 정족산성으로 들
어가 프랑스 군대를 무찔렀다.

○ 남장포대

덕진진에 소속된 남장포대는 자연지리를 이용해 만든 천연의 요새였다.
외부의 적에게 보이지 않아 강화 제일의 포대라고 여겨졌다. 오른쪽에 덕
진돈대가 보인다.

○ 덕진돈대에서 바라본 남장포대 전경

○ 덕진진 남장포대

남장포대에는 건립 당시 약 15문의 대포가 설치되어 있었다. 신미양요 때 시설물이 모두 파괴되었는데, 1977년에 조선 시대 홍이포를 만들어 복원했다.

○ 강화 덕진진을 점령하고 덕진돈대(墩臺) 위에 늘어서 있는 미군들

❖ 강화 광성보(인천시 강화군)

조선 시대에 덕진진, 초지진, 문수산성 등과 더불어 강화 해협을 지
키던 중요한 요새이다. 1658년(효종 9)에 처음으로 설치되었다. 신미
양요 때에는 가장 치열한 격전지였는데, 이 전투에서 조선군은 열세
한 무기로 싸우다가 몇 명을 제외하고 대부분이 순국했다.

❖ 광성보의 손돌목 돈대

외적의 침입을 관찰하고 대비할 목적으로 접경 지역이나 해안 지역에
쌓은 작은 방어 시설물을 돈대라고 한다. 다른 돈대는 사각 모양이지
만 광성보의 손돌목 돈대는 원 모양으로 만들어졌다.

❖ 용두돈대

강화해협을 지키던 천연 요새이다. 병인·신미양요 때
치열한 포격전이 벌어졌다. 돈대 오른쪽에 물살이 센 손
돌목이 보인다.

◐ 광성보 손돌목 돈대에서 전사한 조선군

신미양요 때 광성보 손돌목 돈대에서 전사한 조선군이 찍힌 사진이
다. 신미양요 때 미군 측에서는 해군 중위 1명과 2명의 수군이 전사
했지만 조선군 측에서는 어재연 장군을 비롯한 수비군 53명이 전사
했다.

◐ 광성보 전투의 전리품

미군들이 광성보 전투에서 노획한 어재연 장군의 수자기(帥字旗)를 군
함 위에 걸어 놓고 부동자세를 취하고 있다.

소에서 대포 사격을 가했습니다. 이에 탐사대도 즉각 응사해 치열한 포격전이 벌어졌지요.

미군의 아시아 함대는 8인치 대포로 강력한 파괴력을 지닌 포탄을 연속으로 발사해 조선군의 진지를 순식간에 파괴했어요. 조선군의 대포는 소구경에 발사 거리가 짧은 재래식이어서 미군의 대포에 비해 성능이 뒤떨어졌습니다. 조선군의 화승총도 미군의 레밍턴 소총과 비교하면 발사 거리와 속도에서 현저히 뒤처졌어요. 미군의 공격으로 막대한 피해가 발생하자 조선군은 진지에서 철수하였습니다.

조선군 수비대 600여 명의 자위적인 선제공격으로 시작된 손돌목 전투에서 어재연 장군을 포함한 243여 명이 전사하고 100여 명이 바다에 빠져 죽었어요. 미군 측의 전사자는 3명, 부상자는 10명에 불과했지요. 하지만 정신력에서는 조선군이 미군에 뒤지지 않았어요. 조선군은 미군에게 돌을 던지고 창칼로 대적하다가 무기를 놓치면 흙을 던져 눈에 뿌렸습니다. 부상병은 포로가 되기 싫어 스스로 목숨을 끊기도 했어요. 스스로 목숨을 끊을 수 없는 중상자 20여 명만 미군의 포로가 되었지요.

미군 함대는 계속 강화해협을 거슬러 한강으로 북상한다는 애초의 계획을 그대로 추진하려고 했습니다. 하지만 주력 전함인 포함 모노카시호가 손돌목에서 좌초하자 모선이 정박해 있는 작약도 근해로 귀환했어요. 미군은 조선군 부상 포로를 인질 삼아 부평 앞바다에서 다시 조선 측과 협상을 시도했어요. 하지만 조선의 강경한 거부로 실패했지요. 미군은 작은 나라 조선에 더는 미련을 두지 않고 7월 3일 청으로 철수했습니다.

서양의 침략을 물리친 조선은 서양과의 통상 수교를 반대하는 정책을 백성에게 널리 알리기 위해 전국 각지에 **척화비**를 세웠습

니다. 이로써 서양의 선진 문물을 본격적으로 접할 기회는 원천적
으로 봉쇄되었지요.

흥선 대원군, 최익현의 상소로 물러나다

1873년(고종 10년) 광주 유생이 22세의 고종에게 "위정척사의
큰 공을 세운 대원군에게 '대로'라는 호칭을 붙여 모든 사람이
우러러보게 하십시오."라고 상소했어요. 고종은 이를 흔쾌히 받
아들였지요. 대로(大老)는 "백이와 태공 두 노인은 천하의 대로
다."라는 『맹자』의 구절에서 나온 표현입니다. 대로의 칭호를 받
은 이는 지금까지 송시열이 유일했어요.

대원군이 대로로 불리게 되자 송시열을 모신 여주의 대로사는
강한사로 개명하게 되었어요. 겉으로 보면
'대로'가 영예스런 호칭처럼 보이지만, 한
편으로는 은퇴할 때가 되었다는 것을 의
미하기도 했지요.

1873년 10월 25일 최익현은 고종에게
조선의 실상을 알리는 상소를 올렸어요.

"계속 이어지는 세금으로 말미암아 백
성은 어육이 되고 윤리는 무너졌나이다.
나라를 위해 일하는 사람은 괴벽스럽다고
말하고, '개인'을 섬기는 사람은 처신을 잘
한다고 말합니다."

최익현의 상소에서 개인은 대원군을 뜻
합니다. 최익현의 상소를 본 고종은 "최익현
의 정직한 발언에 다른 의견을 내는 이는 소
인배로 볼 수밖에 없다."라며 반색했어요.

◎ 최익현(1833~1906)
위정척사론의 거두인 최익
현은 서원을 철폐한 흥선 대
원군을 실각시켰고, 그 뒤 외
국과의 통상을 논의하기 시
작한 민씨 정권과도 마찰을
빚었다. 1905년 을사늑약 체
결을 계기로 최익현은 의병
을 모집해 거병했다. 하지만
관군에게 패해 대마도에 유
배되었고, 그곳에서 74세의
나이로 세상을 떠났다.

○ 흥선 대원군의 흉배
흥선 대원군의 관복에 수놓아 붙였던 흉배이다. 조선 시대에 관복의 가슴과 배 부위에 붙이던 사각형의 표장을 흉배라고 한다.

하지만 최익현의 상소에 대다수 조정 대신은 "최익현의 상소는 구체성이 없고 두루뭉술해 사리에 어긋나옵니다."라며 반대 상소를 올렸어요. 성균관 유생들도 최익현의 상소에 반박해 동맹 휴학에 들어갔지요. 조정에서 대원군의 존재는 막강했어요. 하지만 고종은 최익현의 상소에 반대하는 자들을 유배 보내는 강경책을 썼습니다.

그러자 최익현은 11월 3일 만동묘 폐지, 서원 혁파, 원납전 발행 등을 대원군의 실정(失政)으로 조목조목 지적했어요. 상소의 말미에는 고종이 듣고 싶어 하는 말을 끄집어냈지요. "이런 문제들은 전하께서 어려서 정사를 돌보기 이전의 일입니다. 종친은 지위만 높여 주고 정사에는 관여하지 못하게 하십시오."

최익현의 상소는 기득권을 잃은 양반 사대부를 대변하는 내용이었지만, 핵심 쟁점은 대원군의 섭정(攝政, 군주가 직접 통치할 수 없을 때에 군주를 대신해 나라를 다스림) 중단을 요구하는 것이었어요. 고종은 못 이기는 척 최익현을 제주도에 귀양 보내는 것으로 사태를 마무리 지었어요.

당황한 대원군은 대궐로 달려갔으나 고종이 문을 열어 주지 않았다고 합니다. 대원군은 운현궁을 떠나 양주의 별장으로 갔지요. 일 년 후 이휘림은 "전하께서 아버지가 돌아오기를 청하는 조치를 취했다는 소리를 듣지 못했나이다. 어찌 아버지의 마음을 돌려세우지 않으시나이까."라는 상소를 올렸다가 오히려 고종의 노여움을 사서 고금도로 귀양 갔습니다. 이렇게 대원군의 섭정 시대는 막을 내렸어요. 고종이 대원군과 거리를 둔 것은 태종이 함흥으로 떠난 이성계를 모셔 오기 위해 함흥차사를 보낸 것과는 대조됩니다.

흥선 대원군의 통상 수교 거부 정책에는 어떤 문제가 있나요?

조선의 통상 수교 거부 정책은 외세의 침략을 막으려 한 자주적 성격을 드러 냈다는 데 의의가 있습니다. 하지만 서양의 새로운 문물을 받아들이는 시기 가 늦어진 점은 두고두고 아쉬운 대목으로 남습니다. 자의든 타의든 전 세계 에 자본주의의 물결이 흐르는 가운데 조선만 장막을 치고 있는 형국이었어 요. 청에 볼모로 있다 선진 문물을 접하고 돌아온 소현 세자가 의문사를 당한 것과 흥선 대원군이 통상 수교 거부 정책을 펼친 것은 조선의 근대화를 가로 막은 2대 사건이라 할 만합니다. 조선은 서양의 발전된 문물을 받아들이기는 커녕 또다시 성리학의 울타리 안에서 눈을 감았습니다. 가까운 나라, 즉 중국, 일본, 러시아는 최대한 경계하고, 멀리 있고 근대화된 나라는 최대한 끌어들 였다면 역사가 달라졌을지도 모릅니다. 우리나라가 지리적으로 미국과 프랑 스 때문에 피해를 볼 가능성보다는 중국, 일본, 러시아 때문에 피해를 볼 가능 성이 더 높기 때문입니다. 또한 미국이나 프랑스의 침략을 받는다 하더라도 지리적 이유로 회복될 가능성이 훨씬 높습니다. 미국과의 수교가 일찌감치 이뤄졌다면 적어도 가쓰라-태프트 밀약에 따라 미국이 일본의 한국 식민지 화를 용인하는 어이없는 결과를 막을 수 있었을지도 모을 일입니다.

통상 수교 거부 정책의 의지를 천명하고자 세운 척화비

21 고종실록 ②|
문호 개방, 임오군란, 갑신정변

메이지 유신으로 근대화에 성공한 일본은 서양 제국처럼 아시아 대륙에 대한 침략 야욕을 드러냈습니다. 첫 대상은 지리적으로 가장 가까운 조선이었어요. 일본은 운요호 사건을 빌미로 불평등한 강화도 조약 체결을 강요했습니다. 이후 서구 열강들도 잇달아 조선과 조약을 맺었지요. 흥선 대원군이 물러나고 국내 분위기가 점차 개화 쪽으로 기울자 보수적인 양반 유생들은 강력하게 반발하고 나섰습니다. 구식 군인들도 신식 군대인 별기군과 차별적인 대우를 받자 폭동을 일으켰지요. 하층민까지 합세하자 사태는 걷잡을 수 없이 커졌고, 결국 청군이 개입해 반란을 진압하였어요. 임오군란 후 청의 간섭이 심해지면서 정부의 개화 정책도 지지부진해졌어요. 이에 일부 급진 개화파는 근본적인 체제 개혁을 주장하며 갑신정변을 주도했어요. 하지만 이 역시 청의 개입으로 실패하였지요. 조선은 개화와 외세 침탈의 틈바구니에서 어떤 선택을 했어야 할까요?

- **1875년** 일본이 강화 해협에 불법으로 침입한 운요호 사건이 일어나다.
- **1876년** 일본의 강요로 조선이 일본과 불평등 조약인 강화도 조약을 체결하다.
- **1882년** 구식 군대의 군인들이 별기군과의 차별 대우에 불만을 품고 임오군란을 일으키다.
- **1884년** 김옥균, 박영효 등 급진 개화파가 갑신정변을 일으키지만 청군의 개입으로 삼일천하로 끝나다.
- **1885년** 러시아의 남하 정책을 저지하기 위해 영국군이 거문도를 불법으로 점령한 거문도 사건이 일어나다.

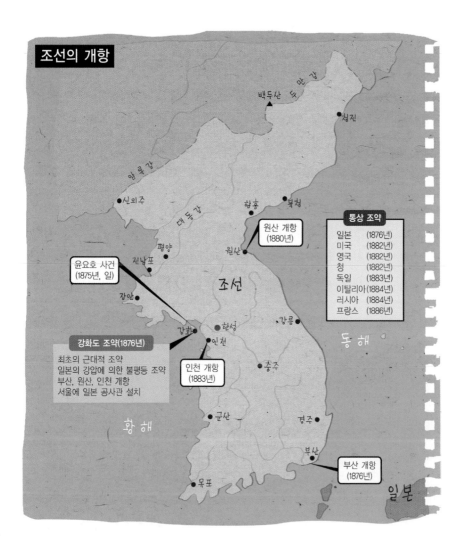

조선의 개항

백두산

청진

압록강

신의주

함흥   북청

대동강

원산 개항
(1880년)

평양

진남포   원산

윤요호 사건
(1875년, 일)

통상 조약

일본	(1876년)
미국	(1882년)
영국	(1882년)
청	(1882년)
독일	(1883년)
이탈리아	(1884년)
러시아	(1884년)
프랑스	(1886년)

조선

장암

강화   한성   강릉

강화도 조약(1876년)
최초의 근대적 조약
일본의 강압에 의한 불평등 조약
부산, 원산, 인천 개항
서울에 일본 공사관 설치

인천

인천 개항
(1883년)

충주

동해

군산   경주

황해

부산

부산 개항
(1876년)

목포

일본

1 문호 개방

조선과 일본의 서로 다른 선택

1873년(고종 10년) 고종이 친정을 선포하면서 대원군이 물러났지만 중전 민씨의 친족이 정권을 잡게 되었습니다. 고종은 불효한 왕이라는 오명에서 벗어나기 위해 대원군의 생일에는 승지를 보내 문안 인사를 했지만 직접 만나려 하지는 않았어요. 대신 양어머니인 대왕대비 조씨를 극진히 모셨지요.

고종은 1874년 본격적으로 인사이동을 단행했어요. 우선 대원군의 사람이었던 삼정승을 교체했지요. 고종의 친정은 곧 중전 민씨의 척족이 득세하는 기회가 되었습니다. 중앙 관직에는 병조 판서에 민승호, 이조 참판 겸 규장각 직제학에 민규호, 예조 참판에 민겸호가 포진했고, 지방 외직에는 경기도 관찰사에 민태호가 임명되었어요. 모두 중전 민씨의 친척들이었지요.

최익현을 움직여 대원군을 실각시킨 것으로 알려진 중전 민씨의 양오빠 민승호는 세도 정치기의 안동 김씨 세력 못지않은 권세를 누렸어요. 하지만 1874년 민승호는 한 수령이 보낸 선물 상

◑ **만동묘와 만동묘정비**
노론이 만동묘(왼쪽)를 근거 삼아 행하는 폐단이 심해지자 흥선 대원군 때 철거되었다. 흥선 대원군이 실각한 후 다시 세워졌지만 일제 강점기에 또 한 차례 철거되었다. 사원에 세우는 비인 묘정비(오른쪽)에는 사원을 건립하게 된 동기와 사원에서 모시는 인물에 관한 내용이 기록되어 있다.

자를 여는 순간 폭약이 터져 다섯 살 난 아들, 양모와 함께 죽었습니다. 중전 민씨는 전적으로 대원군이 벌인 일이라고 생각했지요.

민씨 일파가 권세를 잡자 조선은 다시 세도 정치기로 돌아갔어요. 이들은 대원군의 정책을 중지하고

● **우라가항**
일본과의 통상을 성사하기 위해 미국의 동인도 함대 사령관 페리가 두 차례에 걸쳐 내항한 곳이다.

옛 제도를 복원하는 데 심혈을 기울였습니다. 먼저 유생의 지지를 얻기 위해 철폐되었던 **만동묘**를 복구하고 서원을 되살렸어요. 그러자 서원을 거점으로 유생들과 토호들의 전횡이 다시 시작되었어요. 대원군이 국방 강화에 쓸 돈을 마련하려고 각 도성 문에 매긴 세금(일종의 통행료)도 없앴어요. 이로써 국가 재정 상태는 더욱 악화되고 정치 기강도 문란해졌지요.

대원군이 실각한 다음 해인 1874년 프랑스 신부 달레가 조선에 왔습니다. 달레는『코리아의 교회 역사』에 당시 조선의 상황을 기록했어요.

"창고의 물품은 장부상에만 있다. 지방의 병기고에는 쓸 만한 탄약도 무기도 없다. 아전과 수령들이 다 팔아먹고 고철 나부랭이만 갖다 놓았다. 서해안의 한 백성은 하도 배가 고파 어린 딸을 쌀 한 말에 판다. 길에 송장이 즐비해도 거들떠보지 않는다."

대원군의 통상 수교 거부 정책을 민씨 정권이 그대로 이어나가고 있을 때, 이웃 나라 일본은 다른 선택을 했어요.

1853년(철종 4년) 일본의 **우라가항**에 미국의 동인도 함대 사령관 페리의 흑선이 나타났습니다. 페리 제독은 미국 대통령의 친서를 보여 주며 수호 통상을 요구했어요. 일 년 뒤 페리 제독이 다시 우라가항에 찾아왔습니다. 일본 막부는 미·일 화친 조약

을 체결하고 하코다테항과 시모다항을 개항했어요.

미·일 화친 조약으로 항구를 개항하면서 막부의 쇄국 정책은 막을 내렸어요. 1858년에는 미·일 화친 조약을 보강해 미·일 수호 통상 조약이 체결되었습니다. 이 조약에 따라 일본은 다섯 개의 항구를 개항하고 무역을 전면적으로 자유화했어요. 또한 영사 재판권(치외 법권)도 인정하고 관세의 특혜도 부여했지요. 전형적인 불평등 조약이었어요. 이후 일본은 영국, 프랑스, 러시아, 네덜란드와도 비슷한 조약을 체결했습니다. 1860년(철종 11년)에는 네덜란드에 의뢰해 제작한 목조 증기선을 일본인이 직접 조종하며 미·일 수호 통상 사절단을 수행해 미국까지 방문했어요.

개항 이후 일본에서는 수출입의 증가로 물가가 상승해 서민들과 하급 무사들의 생활이 궁핍해졌어요. 특히 서양 세력과 맞서 싸우던 하급 무사들은 "천황을 받들고 오랑캐를 물리치자."라며 막부 타도를 외쳤지요. 1863년 급진파가 군사 행동에 나서 미국 상선, 프랑스 군함, 네덜란드 군함을 연이어 공격했지만 참패했어요.

서양 오랑캐가 자신들보다 강하다는 것을 인정한 일본은 서양
세력을 물리칠 게 아니라 배워야 할 대상으로 삼았어요. 급진파
무사들은 **메이지 천황**이 즉위하자 막부를 몰아내고 왕정복고를
선언했습니다. 이로써 이름뿐이었던 천황이 실질적인 권력을 쥐
게 되었지요. 메이지 정부는 서양 문물은 물론이고 제도나 사상
까지 받아들일 것을 주장하는 문명 개화론에 따라 1868년(고종 5
년) '메이지 유신(明治維新)'을 단행했어요.

이때부터 조선과 일본의 운명이 달라지기 시작했어요.

일본이 운요호 사건을 빌미로 개방을 요구하다

민씨 정권은 밖으로는 대원군의 통상 수교 거부 정책을 부분적
으로 완화해 청과의 전통적인 외교 관계를 유지했고, 일본에 대
해서도 유화적인 정책을 취했습니다.

1868년 메이지 유신 직후 일본은 조선 정부에 외교 문서인 서
계를 보내 국교 수립을 요구했어요. 대원군은 이 서계에 "일본이
황제 국가임을 나타내는 문구가 있고, 조선 정부가 보내 준 인장
을 사용하지 않았다."라는 이유로 접수를 거부했지요.

서계 사건을 빌미로 일본 내에서는 조선을 정벌해야 한다는
'정한론(征韓論)'이 제기되기도
했습니다. 메이지 유신 공신 중
한 명인 **사이고 다카모리**는 "할
일이 없어진 사무라이의 불만을
돌리기 위해 조선을 정벌하자."
라고 주장했어요. 임진왜란 당시
도요토미 히데요시의 논리가 다
시 부활하는 것 같았지요.

〇 운요호
일본군은 1875년 8월 강화
도 해역에 침입해 초지진을
포격하고, 다시 영종진에 상
륙해 약탈, 방화, 살육을 자
행하며 조선군의 선제공격
을 유도했다. 운요호 사건을
계기로 조선과 일본은 강화
도 조약을 맺었다.

때마침 구미 문물제도를 공부하기 위해 1871년에 일본을 떠났던 이와쿠라 도모미, 이토 히로부미 등 메이지 정부 인사들이 1873년에 돌아왔습니다. 내치(內治, 나라 안을 다스림)를 우선으로 내세운 이들 점진파(온건파)가 권력을 잡으면서 조선 출정 계획은 철회되었지요. 1875년(고종 12년) 일본이 새로운 서계를 가져왔으나 조정은 결론을 내지 못하고 시간만 끌었어요. 결국 일본은 '**운요호 사건**'을 일으켰습니다.

일본은 조선을 침략할 명분을 찾기 위해 군함 운요호를 강화도에 파견했어요. 운요호는 해로를 탐사한다는 명분으로 강화도 초지진 포대로 접근해 조선 수비군의 발포를 유도했지요. 일본군은 조선군의 발포를 빌미로 무력 침공을 개시했어요. 일본군의 화력이 우세해 조선군의 피해가 컸지요. 일본군은 방위력이 좀 더 약한 영종진을 포격한 후 상륙해 살인과 방화를 저질렀습니다. 그러고는 소, 돼지, 닭 등을 잡아가 선상 파티를 벌였어요.

○ 운요호 사건을 그린 그림(위)
○ 사이고 다카모리
(1828~1877)
일본의 메이지 유신을 주도했던 유신 삼걸(維新三傑) 가운데 한 사람이다. 정한론(征韓論)이 받아들여지지 않자 귀향했다가 세이난 전쟁을 일으켰다.

1876년 2월 일본 배 다섯 척이 포격을 받았다면서 400명의 병력을 이끌고 강화도로 접근해 "대신들이 나와서 접견하지 않으면 곧장 한성으로 올라가겠다."라고 위협했습니다. 이때 행해진 일본의 포함 외교는 미국이 일본에 한 행동을 답습한 것이었어요.

조선 조정은 일본의 무력시위에 못 이겨 판부사 **신헌**을 보냈어요. 강화도 연무당에서 조선 측 대표인 신헌과 일본 전권대신 구로다 기요타카가 마주 앉았습니다.

일본 측은 "세 돛대에 국기를 단 운요호가 포격을 받았다."라고 추궁했고, 신헌은 "일본 배가 곧바로 방어 구역으로 들어왔으므로 변경을 지키는 군사가 포를 쏜 것은 부득이했다."라고 맞섰어요. 일본 측은 13개조의 조약 초안을 제시하며 "시급히 답을 주지 않으면 우리 군사가 상륙할지도 모른다."라고 위협했지요.

○ 신헌(1810~1884)
강화도 조약을 체결할 때 조선의 대표로 나섰고 미국과 통상 조약을 맺을 때도 대표로 나갔다. 김정호가 대동여지도를 만들 때 도움을 주기도 했다.

○ 진천 신헌 고가(충북 진천군)
조선 말기의 무신이자 외교가인 신헌이 살던 집이다. 1850년경에 ㄱ자형으로 사랑채와 행랑채, 안채, 광채 등을 지었다. 지금은 안채와 광채만 남아 있다.

최익현의 도끼 상소를 물리치고 강화도 조약을 체결하다

최익현은 강화도 회담 진행 상황을 전해 듣고는 광화문 앞에 섰어요. 도끼를 옆에 놓고 "화친을 주장하는 자를 처단하지 않으시려거든 이 도끼로 신을 죽여 주소서. 조정의 큰 은혜로 여기겠나이다."라며 비분에 찬 '도끼 상소'를 올렸습니다.

최익현은 상소에 개항하면 안 되는 다섯 가지 이유를 제시했어요.

첫째, 우리가 힘이 없다고 겁을 내 화친을 받아들이면 그들의 요구 조건은 끝도 없을 것입니다.

둘째, 우리 물건은 생활에 요긴하고 목숨이 걸린 것이지만, 그들의 물건은 지나치게 사치스럽고 괴상한 노리갯감에 불과합니다. 우리의 물건은 한정이 있고 그들의 물건은 그렇지 않으니 통상을 시작하면 우리의 손해가 극심합니다.

○ 강화도 조약 체결 당시의 강화성

○ 강화도 조약
조선과 일본 사이에 체결된
통상 조약이다. 운요호 사건
을 빌미로 일본이 협상을 강
요하자 조선 정부가 이에 응
해 강화도에서 정식 회담이
열렸다. 사진은 연무당에서
회담하는 모습이다.

셋째, 왜인이 서양 옷을 입고 서양 배를 타고 다니니 왜인과 서
양 오랑캐는 매한가지입니다. 사학(천주교)이 확산되어 조선의 전
통 윤리가 무너질 것입니다.

넷째, 왜인이 뭍에 살면 재물과 부녀를 제 마음대로 할 것입니다.

다섯째, 왜인은 탐욕스럽고 도리를 모르는 것이 짐승과 같으니
인간이 짐승과 어찌 교류하겠나이까.

최익현의 주장을 살펴보면 성리학을 제일로 여기는 자존심이
느껴집니다. 서양 물건(옷, 노리갯감 등), 서양 배, 서양 생각(천주
교) 등을 탐욕의 수단으로만 여기고 서양 사람, 왜인은 오랑캐로
여기고 있습니다. 그러면서 통상을 시작하면 우리 것이 경쟁에
서 밀릴 것이라는 사실도 인식하고 있습니다. 최익현의 결의에
찬 도끼 상소에도 불구하고 조정은 불평등한 조약을 맺는 쪽으
로 기울었고, 최익현은 흑산도에 위리안치되었어요.

조선 정부의 초기 개화 정책 추진에 보수적인 양반 유생들은
위정척사 운동으로 맞섰어요. 또한 이들은 일본이 서양 오랑캐

위정척사(衛正斥邪)
'위정'은 정학인 성리학을
옹호하는 것이고, '척사'는
사악하다고 판단되는 다른
모든 종교와 사상을 배격
하는 것이다. 위정척사론은
성리학자들에게 신앙처럼
숭상되었다.

와 같다는 '왜양일체론(倭洋一體論)'을 주장하며 개항 반대 운동
을 전개했지요.

일본의 강요와 개화론자들의 주장에 따라 1876년(고종 13년) 2
월 21일 강화도의 연무당에서 조선 대표 신헌과 일본 대표 구로
다 기요타카가 12개조로 구성된 **강화도 조약**(조·일 수호 조규)에
마침내 서명했어요. 강화도 조약은 우리가 외국과 맺은 최초의
근대적인 조약이었지만, 일본에 유리한 불평등 조약이었지요.

강화도 조약(조·일 수호 조규)의 주요 내용
제1조   조선은 자주의 나라이며, 일본국과 평등한 권리를 가진다.
제2조 일본국 정부는 지금으로부터 15개월 후 조선국 서울에 수
시로 사신을 파견한다.
제4조   조선국은 부산 외에 두 곳을 개항하고 일본인이 왕래 통
상함을 허가한다.

개화론자(開化論者)
당시 국내에는 보수적인 양
반 유생들을 중심으로 문호
개방에 반대하는 주장이 강
했지만, 박규수, 오경석, 유
홍기 등 통상 개화론자들은
열강의 침략을 피하려면 문
호 개방이 불가피하다고 주
장했다.

❂ **개항 무렵의 원산**
천혜의 항구인 원산은 완만
한 구릉을 따라 시가지가 형
성되어 있다. 강화도 조약의
결과 개항하게 된 항구 중 하
나이다.

제7조 조선국은 일본국의 항해가가 자유로이 해안을 측량하도록 허가한다.

제10조 일본국 인민이 조선국 지정의 각 항구에서 머무르는 동안 죄를 범한 것이 조선국 백성과 관계되는 사건일 때에는 모두 일본 관헌이 심판한다.

제1조에서 조선은 일본과 동등한 권리를 가진 자주국임을 선언했어요. 이는 조선에 대한 청의 영향력을 배제하기 위한 것입니다. 부산 외에 두 곳을 개항한다는 내용이 수록된 제4조에는 통상 교역을 넘어 정치·군사적 거점을 마련하려는 의도가 숨어 있어요. 강화도 조약 이후 조선은 부산 외 개항장 두 곳의 후보지로 함경도 북청과 전라도 진도를 지정했는데, 일본은 조선을 침략하기에 유리한 인천과 **원산**을 강요했어요. 제7조의 해안 측량권은 침략 준비의 일환이지요. 제10조에서는 개항장의 일본인들

❍ **개항 무렵의 제물포항**
부산과 원산에 이어 1883년에는 제물포도 개항했다. 강화도 조약이 체결된 이후 일본은 부산, 인천, 원산 등의 개항장에 자국민을 위한 거류지를 설치했다.

에게 영사 재판권(치외 법권)을 적용했습니다. 조선의 법이나 정부의 통제를 받지 않고 마음대로 장사를 하려는 수작이었지요.

강화도 조약에 이어 몇 달 후 조·일 수호 조규 부록과 조·일 무역 규칙(조·일 통상 장정)을 체결했습니다. 조·일 수호 조규 부록에는 '조선에서 일본인 외교관이 자유롭게 여행할 수 있도록 하고, 개항장에서 일본 화폐가 유통될 수 있도록 허용하며, 개항장 사방 10리 안에 일본인이 거주할 수 있는 거류지를 설정한다.'라는 내용이 들어 있어요.

조·일 무역 규칙에는 '양곡의 무제한 유출, 무관세, 무항세 조항' 등 3무(無) 조항이 들어 있습니다. 조선은 가격이나 품질 면에서 우수한 일본 상품의 무분별한 유입을 막을 방법이 없어 경제적으로 큰 피해를 보게 되었어요. 또한 양곡이 무제한으로 유출됨에 따라 곡물 가격이 폭등해 농민과 도시 빈민이 큰 고통을 겪게 되었지요.

이에 조선 정부는 관세권의 회복을 위해 새로운 통상 장정의 체결을 모색했어요. 결국 1883년에 조·일 통상 장정의 무관세 규정이 개정되어 일본으로부터 관세권을 인정받게 되었고, 방곡령을 통해 수출을 제한할 수 있게 되었지요.

하지만 관세 부과는 조선의 수공업을 보호할 수 있는 정도로만 인정되었고, 방곡령도 일본 상인이 대처할 수 있도록 시행 1개월 전에 미리 일본 영사관에 통보해야 한다는 내용을 담고 있어 만족할 만한 수준은 아니었습니다.

2 개화파의 형성과 개화 정책

박규수의 사랑방은 개화의 산실

흥선 대원군이 개혁 정치를 펼치던 1870년대 초, **박규수**의 사랑방에는 서로 다른 배경을 지닌 사람들이 한자리에 모여들었어요. 중인 출신인 오경석, 한의사 출신인 유홍기는 물론이고 20대 전후의 **김옥균**, 박영효, 김홍집, 서광범, 홍영식 등 잘나가는 대갓집 도련님들도 있었지요.

박규수는 『열하일기』를 쓴 박지원의 손자입니다. 박규수는 할아버지의 이용후생 사상을 이어받아 근대화된 새로운 조선을 꿈꾸었어요. 꿈을 이루기 위해서는 문호를 개방하고 서양의 제도나 문물을 받아들여야 한다고 생각했지요. 박규수는 역관인 오경석을 통해 청과 서양 문물을 접했어요. 역관은 지금으로 말하면 동시 통역사입니다. 오경석은 수차례 청을 오가며 조선과 청 바깥의 세계에 눈을 떴어요. 세계지리와 서양 문물을 소개한 『해국도지』와 『영환지략』을 들여온 것도 새로운 세상에 대해 공부하기 위해서였지요.

○ 박규수
(왼쪽, 1807~1877)
조선 후기의 개화사상가이자 연암 박지원의 손자이다. 박영효, 김옥균 등의 개화사상에 큰 영향을 끼쳤다. 특히 최익현 등이 주장한 척화에 맞서 일본과의 수교를 주장해 강화도 조약이 체결되도록 했다.

○ 김옥균(1851~1894)
우리나라 개화사상의 형성에 크게 기여한 급진 개화파의 지도자이다. 김옥균은 일본의 메이지 유신을 모델로 삼아 조선을 근대적인 국가로 개혁하려고 했다.

개화의 첫걸음은 무엇보다 중국이 세계의 중심이라는 중화사상을 극복하는 것이었다. 어느 날 박규수는 지구의를 돌리면서 김옥균을 돌아보고 웃으며 "오늘날 중국이 어디 있단 말인가? 이리 돌리면 미국이 중국이 되고, 저리 돌리면 조선이 중국이 되며, 어느 나라건 가운데로 돌리면 중국이 된다. 오늘날 어디에 정해진 중국이 있단 말인가?"라고 말하자 여전히 중화사상에 얽매여 있던 김옥균이 박규수의 말에 크게 깨닫고 무릎을 치며 일어났다.

　사랑방에 모인 젊은이들은 박규수를 통해 실학사상의 흐름을
계승했고, 오경석을 통해 서양 문물을 받아들였어요. 새로운 사
상에 눈뜬 젊은이들은 전통적인 중화사상에서 점차 벗어났지요.
젊은이들 가운데 단연 김옥균이 돋보였어요. 신채호가 쓴 「지동
설의 효력」에는 이런 대목이 실려 있습니다.

　"어느 날, 박규수는 지구의를 돌리면서 김옥균을 돌아보고 웃
으며 '오늘날 중국(中國)이 어디 있단 말인가? 이리 돌리면 미국
이 중국이 되고, 저리 돌리면 조선이 중국이 되며, 어느 나라건
가운데로 돌리면 중국이 된다. 오늘날 어디에 정해진 중국이 있
단 말인가?'라고 말하자, 여전히 중화사상에 얽매여 있던 김옥균
이 박규수의 말에 크게 깨닫고 무릎을 치며 일어났다."

　개항 직후 박규수와 오경석이 세상을 떠나고 말았어요. 김옥균
을 비롯한 청년들은 유홍기의 지도를 받았고, 이들은 훗날 개화파
로 성장했습니다. 개화파는 개항을 전후해 점차 정계의 주요 세력
으로 떠올랐어요.

김홍집이 들여온『조선책략』, 영남 만인소 사건을 부르다

강화도 조약이 체결된 1876년(고종 13년) 조선 정부는 예조 참의 **김기수**를 수신사로 임명해 일본으로 파견했습니다. 근대화된 일본의 모습에 매우 놀란 김기수는 조정에 다음과 같이 보고했어요.

"전국에 도시가 한둘이 아니었다. 내가 직접 본 도쿄와 요코하마, 고베 등은 민가와 점포들로 넘쳐 났다. 이런 장관을 보고 나만 놀란 것이 아니었다. 청을 여러 번 갔다 온 이용숙 같은 이도 풍성함과 넉넉함이 청보다 훨씬 낫다고 칭송했다."

1880년에는 예조 참의 김홍집이 제2차 수신사로 파견되었습니다. 김홍집은 일본에 약 1개월간 머무는 동안 청국 참사관(외교관) 황준헌(황쭌셴)과 외교 정책에 관해 많은 이야기를 나누었어요. 황준헌은 김홍집이 귀국할 때 자기 생각을 정리한『조선책략』이라는 책을 김홍집에게 건네주었습니다.『조선책략』에는 다음과 같은 내용이 담겨 있어요.

⚙ 조르주 비고가 찍어 낸 그림엽서 세트
1895년 청·일 전쟁에 종군했던 프랑스 언론인 조르주 비고가 1899년 파리로 돌아가 찍어 낸 그림엽서 세트다. 그림의 제목은 '조선을 둘러싼 일·청·러'(왼쪽), '러시아와 싸우라고 일본의 등을 떠미는 영국과 미국'(오른쪽)이다.

⊙ 영남 만인소 행사 재현

영남 만인소(嶺南萬人疏) 사건은 정부의 개화 정책에 반대하는 영남의 유림들이 위정척사를 주장하며 상소를 올린 일을 일컫는
다. 영남 만인소 재현 행사는 안동시가 주최하고 안동문화지킴이가 주관했다. 안동문화지킴이 대표 김호태 제공

"조선 땅은 실로 아시아의 요충을 차지하고 있어 열강들이 서로 차지하려고 할 것이다. 그렇다면 오늘날 조선이 세워야 할 책략으로 러시아를 막는 것보다 더 급한 일은 없다. 러시아를 막는 책략이란 무엇인가? 중국과 친하고(親中國), 일본과 맺고(結日本), 미국과 이어짐(聯美國)으로써 자강을 도모할 뿐이다."

하지만 『조선책략』은 청의 입장에서 저술한 것이므로 기본적으로 청의 이익을 대변하고 있어요. 러시아와 국경을 맞대고 있는 청이 러시아의 남하를 막을 목적으로 조선을 이용하려 든 것이었지요. 또한 일본을 견제하기 위해 미국과 수교할 것을 적극적으로 권장하였습니다.

조선 조정에서는 『조선책략』이 뜨거운 감자로 떠올랐어요. 조정에서는 찬반 논의가 격렬하게 일어났고, 재야에서는 유생들을 중심으로 위정척사 운동이 전개되었습니다.

특히 이만손을 중심으로 한 영남 지방 유생들이 들고일어났지요. **영남 만인소**는 서양 열강과의 수교 반대와 『조선책략』을 도입

○ 개령 향교(경북 김천시)
개령 향교는 영남 만인소 사건이 발생했을 때 도산 서원, 영주 향교와 더불어 주도적인 역할을 한 곳이다. 김천시청 제공

한 김홍집의 처벌을 요구했어요. 결국 고종은 개화파의 손을 들어 영남 만인소 사건의 주모자인 이만손을 유배 보냈습니다.

영남 만인소에는 미·일 수호 통상 조약에서 미국이 일본에게 하던 식으로 일본이 조선을 대할 것이라고 우려하는 대목이 있어요.

수신사 김홍집이 가지고 와서 유포한 황준헌의 사사로운 책자를 보노라면 어느새 털끝이 일어서고 쓸개가 떨리며 울음이 북받치고 눈물이 흐릅니다. …… 일본은 우리에게 매여 있던 나라입니다. 삼포왜란이 어제 일 같고 임진왜란의 숙원이 가시지 않았습니다. 그들은 이미 우리 땅을 잘 알고 수륙 요충 지대를 점거하고 있습니다. 미국은 우리가 본래 모르던 나라입니다. 잘 알지 못하는데 공연히 타인의 권유로 불러들였다가 그들이 재물을 요구하고 우리의 약점을 알아차려 어려운 청을 하거나 과도한 경우를 떠맡긴다면 장차 이에 어떻게 응할 것입니까. 러시아는 본래 우리와 혐의가 없는 나라입니다. 공연히 남의 말만 듣고 틈이 생기게 된다면 우리의 위신이 손상될 뿐만 아니라 이를 구실로 침략해 온다면 장차 이를 막기도 어려울 것입니다.

위정척사 운동은 열강의 침략 의도를 밝히고, 개항의 문제점을 제기해 무분별한 개항에 대한 경각심을 높였어요. 하지만 성리학을 따르는 보수적인 양반 유생들이 주체가 되었기 때문에 조선 왕조의 봉건적인 체제를 옹호한다는 한계를 지니고 있었지요. 정부가 개화 정책을 추진하는 데 걸림돌이 되고, 우리나라의 근대화가 지연되는 데 영향을 끼쳤다는 비판을 피하기는 어렵습니다.

조사 시찰단과 영선사를 파견하고 서양과 수교하다

1880년(고종 17년) 12월 개화 정책의 주도권을 쥔 김홍집은 청의 총리아문을 본떠 군사와 외교를 총괄하는 통리기무아문을 설치하고, 그 아래에 실무를 담당하는 12사를 두었습니다. 1881년에는 신식 군대인 별기군을 창설하고, 조사 시찰단과 영선사를 파견하는 등 굵직한 일을 실시했어요.

1881년 일본의 정세를 파악하고 개화 정책과 관련된 정보를 얻기 위해 조사 시찰단이 파견되었어요. 당시 유생들의 척사 운동이 거셌기 때문에 시찰단은 암행어사의 신분으로 부산까지 내려가야 했지요. 박정양, 어윤중, 홍영식 등 60여 명으로 구성된 시찰단은 약 4개월 동안 메이지 유신이 낳은 성과를 시찰하고 분야별로 보고서를 올렸습니다. 시찰단이 작성한 보고서는 개화 정책을 추진하는 데 뒷받침이 되었어요. 수행원으로 갔던 윤치호, 유길준 등은 일본에 남아 조선 최초로 일본 유학생이 되었지요.

같은 해에 영선사 **김윤식**이 이끄는 유학생과 기술자들을 청의 톈진에 파견해 무기 제조 기술과 군사 훈련법을 배우게 했어요.

○ 김윤식(1835~1922)
영선사로 청의 톈진에 파견되어 양무운동(洋務運動)을 시찰했다. 신무기를 개발하여 군사력을 키워야 외적을 막을 수 있다는 자강론(自强論)을 펼쳤다.

정부의 지원 부족으로 일 년 만에 돌아왔지만, 영선사 파견을 계기로 1883년에 근대식 무기 제조 공장인 기기창이 세워졌어요. 정부는 인쇄소인 박문국과 조폐 발행 기관인 전환국 등의 근대 시설도 마련했습니다.

조사 시찰단과 영선사의 활동으로 정부는 문호 개방에 더욱 긍정적인 태도를 가지게 되었습니다. 조·미 수호 통상 조약을 시작으로 영국, 독일, 러시아, 프랑스와 잇달아 조약을 체결했지요.

미국과의 수교는 김홍집이 들여온 『조선책략』으로 온 나라가 떠들썩할 무렵에 이루어졌어요. 청의 북양 대신 이홍장은 러시아와 일본을 견제하고 조선에 대한 종주권을 승인받을 요량으로 중재를 맡았지요. 조선도 러시아를 견제할 필요성을 인식하고 1882년 조 · 미 수호 통상 조약을 체결했습니다.

이 조약에는 양국 가운데 한 나라가 제3국의 압박을 받으면 다른 나라가 도와준다는 거중 조정(居中調停) 조항이 있고, 영사 재판권(치외 법권)과 최혜국 대우 규정도 포함되어 있었어요. 하지만 낮은 비율일지라도 수출입 상품에 대해 관세를 부과한다는 내용과 곡식의 무제한 유출을 방지한다는 규정을 담고 있어 정부가 조약 체결 과정에서 상당한 노력을 기울였음을 알 수 있습니다.

조 · 미 수호 통상 조약(축약)

제1조 조선과 미국 인민은 각각 영원히 화평 우호를 지키되 만약 타국이 불공경모(不公輕侮, 불공정하거나 깔보고 업신여김)하는 일이 있게 되면 1차 조사를 거친 뒤에 서로 도와 잘 조처함으로써 그 우의를 표시한다(거중 조정).

제4조 미국 상인이 해안이나 상선에서 조선 상인을 때리거나 재산을 훼손하면 미국 영사관이나 미국에서 파견한 관원에게 넘겨 미국 법률에 따라 조사하고 체포해 처벌한다(영사 재판권 규정).

제5조 무역을 목적으로 조선에 오는 미국 상인과 상선은 모든 수출입 상품에 대해 관세를 지급해야 한다(관세 규정).

제14조 조약을 체결한 뒤에 통상 무역, 상호 교류 등에서 본 조약에 부여되지 않은 어떠한 권리나 특혜를 다른 나라에 허가할 때에는 자동으로 미국의 관민, 상인, 공민에게도 똑같이 주어진다(최

● **민영익(1860~1914)**
고종 때 전권 대사로 미국에 다녀온 후 고위 관료를 맡으면서 보수화되어 개화파를 탄압했다.

혜국 대우 규정이 처음으로 등장).

1883년 주한 미국 공사 푸트가 조선에 부임했습니다. 고종은 조·미 수호 통상 조약 이후 미국 공사의 파견에 대한 답례로 같은 해에 전권 대사 **민영익**, 부사 홍영식 등을 **보빙사**로 미국에 파견했어요. 보빙사는 태평양을 건너 샌프란시스코에 도착해 미국 대륙을 횡단했습니다. 워싱턴을 거쳐 뉴욕에 도착한 일행은 체스터 앨런 아서 대통령을 만나 국서를 전했지요. 이때 민영익 일행이 전통 예법에 따라 절하자 미국인들은 당황해하는 모습을 보였다고 합니다.

민영익 일행은 보스턴 등지를 순회한 후, 대서양을 건너 유럽 각지를 여행한 다음 고국으로 돌아왔어요. 보빙사의 일원인 유길준은 귀국하지 않고 미국에 남아 유학했는데, 이때의 경험을 담은 책이 『서유견문』입니다.

○ 보빙사 일행

조선 정부는 1882년 조·미 수호 통상 조약을 맺은 지 1년 후인 1883년 미국의 외교 사절 파견에 대한 답방으로 민영익 일행을 보빙사로 파견했다. 앞줄 오른쪽에서 두 번째가 서광범, 세 번째가 민영익이고, 뒷줄 왼쪽에서 네 번째가 유길준이다.

조선은 1883년 영국, 독일과 잇달아 조약을 체결했고, 1884
년 러시아와는 청을 거치지 않고 직접 수교했으며, 프랑스와는
1886년에 수교했습니다. 러시아, 프랑스와는 다른 열강에 비해
수교가 늦어졌어요. 러시아의 경우는 청의 반대를 무릅쓰고 수
교해야 했고, 프랑스는 수교 조건으로 천주교 선교의 자유를 인
정할 것을 요구했기 때문이지요. 이들 조약 역시 미국과 마찬가
지로 최혜국 대우 규정이 적용된 불평등 조약이었습니다.

3 임오군란
구식 군대가 임오군란을 일으키다

1881년 『조선책략』 반포를 계기로 민씨 일파의 개화 시책에 반대하는 유림의 척사 운동이 전국적으로 전개되었어요. 조선 말기의 역사가 황현은 『매천야록』에서 민씨 정권의 실정에 대해 다음과 같이 탄식했습니다.

"백성은 민씨 집권 후 대원군을 그리워하게 되었다. 민씨 정권은 대원군이 10년간 모은 것을 일 년도 안 돼 탕진했다. 이때부터 벼슬을 파는 폐단이 다시 생겨났다."

민씨 척족이 백성의 재물을 강탈하는 바람에 원성이 자자했습니다. 민승호의 동생인 병조 판서 민겸호는 군비를 부당하게 빼돌려 자신의 집을 서양식으로 개조하는 데 사용했어요. 민승호는 누군가가 보낸 뇌물 상자를 열었다가 내부에 장치된 폭탄이 터져서 사망한 일도 있었지요. 왕비 또한 미신에 빠져 무당을 궁궐로 불러들이고 굿판을 벌이며 나라의 재정을 축냈어요.

이 무렵 대원군은 민씨 일파에게 빼앗긴 권력을 되찾고자 정변을 계획했습니다. 대원군 계파인 안기영은 고종의 이복형 이재선을 왕으로 옹립해 고종을 폐위하고 민씨 정권을 타도하려는 음모를 꾸몄어요. 하지만 뜻을 이루기도 전에 내부자의 고발로 안기영이 붙잡혀 능지처참을 당하고, 어리숙한 이재선은 사약을 받았지요. 고종은 당연히 대원군이 개입했을 거라고 믿었지만, 아버지라서 아무런 조처도 취할 수 없었어요.

민씨 척족의 부정부패와 정부의 급격한 개화 정책은 많은 백성의 반발을 불러왔어요. 1870년대

● 하나부사 요시모토 (1842~1917)
일본의 정치가이자 외교관이다. 임오군란 때 서울을 탈출해 나가사키로 갔다가 군함을 이끌고 다시 조선으로 돌아왔다. 이후 일본에 대한 손해 배상금 지급, 군란 주모자 처벌, 일본 경비병의 공사관 주둔 등을 내용으로 하는 제물포 조약을 체결하고 일본으로 돌아갔다.

에는 양반 유생을 중심으로 저항이 일어났다면, 1880년대에는 **구식 군인**과 하층민들의 항거가 이어졌습니다. 항거가 일어나게 된 계기 중 하나로 별기군 설치를 들 수 있어요. **별기군**은 1881년에 기존의 5군영을 재편하면서 만들어진 신식 군대였습니다. 구식 군대인 5군영은 무위영과 장어영으로 개편되었지요. 군제 개편 후 5군영 소속 군인들이 대부분 실직했고, 개편된 무위영과 장어영의 군인들도 신설된 별기군에 비해 큰 차별을 받았어요. 강제 개항과 일본 상권의 확대에 따라 국가 재정이 고갈됨으로써 5군영의 하나인 훈련도감 소속의 군인들은 13개월이나 급료를 받지 못했습니다.

1882년(고종 19년) 6월 마침내 훈련도감 소속 군인들에게 한 달 치 급료가 지급되었어요. 그런데 밀린 급료로 받은 쌀이 양도 모자라거니와 겨와 모래까지 섞여 있었지요. 분노한 군인들은 선혜청 창고지기를 마구 때렸어요. 선혜청 당상 민겸호가 주동자 네 명을 잡아들여 구속하자, 구식 군인들의 분노가 폭발했습니다. 구식 군인들은 먼저 무기고를 습격해 병기를 탈취하고, 포도청으로 달려가 동료들을 구출했어요.

하층민까지 합세한 시위대는 대동세를 받던 선혜청을 습격하고 책임자인 민겸호의 집에 불을 질렀습니다. 이들 중 일부는 민씨 일파의 집을 습격했고, 다른 무리는 별기군 병영에 몰려가 일본인 교관 호리모토를 무참히 살해하고 일본 공사관을 습격했어요. **하나부사 요시모토** 공사는 간신히 공관을 빠져나가 일본으로 도망갔지요.

구식 군인들은 대원군이 자신들의 뒤에 있다는 사실을 알게 되자 더욱 고무되었어요. 성난 군중은 민씨 일파의 우두머리인 명성 황후를 죽이려고 창덕궁으로 쳐들어갔어요. 시위대는 **돈화**

문을 통해 대궐로 난입했고 명성 황후를 찾아 온 전각을 누볐어
요. 명성 황후는 생사의 갈림길에 처했으나, 홍계훈이 명성 황후
를 가마에 태우고 자신의 누이라고 속여 탈출시켰습니다. 때마
침 입시(入侍, 대궐에 들어가서 임금을 뵙다)해 있던 민겸호와 경기
감사 김보현은 그 자리에서 죽임을 당했어요.

고종이 대원군을 불러들여 사태 수습을 맡기자 군인들은 자진
해서 해산했어요. 8년 만에 다시 돌아온 대원군은 반란이 더는
확대되지 않도록 진정시키고 정부의 개화 정책을 중단했습니다.
군제를 개편해 별기군을 폐지하고, 무위영과 장어영의 영을 없
애는 대신에 군영을 부활했으며, 개화 정책을 총괄하던 통리기
무아문도 폐지했어요. 대원군은 명성 황후가 죽은 것으로 보고
국장을 선포했습니다. 만약 명성 황후가 살아 있어도 죽은 목숨
이라고 보았던 것이지요.

○ 임오군란 당시 구식
군인(왼쪽)과 별기군(아래쪽)
조정이 구식 군인과 별기군
을 차별하여 임오군란이 일
어났다. 별기군은 1881년에
조직한 근대식 군대이다. 조
정은 일본인 장교를 초빙하
여 별기군에게 근대식 군사
훈련을 시키고 사관생도를
양성했다.

임오군란의 과정

모레가 섞인 쌀을 받아 든 구식 군인들의 분노는 극에 달했다. 그들은 무기고에서 탈취한 병기를 손에 들고 민씨 일파의 집과 일본 공사관을 차례로 습격했다. 이윽고 명성 황후에 대한 살기를 머금고 창덕궁으로 향했다.

❖ 흥선 대원군(1820~1898)
최익현의 탄핵을 받아 권력에서 물러난 후 다시 집권할 기회를 엿보다 임오군란 때 일시적으로 재집권에 성공했다.

❖ 창덕궁 돈화문(보물 제383호, 서울시 종로구)
임오군란에 가담한 군민들은 명성 황후를 찾기 위해 창덕궁의 정문인 돈화문으로 돌진했다. 원래 돈화문은 왕과 대관들이 드나들던 문이었다.

⬆ 피신하는 일본인들
임오군란 때 군인들이 일본 공사관을 습격하자 일본 공사 하나부사 요시모토 등 공사관원들은 공사관을 탈출했다.

⬆ 작은 배로 탈출하는 일본 공사관원들
공사관을 빠져나온 공사관원들은 인천으로 도피했다. 군인들은 민씨 정권의 고관들을 처단한 뒤 달아나는 공사관원 일행을 인천까지 추격했다.

민씨 정권, 조·청 상민 수륙 무역 장정을 맺다

⊙ 묄렌도르프(1848~1901)
독일 출신의 외교 고문이었다. 1882년(고종 19) 청의 정치가 이홍장의 추천으로 조선에 서양인 고문으로 부임해 통리아문의 외무협판이 되어 외교와 세관 업무를 담당했다.

충주 목사 민응식의 집에 숨어 있던 민씨는 김윤식에게 연락을 취해 청군의 파견을 요청했어요. 김홍집을 통해서 일본의 무력 개입도 요청했지요. 청과 일본은 즉각 조선에 군대를 파견했어요.

시위 세력은 완강히 저항했지만 결국 청의 우세한 군사력으로 말미암아 많은 사상자를 내며 굴복하였습니다. 이로써 군인들의 반란으로 촉발되어 점차 외세의 침탈에 항거하는 과정으로 확대되었던 임오군란은 막을 내리게 되었어요.

그런데 대원군은 결사 항전을 준비하지 않고 스스로 청의 군영을 찾아갔어요. 일본의 군사적 대응에 맞서 청의 군대를 이용하려는 생각에서였지요. 하지만 청 또한 일본과 똑같은 침략군에 불과했어요.

구식 군인들과 민중의 반란을 진압한 청군은 대원군을 군란의 책임자로 몰아 톈진으로 압송함으로써 일본의 무력 개입 여지를 없애 버렸어요. 민씨 일파는 청군의 호위를 받으며 환궁하였어요.

청이 대원군을 납치하고 명성 황후와 손을 잡은 데는 나름의 이유가 있었습니다. 일본이 대원군을 먼저 납치해 갈 것을 우려했고, 대원군의 통상 수교 거부 정책이 청의 외교 정책과 달랐기 때문이지요. 이로써 민씨 일파의 친청 정권이 수립되었어요.

⊙ 위안스카이(1859~1916)
임오군란에 관여한 청의 정치가다. 흥선대원군을 납치해 청으로 압송하는 역할을 담당했다. 임오군란을 일으킨 군민들과 전투를 벌이기도 했다.

청은 임오군란을 진압한 후에도 병력 3,000여 명을 계속 용산에 주둔시키며 자신들의 침략적 요구를 관철해 나갔습니다. 청의 **위안스카이**는 내정 고문으로 마젠창(마건상)을, 외교 고문으로 **묄렌도르프**를 파견해 조선의 내정에 간섭하기 시작했어요.

청에 고용된 독일인 묄렌도르프는 1882년 8월에 청 상인의 통상 특권을 허용하는 조·청 상민 수륙 무역 장정이라는 불평등

통상 조약을 체결해 청 상인에게 통상의 특
권을 제공했고, 조선에 대한 청의 영향력을
강화하려 했어요.

조 · 청 상민 수륙 무역 장정(축약)

전문 …… 이번에 체결한 수륙 무역 규정
은 중국이 속국을 우대한 것이고, 우호 관계
를 맺은 각 나라도 마찬가지로 다 이득을 보
도록 하는 것은 아니다.

제2조 중국 상인이 조선 항구에서 억울한
사정을 호소하면 중국 상무위원이 처리한다
(영사 재판권 규정).

**○ 청으로 압송된 흥선
대원군**
임오군란의 진압 과정에서
흥선 대원군은 청에 압송되
었다. 사진은 1883년 톈진
에서 찍은 것이다.

제4조 조선 상인이 북경에서 규정에 따라 물건을 팔고 사도록
하며, 중국 상인이 조선의 **양화진**과 서울에 들어가 영업소를 차릴
수 있도록 하되, 만일 두 나라 상인들이 각각 상대 측의 내륙 지방
에 가서 토산물을 사려고 할 때에는 상무위원이 지방 관리와 함께
공동으로 날인해 화물을 살 지방 이름을 밝힌 증명서를 발급해 준
다(청 상인이 조선의 내륙 시장까지 진출).

전문에서는 조선을 속국으로 규정하고, 제2조에서는 영사 재
판권(치외 법권)을 명시했어요. 제4조에서는 청 상인이 서울과
지방에서 마음대로 장사할 수 있는 특권을 부여했지요. 또한 청
상인에게 통상 특권을 허용해 우리나라에 중국 화교가 진출할
수 있도록 하였습니다. 전문에는 이 장정이 조선과 청 사이에서
만 효력이 있다고 했지만, 청에 부여된 특권은 최혜국 규정에 따
라 모든 열강에 적용되었어요.

청·일 상권 경쟁의 산물, 을지로와 충무로

조·청 상민 수륙 무역 장정 체결로 최혜국 대우를 누린 청 상인들은 명동의 위안스카이(원세개) 관저 주위에 몰려들었어요. 청국 대사관 앞길은 '위안스카이 대인 진영 앞'이라고 해서 조선 사람들도 낮에는 감히 지나가기를 꺼렸다고 합니다. 위안스카이의 위세를 등에 업은 청나라 사람들은 명동 2가 일대의 부동산 투자를 늘려 임오군란 직후에는 지금의 중국 대사관 일대에 거주하는 청 상인만 3,000명이 넘었다고 해요. 충무로 1가 진고개 주변에 집중적으로 포진한 일본 상인은 약 1,500명에 불과했지요.

우리나라가 광복을 맞이하자 북한에서 수많은 화교가 남한으로 물밀 듯이 들어왔어요. 기존의 화교와 북한의 화교가 합쳐져 명동 2가 일대가 중국 화교의 거리가 되었습니다. 수의 30만 대군을 살수에서 몰살한 을지문덕 장군의 이름을 따서 1946년 화

○ 양화진 외국인 선교사 묘원(서울시 마포구)
외국인 선교사들의 공동묘지다. 양화진 외국인 선교사 묘원은 1890년 7월에 조선에서 의료 선교사로 활동하던 헤론이 묻히면서 조성되었다. 연세대학교를 세운 언더우드, 양기탁과 함께 「대한매일신보」를 창간한 베델, 고종의 외교 자문이었던 헐버트 등을 비롯해 400명이 넘는 외국인 선교사가 잠들어 있다.

교 거리 일대에 을지로라는 이름을 붙였어요. 이승만 대통령과 박정희 대통령은 강력한 화교 억제 정책을 펼쳐 화교들의 영향력이 상당히 줄어들었어요.

같은 이유로 일본인 거리 일대는 왜군을 물리친 이순신의 시호를 따서 충무로라고 이름을 지었어요. 오늘날 을지로와 충무로 모두 서울의 대표적인 번화가가 되었지요.

수신사 박영효, 고종이 도안한 태극기를 사용하다

청이 대원군을 억류하고 있어서 일본은 아직 청과 일전을 벌일 때가 아니라고 생각했어요. 협상을 미루고 일이 돌아가는 형편을 주시하고 있었지요. 하지만 이 기간은 잠시뿐이었어요.

도망간 일본 공사 하나부사가 군함을 이끌고 제물포에 나타났어요. 일본 공사관 피습과 소실, 일본인 피살 등을 구실로 조선 정부에 폭동군의 엄벌과 막대한 배상금 지급 등을 요구했지요. 무력시위를 하면서 "거부하면 전쟁을 벌이겠다."라고 위협했어요. 조선은 결국 1882년 일본과 제물포 조약을 맺어 50만 원의 배상금 지급과 일본 경비병의 공사관 주둔을 인정했습니다. 이로써 일본 군대가 처음으로 조선에 주둔하게 되었어요.

제물포 조약의 후속 조치로 1882년 박영효는 일본에 수신사로 파견되었습니다. 이때 **태극기**가 사용되었어요. 지금까지 태극기는 박영효가 도안한 것으로 알려졌습니다. 1882년 박영효가 일본으로 가던 중 메이지마루호 선상에서 일행과 의논해 그렸다는 것이지요. 하지만 태극기는 고종이 창안한 것으로 최근 밝혀졌어요. 일본 도쿄에서 발행된 일간 신문 「시사신보」(1882년 10월 2일 자)에는 다음과 같은 박영효의 기자 회견 기사가 실려 있습니다.

"고종은 청의 국기를 모방하라는 청의 압력을 뿌리치고 직접 태극기를 도안하고 색깔까지 지정했다."

고종의 지시대로 박영효가 완성한 최초의 태극기는 석 점이 있었으나 지금 실물은 남아 있지 않아요.

임오군란 이후 온건 개화파와 급진 개화파로 나뉘다

1880년대에 형성된 개화파는 임오군란을 계기로 분열되었습니다. 임오군란 후 청의 간섭이 심해지고 정부의 개화 정책이 지지부진해지자, 개화파 내에서는 급진적인 개혁을 추구하려는 움직임이 나타났어요. 개화파는 청에 대처하는 방식과 개화 방법을 둘러싸고 급진 개화파와 온건 개화파로 나뉘었지요.

급진 개화파는 30대 초반의 김옥균을 제외하고 대부분이 20대인 **박영효**, 홍영식, 서광범 등으로 조직되었어요. 급진 개화파는 일본의 메이지 유신을 모델로 삼아 낙후한 조선을 근대적인 국가 체제로 개혁하고자 했습니다.

○박영효
(왼쪽, 1861~1939)
임오군란의 사후 수습을 위해 일본으로 건너간 박영효는 그곳에 약 3개월 간 체류했다. 귀국한 후 한성 판윤에 임명되어 박문국·치도국 등을 설치하여 신문 발간, 도로 정비 사업 등을 추진했다.

○태극기

이들은 서양의 기술뿐만 아니라 근대적인 제도와 사상까지도 받아들여 낡은 폐습을 타파해야 한다는 문명 개화론을 내세웠어요. 이를 위해 군주권을 제한하고 내각이 책임 정치를 하는 입헌 군주제를 도입하자고 주장했지요. 급진 개화파는 청과의 사대 관계 청산을 강조했고, 민씨 정권의 부패와 무능을 비판했어요.

이에 반해 김홍집, 김윤식, 어윤중 등 온건 개화파는 중국의 자강 운동인 **양무운동**을 모델로 삼아 점진적인 개화를 추진하고자 했어요. 이들은 동도서기론(東道西器論)의 입장에서 개혁을 추진했지요. 동도서기론은 동양의 도리(道理)는 계승하고 서양의 과학 기술만 받아들이자는 주장이에요. 유교를 본질로 하고 서양의 과학 기술을 사용하자는 양무운동의 중체서용론(中體西用論)과 같은 의미를 지니고 있지요. 온건 개화파는 점진적 개혁을 위해 청과의 전통적인 관계를 중요시하고, 민씨 정권과 타협하는 태도를 보였어요.

○ 양무운동의 결과로 세워진 복주 선정국
양무파 가운데 한 사람인 좌종당이 건립한 군수 공장이다. 복주 선정국에서는 서양식 무기와 함선을 제조했다.

4 갑신정변

급진 개화파, 우정총국 낙성식에서 정변을 일으키다

급진 개화파는 근대적 인쇄소인 박문국을 설치해 최초의 근대 신문인 「한성순보」를 발행했어요. 또한 화폐를 주조하기 위해 전환국을 설치하고, 근대적 우편 업무를 도입하기 위해 우정총국을 설치하는 등 서양의 근대 문물을 적극 받아들였지요.

당시 조정은 민씨 척족과 온건 개화파로 이루어진 친청 세력과 개화당으로 불린 친일 세력 양편으로 나뉘었습니다. 양측 모두 개화 정책을 위해 재정 확보가 필요했어요. 친청파를 대표하는 묄렌도르프는 **당오전** 발행을 주장했고, 김옥균은 차관 도입의 필요성을 강조했지요.

김옥균은 부족한 국가 재정과 정치 자금 문제를 해결하기 위

○ 우정총국
(서울시 종로구)
우리나라에서 처음으로 근대식 우편 업무를 시작한 곳이다. 1884년 11월 17일에 첫 사무를 개시했다. 지금은 우정기념관으로 쓰이고 있다.

해 일본으로부터 300만 엔의 차관을 도입하려 했습니다. 하지만 수구파의 방해와 일본인들의 농락으로 급진 개화파는 겨우 17만 엔을 구하는 데 그쳐 궁지에 몰렸어요.

묄렌도르프가 추진한 당오전의 폐해도 컸습니다. 당오전의 명목가치는 상평통보의 5배와 같았으나 실질가치는 2배에 불과했으므로 물가는 더욱 급등했어요.

1884년 청은 베트남에 대한 종주권을 놓고 프랑스와 충돌하면서 조선에 주둔하고 있던 청군 3,000명 중 1,500명을 베트남으로 보냈습니다. 청은 프랑스에 연전연패함으로써 위세가 한풀 꺾이게 되었지요. 이런 상황에서 일본이 프랑스와 동맹을 맺어 청과 전쟁을 개시할 것이라는 풍문까지 나돌았어요.

국내외 정세가 급변하자 개화당은 머뭇거리던 정변을 본격적으로 계획하기 시작했습니다. 김옥균은 일본의 의향을 타진하기 위해 일본 공사 다케조에 신이치로를 만났어요. 일본 공사는 "전에 개화당이 요청했다 거절당한 차관 300만 엔은 물론 군사 150명까지 제공하겠소."라고 약속했지요.

며칠 후 김옥균은 박영효를 보내 다케조에 신이치로의 마음을 다시 떠보았어요. 다케조에 신이치로는 박영효에게 "수구파 정

◐ 「한성순보」(서울대학교)
1883년 9월 20일 창간호를 시작으로 10일에 한 번씩 발간된 신문이다. 국내 기사는 물론 외국 신문의 기사를 번역해 게재하기도 했다.

◐ 당오전(국립중앙박물관)
당오전의 법정 가치는 상평통보의 5배로 되어 있지만, 실질 가치는 약 2배 정도였다. 당백전과 함께 물가 앙등을 가져온 대표적인 악전(惡錢)이다.

권을 전복하기 위해 정변을 일으킨다면 군사적 원조는 물론 경제적 지원까지 해 주겠소. 청은 머지않아 망할 것이니 이 기회를 절대 놓치지 마시오."라고 제안했습니다. 김옥균은 여전히 의구심을 떨치지는 못했지만, 다케조에 신이치로의 말을 믿고 거사를 추진하기로 했어요.

개화당이 동원할 수 있는 쿠데타군은 많아야 800명 정도에 불과했어요. 서재필 휘하의 사관생도 14명, 비밀 조직원 40여 명, 박영효가 광주 유수 재직 당시 양성한 병력 500여 명, 개화당 동지인 윤웅렬이 함경남도 남병사로 재직할 때 양성한 신식 군인 250여 명이 전부였습니다. 게다가 사관생도와 비밀 조직원 등을 제외하면 오합지졸이었고, 윤웅렬은 정변에 가담하지도 않은 상태였어요.

김옥균은 거사 5일 전인 10월 12일에 고종과 단독으로 대면했습니다. 김옥균은 청과 결탁한 민씨 정권이 요직을 장악해 왕을 꼭두각시로 여긴다는 점을 지적한 후 개혁을 추진할 수 있는 새 정부가 필요하다는 점을 강조했어요. 김옥균의 주장에 동조한 고종은 "국가의 명운이 위급할 때 모든 조처를 경의 지모(智謀)에 맡기겠다."라고 말했지요.

1884년 10월 17일 오후 6시, 정동에 신축한 **우정총국** 낙성식에는 우정총판 홍영식의 초청으로 박영효, 김홍집, 민영익, 푸트 미국 공사 등 내외 귀빈 20여 명이 참석했습니다.

연회가 한창 무르익을 무렵 김옥균은 옆자리에 앉아 있던 일본 공사관의 시마무라 서기관에게 이날의 거사를 은밀히 알려서 일본군을 동원하게 했어요.

저녁 7시 연회가 거의 끝나갈 무렵 우정총국 북쪽 건물에서 "불이야!"라는 소리가 들렸습니다. 가장 먼저 건물 밖으로 뛰쳐

나갔던 민영익은 매복하고 있던 자객의 칼을 맞았어요. 민영익은 귀에서 볼까지 살이 찢겨 늘어진 채 비명을 지르며 다시 연회장으로 돌아와 쓰러졌지요. 순간 연회장은 아수라장이 되었습니다.

○ **구한말 당시의 우정총국**
우정총국 낙성식을 계기로 개화파가 갑신정변을 일으킨 장소이다. 우정총국은 갑신정변의 실패로 폐쇄되었다. 중단되었던 우편 업무는 1893년 전우총국에서 재개했다.

푸트 공사는 묄렌도르프와 함께 민영익을 구호했어요. 민영익은 개화당과 뜻을 같이했지만 민씨의 척족이라는 한계를 벗어나지 못해 개화당의 제거 대상 1순위가 되었지요.

김옥균, 홍영식, 박영효, 서광범 등 급진 개화파는 일본 공사관으로 달려가 일본군의 출동 준비를 확인한 다음 창덕궁으로 향했습니다. 급진 개화파 인사들은 침전에 든 고종을 깨운 후 "우정총국에서 정변이 발생했으니 빨리 피하셔야 합니다."라고 재촉했어요. 때맞춰 미리 매복시켰던 대원들에게 화약을 터뜨리라고 지시해 위급한 상황을 연출했지요.

사태의 심각성을 인식한 고종과 명성 황후는 급진 개화파와 함께 경우궁으로 몸을 옮겼어요. 급진 개화파가 경우궁을 선택한 이유는 대동한 병사 수가 적어서 넓은 창덕궁에 비해 방어하기가 수월했기 때문이지요.

민태호, 민영목, 조영하 등 수구파 대신들도 변란 소식을 듣고 고종에게 달려왔다가 죽임을 당했어요. 경우궁 안팎에는 유혈이 낭자했지요. 이로써 급진 개화파는 수구파 정권을 전복하고 권력을 장악하는 데 성공했습니다.

갑신정변, '삼일천하'로 끝나다

다음 날 아침, 개화당은 명성 황후의 요청에 따라 계동궁(흥선 대
원군의 조카 이재원의 집)으로 고종 부부의 거처를 옮기고 새 정권
을 수립했습니다. 명성 황후는 "이곳은 너무 좁다. 대비(조대비)
께서도 돌아가시길 원한다."라고 거듭 말했어요. 김옥균은 반대
했지만 다케조에 신이치로가 "우리가 방어할 수 있으니 걱정하
지 마시오."라고 호언장담했어요. 이에 고종이 환궁을 명하자 김
옥균은 거절하지 못하고 따랐어요.

그날 오후 5시에 고종과 명성 황후는 **경우궁**에서 창덕궁으로 다
시 거처를 옮겼습니다. 거처는 창덕궁 안에서도 공간이 좁아 수
비가 상대적으로 쉬운 **관물헌**으로 정했어요.

갑신정변을 주도한 급진 개화파는 그날 밤 새 정부의 정강을
공표했어요. 주요 내용은 다음과 같습니다.

첫째, 청에 잡혀간 대원군을 귀국시키고 청에 대한 조공을 폐지
한다.

⊙ 경우궁 현판
(국립고궁박물관)
경우궁은 순조의 친어머니
인 수빈 박씨의 사당이다. 역
사적으로는 갑신정변 때 고
종이 잠시 피신해 있었던 곳
이라는 데 의의가 있다.

둘째, 문벌을 폐지하고 능력에 따라 인재를 등용한다(인민 평등권).

셋째, 전국의 지조법(地租法, 토지 가격에 따라 세금을 부과)을 개혁해 관리의 부정을 막고 가난한 백성을 구제해 국가 재정을 늘린다.

넷째, 내시부를 없애고 그중에서 우수한 자는 관직에 등용한다.

다섯째, 탐관오리 중에서 그 죄가 심한 자는 처벌한다.

여섯째, 백성에게 빌려주었던 정부 소유의 환곡은 모두 탕감한다.

일곱째, 규장각을 폐지한다.

여덟째, 빠른 시일 내에 순검(巡檢)을 두어 치안에 주력한다.

아홉째, 보부상을 보호하기 위한 혜상공국(惠商公局)을 혁파한다.

열 번째, 유배되거나 구속된 자는 형을 감해 준다.

열한 번째, 네 개 영을 한 개 영으로 통폐합하되, 그중에서 장정을 뽑아 근위대를 설치한다.

열두 번째, 국가 재정은 호조에서 일원화하고 기타 모든 재정 담당 관청은 폐지한다.

❍ 관물헌(오른쪽)과 보춘정
관물헌은 창덕궁 내에 있는 정자 중 하나이다. 개화당은 청군의 공격을 피해 고종의 거처를 관물헌으로 옮기고 이곳을 거사의 작전 본부로 삼았다.

열세 번째, 대신과 참찬은 매일 의정부에 모여 정치상의 명령이나 법령을 의결한다.(내각의 권한 강화)

열네 번째, 6조 이외의 모든 불필요한 기관은 없애되, 대신과 참찬이 이를 결정하게 한다.

개혁 정강 중에서 눈길을 끄는 내용은 제1조의 '대원군의 조속한 귀국' 입니다. 급진 개화파인 김옥균이 보수의 아이콘인 대원군의 귀국

○ 「보부상」(간송미술관)
옹기와 함지박을 파는 등짐 장수가 쉬고 있는 모습을 그린 권용정의 작품이다. 보부상(褓負商)은 봇짐장수인 보상과 등짐장수인 부상을 통틀어 이르는 말이다.

을 내세운 데는 청으로부터 자주권을 확립하고 독립국으로서의 위상을 확보하려는 의도가 깔려 있었어요. 혜상공국은 **보부상**을 관할하는 민씨 척족의 경제 기반이었으므로 혁파하자고 했지요. 개혁 정강은 대외적으로는 청과의 관계를 대등하게 하고 대내적으로는 왕권을 제한하면서 여러 제도를 혁신하자는 내용으로 구성되어 있습니다.

정변의 정황을 파악한 청의 위안스카이는 저녁 무렵 명성 황후의 요청으로 군사를 이끌고 창덕궁으로 들어왔어요. 청군은 고종이 머물고 있는 창덕궁을 향해 대포를 쏘며 공포 분위기를 조성했지요. 위기를 느낀 다케조에 신이치로는 홍영식과 박영교를 남기고 김옥균, 박영효, 서광범, 서재필 등과 함께 몸을 피했습니다. 홍영식과 박영교가 고종을 끼고 있었지만 지켜보던 호위 군사들이 달려들어 난자했어요. 홍영식은 위안스카이와의 친분만 믿고 창덕궁에 남았다가 결국 칼날을 피하지 못했지요. 이로써 개화파 정권은 '삼일천하'로 막을 내리게 되었어요.

일본은 갑신정변을 일으키는 데 공모했으므로 공동 책임을 져야 할 상황이었습니다. 그럼에도 육군 두 개 대대의 병력을 한성으로 이동시켜 일본 공사관 소실 및 일본인 피살 등에 관한 배상을 요구했어요. 명성 황후는 이 요구에 굴복해 일본과 공사관 신축 비용 부담과 배상금 지급을 명시한 한성 조약을 맺었어요.

일본은 청의 영향력이 강해지는 것을 막기 위해 1885년 3월 이토 히로부미를 청에 파견하여 톈진 조약을 체결했어요. 톈진 조약에는 '청과 일본의 양국 군대가 4개월 이내 조선에서 공동 철병하고, 앞으로 조선 군대에 훈련 교관을 파견하지 않으며, 양국이 출병할 때는 서로 통고한다.'라는 내용이 들어 있습니다.

당시 청은 프랑스와 전쟁을 하는 상황이어서 일본의 요구를 수용할 수밖에 없었어요. 톈진 조약에서 일본이 청과 대등한 조선 파병권을 확보한 것은 나중에 청·일 전쟁의 빌미로 작용했습니다.

후쿠자와 유키치, "조선이 문명국이 못 된 것은 썩은 왕조 탓"

급진 개화파가 정변에 성공했다 하더라도 일본의 개입과 야욕에서 벗어날 수 없었을 것입니다. 오히려 일본에의 예속이 가속화될 가능성도 있었지요. 갑신정변에 대해 후하게 평가할 수 없는 결정적 이유입니다. 이는 메이지 정부의 개화 정책에 사상적 뒷받침을 했던 후쿠자와 유키치의 주장에서도 엿볼 수 있어요.

후쿠자와 유키치는 임오군란 이후 조선에서 청 세력이 확대되자, 조선의 급진 개화파를 지원해서 조선의 국내 개혁을 추진해야 한다고 생각했어요.

그는 "조선이 문명국이 되지 못한 것은 썩은 조선 왕

○ 후쿠자와 유키치
(1835~1901)
일본의 계몽사상가이자 교육가이다. 후쿠자와 유키치의 제자였던 유길준은 일본군이 동학 농민군을 학살하는 것을 두둔했다. 동학 농민군이 조선의 '문명화'를 가로막는다고 생각했기 때문이다.

조를 무너뜨리지 않은 탓"이라며 차관 교섭을 위해 일본에 온 김
옥균에게 조선 왕조 타도를 부추겼어요.

후쿠자와 유키치는 과연 조선을 위해 김옥균을 지원하려 했
을까요? 후쿠자와 유키치의 대표작인 『문명론의 개략』과 여러
기고문을 통해 조선을 키워서 취하자는 이율배반적인 사상의
단면을 읽을 수 있습니다.

"조선 침략의 목적은 일본의 이익을 위한 것이지 남을 위한 것
이 아니다. 조선은 사지가 마비되어 스스로 움직일 수 없는 병자
나 다름없다. 조선과 청은 진보의 길을 모르고 구습에서 빠져나
오지 못하고 있으며 잔혹함과 몰염치는 극에 달했다. 우리의 목
표는 청이기 때문에 우선 군사를 일으켜 한성에 주둔 중인 청 병
사를 몰살하고 바다와 육지로 청에 진입해 곧바로 북경을 함락
하자."

또한 후쿠자와 유키치는 갑신정변 실패 이후 유명한 「탈아론」
을 발표했어요.

"오늘날의 국제 관계를 도모하면서 일본은 이웃 나라의 문명
발전을 기다려 함께 뒤처진 아시아를 흥하게 할 만한 여유가 없

다. 오히려 일본은 서양의 문명국들이 청과 조선을 대하듯이 그렇게 대하면 된다. 문명화하지 않은 나쁜 친구를 사귀는 자는 함께 나쁜 이름을 피할 길이 없다. 우리는 마음에서부터 아시아의 나쁜 친구들을 멀리해야 한다."

쉽게 말해 '공부를 잘하려면 공부 잘하는 친구를 사귀고 공부 못하는 친구와는 멀리하라.'는 것이 탈아론입니다. 냉혹한 세상에서 살아남기 위한 처세훈처럼 들리기도 하네요.

김옥균과 박영효만 후쿠자와 유키치를 스승으로 모신 것은 아닙니다. 춘원 이광수는 후쿠자와 유키치의 묘지를 다녀온 후 "그는 신문화로 구제도를 대신해야 할 줄을 확신했으니, 하늘이 일본을 축복해 내린 위대한 인물이다."라는 글을 남겼어요. 이광수의 말대로 일본은 후쿠자와 유키치가 제시한 길을 걸어 아시아의 다른 나라가 따라올 수 없을 정도로 부강한 국가가 되었습니다. 하지만 후쿠자와 유키치의 사상에 스며 있는 독소를 보지 못하면 공멸의 길을 갈 수밖에 없다는 사실을 역사가 말해 주고 있어요.

후쿠자와 유키치는 일본 최고액권인 만 엔(円)권에 그려져 있는 인물입니다. 독학으로 영어를 배웠고 1895년 네덜란드어 학교를 개설했으며, 세 차례에 걸쳐 미국과 유럽을 순방했어요. 후쿠자와 유키치는 일본이 봉건 제도에서 벗어나 근대 문명국가를 형성하는 데 크게 이바지했습니다. 하지만 탈아론은 제국주의의 대동아 공영권을 구상해 일본이 아시아를 전쟁의 도가니로 내모는 데 이론적 토대를 제공했지요. 후쿠자와 유키치는 한 인간의 왜곡된 사상이 인류에게 얼마나 나쁜 영향을 미칠 수 있는지를 똑똑히 보여 주고 있어요.

거문도 사건, 세계사의 지형을 바꾸다

갑신정변 이후 청의 내정 간섭이 심해지자 고종은 '공부 잘하는 나라'로 여긴 러시아와의 교섭을 시도했어요. 조선 정부는 러시아에 영흥만 조차(租借, 한 나라가 다른 나라 영토의 일부를 빌려 일정 기간 통치하는 일)를 허락해 주는 대가로 러시아의 군사 교련단을 요청하는 교섭을 비밀리에 추진했습니다.

조선에 대한 러시아의 세력 확장에 불안을 느낀 영국은 부동항을 얻기 위한 러시아의 남하 정책을 저지하기 위해 1885년 **거문도**를 불법으로 점령했습니다. 이홍장이 "러시아는 조선 영토를 점령하지 않겠다고 약속하고 영국은 즉각 거문도에서 철수하는 게 좋겠다."라며 조정에 나섰어요. 조정이 원만히 이루어져 영국은 거문도에서 철수했지요.

영국이 불법으로 거문도를 점령한 것은 조·러 밀약설보다는 당시 영국과 러시아 간의 아프가니스탄 분쟁 때문이라는 주장도 있어요. 1885년(고종 22년) 봄, 러시아가 아프가니스탄의 요지를 점령하면서 남하해 인도양으로 진출하는 길을 뚫으려 했습니다.

○ 거문도 전경
거문도는 여수와 제주도 중간 지점에 위치한 다도해의 최남단 섬이다. 조선에 대한 러시아의 세력 확장에 불안을 느낀 영국은 1885년에 거문도를 불법으로 점령했다. 사진은 당시의 거문도항 전경이다.

러시아의 남하를 저지하려던 영국은 러시아의 힘을 분산시키기 위해 블라디보스토크 군항을 공격하기로 했어요. 영국 동양 함대 사령관 도웰 제독은 거문도를 전초 기지로 삼기 위해 불법으로 점거한 것이지요.

거문도 사건을 계기로 러시아는 해로를 통한 아시아 진출에 어려움이 있다는 사실을 깨달았어요. 육로를 선택할 수밖에 없었던 러시아는 장장 5,500마일에 달하는 시베리아 횡단 철도를

○ 거문도의 영국 수병 묘지

영국군이 거문도를 불법 점령한 23개월 동안 사망한 영국 군인들의 무덤이다. 1889년까지 9기의 무덤이 있었지만 지금은 2기만 남아 있다. 영국 대사관에서 참배를 위해 거문도를 방문한다.

건설하기로 했습니다. 러시아는 1891년 5월 시베리아 횡단 철도 공사를 시작했어요. 청과 맞서던 일본은 러시아와도 일전이 불가피하다는 사실을 깨닫게 되었지요. 조선의 한 섬에서 벌어진 사건을 중심으로 전 세계가 얽혀있었어요.

영국은 거문도를 23개월 동안이나 불법으로 점령했지만, 영국군은 거문도 주민들에게 적절한 보상을 하고 신식 의료 봉사까지 제공했어요. 주민들도 감사의 뜻으로 시설 공사 작업을 도왔고, 영국군에게 먹거리도 제공했지요. 그러는 사이 영국 수병과 거문도 아가씨가 순정을 맺기도 했답니다. 아이러니하게도 탐관오리에게 시달리던 섬 주민들에게 영국군은 오히려 반가운 손님이나 다를 바 없었어요. 영국은 불법적인 점령으로 '해가 지지 않는 나라'가 되었지만, 그 이면에는 현지인과의 동화 정책도 있었어요.

○ 거문도 등대
거문도에는 영국 수병 묘지를 비롯한 많은 유적이 있다. 1905년에 세워진 거문도 등대는 남해안 최초의 등대라는 역사적 의의를 지닌다.

갑신정변 이후 열강의 대립으로 중립화론이 대두되다

고종과 명성 황후는 거문도 사건을 통해 러시아의 영향력에 주목하기 시작했어요. 우선 이홍장에게 발탁되어 고문으로 있던 묄렌도르프에게 부탁해 러시아와 접촉하게 했지요. 러시아 전권 공사 카를 베베르도 "톈진 조약으로 청이 철수하면 교관을 데려와 군사 훈련을 도와주겠다."라고 제안하기도 했어요. 조선과 러시아가 가까워지면서 조 · 러 밀약설까지 퍼지자 발끈한 이홍장은 묄렌도르프를 파면했습니다. 이홍장은 민씨 정권을 견제하기 위해 임오군란 때 납치해 온 대원군을 귀국시켰어요.

청에서 새로 파견된 위안스카이는 20대의 젊은 나이임에도 불구하고 걸핏하면 내정 간섭을 해 고종과 명성 황후의 심기를 건드렸어요. 1884년 갑신정변 이후에는 청이 조선을 주도하는 것처럼 보이면서도 일본과 러시아가 견제하는 모양새를 갖추고 있었지요.

이렇듯 조선을 둘러싸고 열강의 대립이 격화되자, 조선 주재 독일 외교관인 부들러나 미국에서 돌아온 유길준은 조선을 중립국으로 하자는 중립화론을 구상하기도 했어요. 부들러는 청과 일본의 충돌을 방지하기 위해 조선이 독자적으로 영세 중립국을 선언할 것을 제안했지요. 반면, 유길준은 『유길준 전서』에서 강대국 모두가 보장하는 중립화의 필요성에 관해 주장했어요.

"대저 우리나라가 아시아의 중립국이 된다면 러시아를 방어하는 큰 기틀이 될 것이고, 또한 아시아의 여러 대국이 서로 보전하는 전략도 될 것이다. 이는 비단 우리나라만을 위한 것이 아니라 중국의 이익도 될 것이고, 여러 나라가 서로 보전하는 계책도 될 것이니 무엇이 두려워서 하지 않겠는가."

부들러와 유길준의 방안에 조선 정부와 열강은 무관심으로 일

관했어요. 결과로만 본다면 당시 유길준의 판단이 옳았습니다. 청과 러시아가 조선의 중립국화를 지지했다면 청·일 전쟁과 러·일 전쟁을 피할 수도 있었기 때문이지요.

갑신정변과 갑오개혁 사이 '잃어버린 10년', 무슨 일이 있었나

1884년(고종 21년) 갑신정변 실패 후 1894년 갑오개혁 때까지 조선은 열강의 틈바구니에서 이렇다 할 개혁을 추진하지도 않은 채 10년을 보냈어요. 흔히 이 기간을 '잃어버린 10년'이라고 합니다. 그동안 무슨 일이 있었던 것일까요?

갑신정변의 주역인 홍영식은 죽었고, 김옥균과 박영효는 일본으로 망명했으며, 김홍집, 박정양 등 온건 개화파는 민씨 정권과 협력하면서 이렇다 할 개혁을 추진하지 못했어요. 그나마 교육, 문화 분야에서 변화가 있었으나 그것도 우리가 주도한 것은 아니었지요.

○ **배재 학당에서 체육 수업을 받는 모습**
배재 학당은 우리나라 최초의 근대식 사립 학교이다. 지금의 배재 중·고등학교의 전신이다.

1885년에는 선교사 아펜젤러가 **배재 학당**을, 이듬해 5월에는 선교사이자 의사인 스크랜턴이 **이화 학당**을 세웠어요. 1886년 9월에는 최초의 관립 학교인 육영 공원을 세워 양반 고관 자제들에게 외국어를 가르쳤지요.

개항 이후 서양 선교사들이 들어오면서 서양 의료 시설과 기술이 본격적으로 수용되었어요. 갑신정변 때 알렌이 자상을 입은 민영익을 치료한 것을 인연으로 조정은 1885년 근대식 병원인 **광혜원**(훗날 제중원)을 설립하고 알렌에게 운영을 맡겼습니다. 그 후 조정은 대한 의원과 자혜 의원을 설립해 근대 의료 기술을 보급했지요.

박문국 설립으로 근대적인 인쇄술도 보급되기 시작했어요. 1883년 박문국에서는 최초의 신문인「한성순보」를 발간해 근대적인 지식 보급에 크게 이바지했습니다.「한성순보」는 갑신정변으로 박문국이 불타 잠시 발행이 중지되었으나, 1886년 매주 발

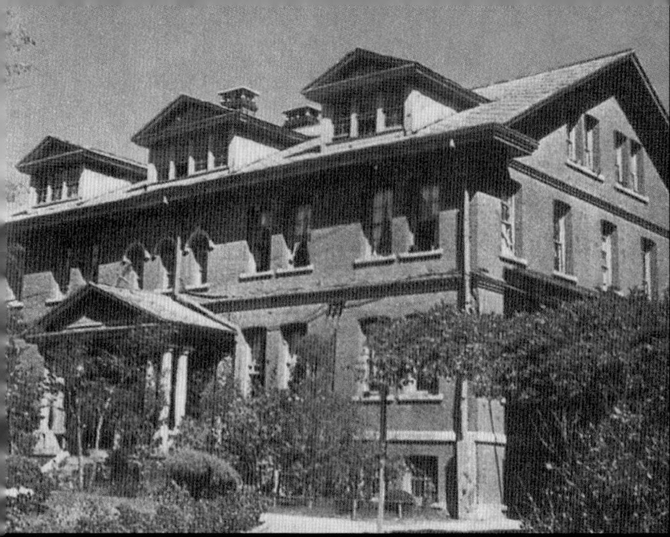

배재 학당

1885년 미국인 선교사 아펜젤러는 방 두 칸의 벽을 헐고 교실을 만들어 학생 두 명을 가르치기 시작했다. 이듬해 고종이 '배재 학당'이라는 이름을 지어 간판을 써 주었다.

배재 학당 동관(서울시 중구)

916년에 세워진 동관은 배재 학당의 교실로 사용되던 건물이다. 지금은 '배재 학당 역사박물관'으로 사용되고 있다. 1930년대 배재 학당 의 교실 모습을 재현해 놓았다.

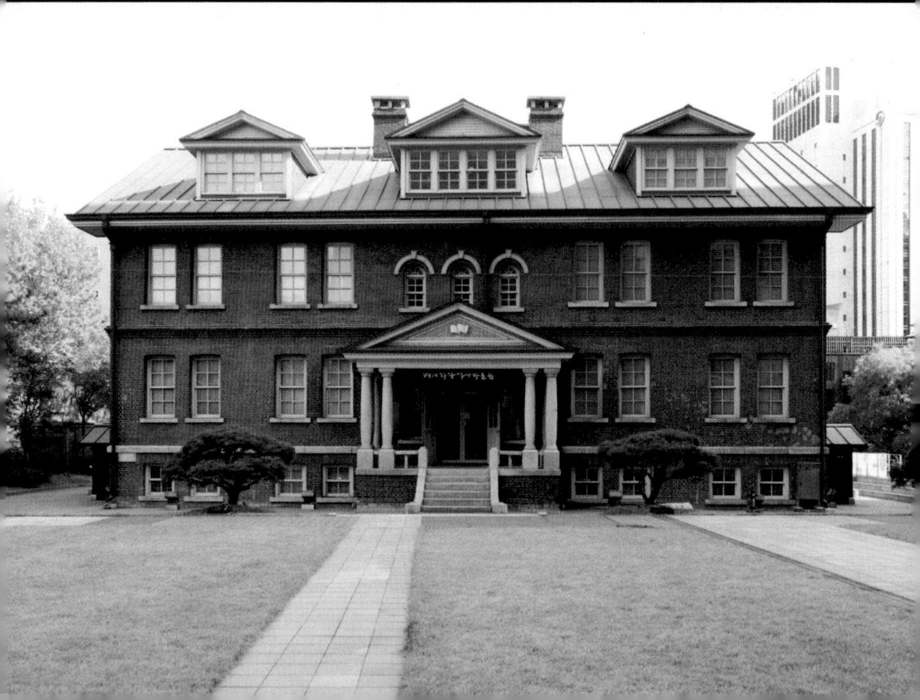

❂ 근대식 교육을 받고 있는 이화 학당의 학생들

근대 초기의 여성 교육을 주도한 이화 학당에서 많은 여성 지도자들이 배출되었다.

❂ 개교 당시의 이화 학당

1886년 미국의 선교사 스크랜턴이 서울 중구 정동에 설립한 한국 최초의 사립 여성 교육 기관이다. 고종 황제에게 이름을 받은 이화 학당은 이화여자고등학교와 이화여자대학교의 전신이다.

❂ 이화 학당의 저학년생들

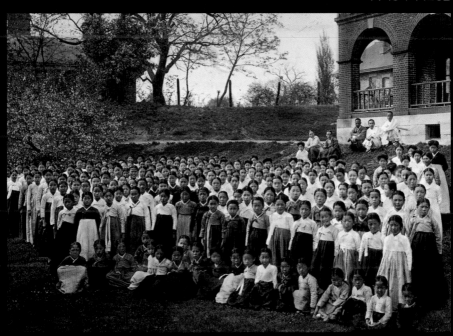

✪ 광혜원(제중원)

1885년(고종 22) 서울 재동에 설립된 한국 최초의 근대식 의료 기관이자 의학 교육 기관이다. 같은 해 3월 제중원으로
이름을 변경한 광혜원은 1893년 올리버 에비슨에게 인계되었다. 에비슨은 1899년 미국 사업가인 세브란스로부터
거액의 기금을 기증받아 세브란스 병원을 신축하고, 세브란스 의학 전문학교라는 의학 교육 기관을 설립했다. 1957
년 세브란스 의학 전문학교와 연희 전문학교가 통합해 현재의 연세대학교가 되었다.

✪ 「전기시등도」(전기박물관)

풍속화가 이남호가 그린 작품이다. 1887년 3월 6일 저녁 무렵 고종과 명성 황후를 비롯한 많은 사람이 경복궁의 건
천궁과 향원지 사이의 마당에서 점등하는 장면을 보고 놀라고 있다. 향원지에서 끌어들인 물로 증기를 만들어 발전
을 했는데, 사람들은 '물에서 불이 나온다'고 생각하여 '물불'이라고 불렀다.

간하는「한성주보」로 다시 발행되었어요. 국한문 혼용체로 발간된「한성주보」에는 최초로 세창양행의 상업 광고가 실리기도 했습니다.

1885년에는 서울~인천 간에 전신이 가설되어 빠른 통신이 가능하게 되었어요. 고종은 에디슨에게 직접 친서를 보내 전기 기술자를 초청했고, 1887년 3월 6일 저녁 무렵 전깃불이 경복궁의 **향원정**을 밝혔습니다. 조선이 일본이나 중국보다 먼저 전기를 들여온 것이지요. 전기 도입은 선진 문물을 받아들이려는 조치의 일환이었어요. 하지만 고종이 혼란스러운 정국으로 말미암은 불안감을 없애기 위해 궁궐을 환히 밝힐 수 있는 전기를 들여왔다고 보는 사람도 있어요.

조선의 겉모습은 일부 바뀌었지만 속으로는 곪아 터지고 있었습니다. 민씨 정권의 세도가 시작되면서 매관매직이 기승을 부렸고, 지방에서는 수령들의 수탈이 도를 넘었어요. 백성은 기본

◆ 경복궁 향원정(보물 제1761호, 서울시 종로구)
향원정은 왕과 그 가족들이 휴식을 취하던 공간이다. 1867~1873년 사이에 지어진 것으로 추정된다. 향원정으로 들어가는 다리인 '취향교'는 원래 향원정의 북쪽에 있었지만 6·25 전쟁 때 파괴되었다. 1953년에 향원정 남쪽에 정자를 연결하는 다리를 가설했다.

적인 조세 외에도 물세, 통행세, 땔감세 등 무명잡세로 등골이 휠 지경이었지요. 게다가 서양과 일본에서 들어온 값싼 공산품이 오히려 조선의 산업 성장을 억눌렀어요. 전신주가 세워지고 전깃불이 들어오기 시작했지만, 정작 백성의 생활에는 짙은 그늘이 졌습니다.

1884년 갑신정변 실패 후 1894년 갑오개혁까지 10년 동안 조선에서는 개화에 대한 목소리만 높았고 구체적인 실천은 따르지 않았어요. 임오군란과 갑신정변을 겪은 고종과 명성 황후는 개화보다는 왕실 유지에만 관심을 두었지요. 내정 개혁이라고는 기존의 친군 5영제를 3영 체제에서 다시 4영 체제로 바꾸어 친위 군대를 꾸린 것과 대궐 안에 내무부를 설치하고 민씨 척족에게 개화 정책을 이끌게 한 게 고작이었어요. 나라의 안녕보다는 자신과 가족의 안위만 생각했던 것이지요.

그러는 동안 서양의 기술과 문명을 받아들인 일본은 중앙 집권적 천황 체제 구축, 징병제 시행, 사범 학교 설립, 학제 마련, 금 본위제 채택, 근대적인 은행 설립, 외국 서적 번역, 조선소 건립 등 부국강병에 힘썼어요. 소선의 '잃어버린 10년'은 조선과 일본의 격차를 더욱 벌려 놓았고, 결국 일제 식민지로 가는 징검다리 역할을 했지요. 이후에도 조선은 여전히 외세를 끌어들여 타율적인 개혁에 매달림으로써 점점 헤어나올 수 없는 어려움에 빠졌습니다.

생각해
보세요

갑신정변은 어떤 한계를 지니고 있었나요?

갑신정변을 일으킨 개화파는 정강에서 밝혔듯이, 대외적으로는 청의 간섭에서 벗어나 자주독립 국가를 세우려 했고, 사회적으로는 봉건적 신분 제도를 무너뜨리고 평등 사회를 이루고자 했어요. 획기적인 사실은 정강에 제시된 '문벌 폐지와 평등권의 제정'이 정부 차원에서 제시되었다는 것입니다. 갑신정변은 정치적으로 전제 군주제를 폐지하고 근대적인 입헌 군주제로 바꾸려는 위로부터의 개혁 운동이었습니다. 또한, 순사제의 시행과 호조로의 재정 일원화 등 근대적인 국가로 나아가는 데 필요한 개혁을 추구했습니다. 하지만 급진 개화파는 민중의 지지를 얻지 못했어요. 당시 농민의 바람인 토지 제도의 개혁을 개혁 정강에 제대로 담지 못함으로써 민중과의 결합은 더욱 어려워졌어요. 한편, 개화파는 정변 과정에서 청군의 개입에 적절하게 대응하지 못했지요. 자체적으로 무력을 동원하지 못한 채 일본의 지원만 믿고 정변을 일으킨 것도 실패의 원인이었습니다. 일본은 애초의 약속과는 달리 정변이 일어나고 청군이 개입하자 군사적 대응을 피했어요. 당시 서울에 주둔해 있던 일본군은 고작 200여 명이었지만 청의 군대는 1,500여 명에 육박했어요. 역사상 수 만 명의 군대도 물리친 우리 민족의 운명을 불과 몇 백 명의 외국 군대가 좌우한 것이지요. 왕은 국민의 신망을 받지 못하고 관료들도 서로 단합하지 못했으니 일사불란하게 움직이는 소수의 외국 정예병에게 좌지우지될 수밖에 없었어요.

갑신정변을 일으킨 주역들

22 고종실록 ③ | 동학 농민 운동, 갑오개혁, 을미사변

1 9세기 말 조선의 농민은 관리의 수탈과 열강의 침탈에 신음하고 있었
어요. 참다못한 백성들이 팔을 걷어붙이고 일어났지요. 함경도에서
시작된 농민 항쟁은 삼남 지역 전체로 점차 확대되다가 1894년에 동학 농
민 운동으로 이어졌어요. 동학 농민군은 탐관오리의 숙청, 열강 세력의 축
출 등을 요구했습니다. 비록 동학 농민 운동은 실패로 끝났지만 이후 추진
된 갑오개혁에 큰 영향을 끼쳤어요. 갑오개혁은 우리나라 최초의 근대적
개혁이에요. 3차에 걸쳐 이루어진 갑오개혁은 조선이 근대화로 한 걸음 나
아가는 계기가 되었지요. 한편, 제3차 갑오개혁(을미개혁) 직전 일본은 조
선의 궁궐에서 만행을 저질렀습니다. 경복궁을 습격해 명성 황후를 시해
한 을미사변을 일으킨 것이지요. 민중, 집권층, 외세가 회오리 친 격동의
한국사 현장 속으로 함께 들어가 볼까요?

- **1892년** 동학교도들이 최제우의 억울한 죽음을 풀어 달라는 교조 신원 운동을 벌이다.
- **1894년** 전봉준의 지휘 아래 모인 농민군이 고부 백산 봉기를 시작으로 동학 농민 운동을 일으키다.
- **1894년** 정부가 군국기무처를 설치해 개혁을 단행한 갑오개혁이 일어나다.
- **1895년** 명성 황후가 일본인에게 살해당한 을미사변이 일어나고, 이에 분노한 민중이 을미의병을 일으키다.
- **1896년** 고종이 경복궁을 떠나 러시아 공사관으로 피신한 아관 파천이 일어나다.

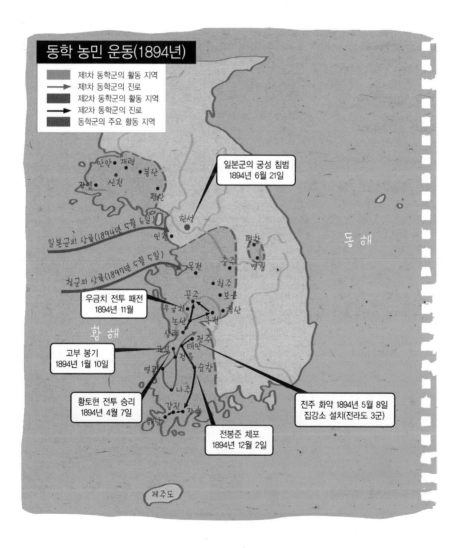

동학 농민 운동(1894년)

제1차 동학군의 활동 지역
제1차 동학군의 진로
제2차 동학군의 활동 지역
제2차 동학군의 진로
동학군의 주요 활동 지역

일본군의 궁성 침범
1894년 6월 21일

일본군의 상륙(1894년 6월 6일)

청군의 상륙(1894년 6월 5일)

우금치 전투 패전
1894년 11월

고부 봉기
1894년 1월 10일

황토현 전투 승리
1894년 4월 7일

전봉준 체포
1894년 12월 2일

전주 화약 1894년 5월 8일
집강소 설치(전라도 3군)

동해

황해

제주도

1 동학 농민 운동, 청 · 일 전쟁, 제1차 갑오개혁
교조 신원 운동 과정에서 동학이 세력화되다

임오군란과 갑신정변 이후 청의 정치적 간섭이 심해졌고, 이를 바탕으로 청은 경제적 침략을 가속화했어요. 그 결과 우리나라에서 청 상인의 활동이 증가했지요.

1880년대 중반 이후 청 · 일 상인들은 조선의 내륙 시장까지 진출해 치열하게 상권 경쟁을 벌였습니다. 이에 따라 조선 상인들의 경제적 피해는 늘어 갔지요. 특히 일본 상인들은 상하이나 광저우에서 영국산 면제품을 수입해 조선 상인들에게 팔고 쌀을 대량으로 매입했어요. 이 때문에 면포 수입이 증가하고 곡식값이 폭등했지요.

황해도와 함경도에서는 지방관이 쌀의 수출을 금지하는 방곡령을 내릴 정도로 피해가 심각했어요. 농민들 사이에서는 일본의 경제 침탈에 대한 반감이 갈수록 커졌지요. 이런 분위기 속에

○ **봉황각(서울시 강북구)**
손병희가 일제에 빼앗긴 국권을 되찾기 위해 천도교 지도자를 훈련시키고자 1912년에 세운 건물이다. 건물 이름은 동학 창시자인 최제우의 시문에 자주 등장하는 단어인 '봉황'에서 따왔다.

서 민란이 산발적으로 일어났어요.

자연 발생적인 민란이 전면적인 농민 항쟁으로 발전한 데에는 동학의 평등사상과 포접제라는 교단 조직이 큰 역할을 했어요. 동학 포교를 위해 만든 조직인 포접제는 동학 농민군이 봉기하면서 농민군의 구심점 역할을 하였어요.

탐관오리의 횡포와 청·일의 경제적 침투가 강화되면서 동학은 농민 사이로 급속히 퍼졌어요. 제2대 교주인 최시형이 포교 활동의 영역을 점점 넓히면서 1880년대에는 삼남 지방으로까지 확산되었지요. 이 과정에서 교조 신원 운동을 통해 동학을 순수한 종교로 인정받으려는 세력과 사회 개혁을 추진하려는 세력으로 나뉘어졌어요. 이로 말미암아 북접과 남접이라는 말이 생겼지요. 동학 농민 운동의 주된 세력은 전봉준, 김개남, 손화중 등이 속해 있는 남접이었는데, 제2차 봉기 때는 북접도 참여했어요.

1892년 10월에는 충청도 공주에서 수천 명의 동학 교도가 교조 신원 운동을 벌여 충청 감사에게 교조 신원과 탄압 중지를 요구했습니다. 충청 감사는 부당한 탄압을 금지하겠다고 약속했어요.

이에 힘입어 동학 교도들은 1892년 11월 전라도 삼례에 모여 교조 최제우의 억울한 죽음을 풀어 달라는 교조 신원 운동을 벌였습니다. 삼례 집회에서는 동학 탄압 중지와 신앙의 자유 인정, 관리들의 부당한 수탈 중지 등을 주장했어요.

하지만 부당한 탄압을 하지 않겠다는 대답만 들었을 뿐 교조 신원의 뜻을 이루지는 못했습니다. 이에 1893년 2월 **손병희**를 포함한 동학 대표 40여 명이 경복궁 광화문 앞에서 복합 상소 운동을 전개했어요. 하지만 이 또한 뜻을 이루지 못했지요.

1893년 3월에는 동학 접주가 팔도의 모든 교인을 보은으로 인솔했어요. 보은에는 동학 교도뿐만 아니라 탐관오리의 수탈에

◆ 손병희(1861~1922)
동학 지도자이자 한국의 독립 운동가이다. 동학에 대한 탄압이 거세지자 일본으로 망명을 떠났는데, 이때는 이상헌이라는 가명으로 활동하기도 했다. 1919년 3·1 운동을 주도한 민족 대표 33인 중 한 명이다.

⊕ 말목 장터 감나무
(동학농민혁명기념관)
전봉준은 말목 장터 감나
무 밑에서 봉기의 당위성과
목적을 사람들에게 밝혔다.
2003년 태풍 매미로 인해
쓰러진 이 감나무는 현재 동
학농민혁명기념관에 전시되
어 있다.

지친 농민과 몰락한 양반 등 세상에 기댈 것 없는 사람들이 모
여들었지요. 참가자들이 포접별로 일사불란하게 돌담을 쌓기
도 해 마치 임시로 지은 성처럼 보이기도 했어요. 하지만 지도
부와 참가자들은 무력 항쟁을 시도하지는 않았지요.

보은 집회에 1~2만 명이나 몰려들자 조정은 동학을 직접적인
위협 세력으로 여기고 즉각 선무사 어윤중을 보
은으로 파견했어요. 한 달 이상을 버티던 지도부
는 무력적인 방법을 배제한다는 애초의 계획에
따라 고종의 해산 명령을 수용했습니다.

보은 집회에서는 교조 신원뿐만 아니라 탐관오리
의 숙청, 일본과 서양 세력의 축출 등을 요구하기도
했어요. 이는 동학이 종교적 차원을 넘어 정치 ·
사회 운동으로 발전했다는 것을 의미합니다.

고부 백산에서 동학 농민 운동의 불길이 타오르다

동학 농민 운동의 불씨는 전라도 고부 지역에서 타오
르기 시작했어요. 고부 군수로 부임한 조병갑은 농민
들을 강제로 동원해 멀쩡한 보(洑)를 허물고 **만석보**
를 쌓은 뒤 물세를 강제로 징수했습니다. 태인 현감
을 지낸 아버지의 공적비를 세운다는 명목으로 돈
을 거두어들이기도 했고, 묵은땅을 개간하면 세
금을 2~3년간 받지 않겠다고 약속하고도
가을에 세금을 거두었으며, 살림
이 넉넉한 농민에게 불효 등의
죄목을 씌워 돈을 빼앗기도
했어요.

고부 농민들과 전봉준은 군수와 전라 감영에 수차례 항의했지만 아무것도 개선되지 않았어요. 오히려 서당 훈장이었던 전봉준의 아버지 전창혁이 매를 맞아 죽는 사건이 일어났지요. 당시 전봉준은 아버지의 뒤를 이어 서당에서 아이들에게 글을 가르치고 있었어요. 보다 못한 전봉준은 전라도의 동학 접주들에게 다음과 같은 **사발통문**을 돌려 봉기를 호소했습니다.

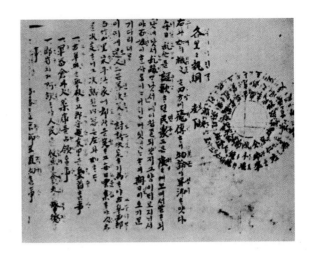

○ 사발통문
뜻을 함께하기로 한 사람들의 이름을 사발 모양으로 둥글게 삥 돌려 적은 데서 사발통문이라는 이름이 유래되었다. 누가 주모자인지 모르게 하려고 이러한 방식으로 이름을 적었다.

매일같이 '난리가 났네! 난리가 났어! 참 잘되었지. 그냥 이대로 지나서야 백성이 한 사람이나 남아 있겠나. 망할 놈의 세상.'이라는 난망가(亂亡歌)를 부르며 그날이 오기만을 기다리더라. 이때 선후책을 토의해 다음과 같은 내용을 결의한다.

- 고부성을 점령하고 조병갑의 목을 벨 것
- 무기고와 화약고를 점령할 것
- 백성을 침탈한 탐리를 엄히 징벌할 것
- 전주 감영을 점령하고 한양으로 나아갈 것

과거의 민란과는 달리 사발통문에는 '군수 조병갑의 목을 벨 것'과 '한양 진격'이 명시되어 있었어요. 전봉준은 단순한 민란을 넘어서 국가 차원의 혁명을 꿈꾸고 있었던 것이지요.

◆ 백산 봉기(기록화, 동학농민혁명기념관)
안핵사 이용태가 고부 봉기 주모자들을 역적으로 내몬 것을 계기로 본격적인 동학 농민 운동인 백산 봉기가 일어났다. 규율이 없는
농민들은 변변한 무기가 없어 대나무창이나 농기구를 들고 싸웠지만 그 기세만은 어떤 군대보다 대단했다.

마침내 전봉준을 중심으로 한 동학 교도와 농민들이 1894년(고종 31년) 1월 10일 고부에서 민란을 일으켰어요. 이를 고부 농민 봉기라고 합니다. 1,000여 명의 고부 농민들은 관아를 점령해 관리들을 처벌하고 무기고를 털어 무장했어요. 창고를 열어 양곡 1,400여 석을 빼앗아 백성에게 나누어 주었고, 만석보 밑에 새로 쌓은 보를 허물어 버렸지요. 전봉준은 무장현의 동학 접주 **손화중**을 찾아가 함께 봉기할 것을 요청했어요. 손화중이 봉기에 응하자 태인현의 접주 **김개남**도 합세했지요. 농민군은 고부 백산에 집결했습니다. 전봉준은 총대장, 김개남과 손화중은 총관령, 김덕명과 오시영은 총참모에 임명되었

○ 만석보유지비
(전북 정읍시)
가뭄이 들어도 배들평에서는 이 보의 물을 끌어다 써서 흉년 없이 농사를 지었다고 해 만석보라는 이름이 붙여졌다. 유지비는 1973년 불의에 항거한 동학 농민 혁명의 정신을 기념하기 위해 세워졌다.

어요. 당시 백산 지역에 모인 농민군의 수는 "서면 백산이요, 앉으면 죽산이라."는 말을 통해 짐작할 수 있습니다. 서면 흰옷 때문에 흰 산처럼 보이고, 앉으면 죽창이 머리 위로 보여 죽산을 이룬 것처럼 보였다는 뜻이에요. 전봉준은 김개남, 손화중과 함께 4대 행동 강령을 발표했습니다.

⊙ 김개남(왼쪽)과 손화중
전봉준과 함께 농민군 남접의 3대 지도자로 꼽힌다. 동학 교도와 농민 약 1만 명을 모아 동학군을 조직하여 동학 농민 운동을 일으켰다. 김개남은 개명한 이름이다. 혁명으로 조선의 남쪽을 새로 열자(開南)는 뜻이 담겨 있다.

⊙ 황토현전적비(전북 정읍시)
농민군은 어둠을 틈타 보부상을 가장해 관군의 동태를 살폈다. 포를 쏘아 관군을 혼란에 빠뜨린 후 미처 대처하지 못한 관군을 추격하는 전략으로 대승을 거두었다. 농민군은 이 전투의 승리로 사기를 충전해 전주로 진격했다.

4대 행동 강령

첫째, 사람을 함부로 죽이지 말고 가축을 잡아먹지 말라.

둘째, 충효를 다해 세상을 구하고 백성을 편안하게 하라.

셋째, 일본 오랑캐를 몰아내고 나라의 정치를 바로잡는다.

넷째, 군사를 일으켜 한양으로 쳐들어가서 권문귀족을 모두 없 앤다.

백산에서 대오를 정비한 농민군은 태인과 부안을 점령하고 4 월 6일과 7일에 걸쳐 **황토현**에서 관군과 결전을 치렀어요. 농민 군은 군사들을 매복시키고 후퇴하는 척하면서 감영군을 유인한 다음 기습을 감행해 큰 승리를 거두었습니다. 첫 번째 전투를 승 리로 장식한 농민군은 전라도 일대로 세력을 넓혔어요. 조정은 임오군란 때 명성 황후를 피신시킨 홍계훈을 초토사로 삼아 내 려보내고 조병갑을 잡아들였습니다. 전라도 장성의 황룡촌에서 홍계훈이 이끄는 관군과 맞붙게 된 농민군은 볏짚단을 집어넣 은 **장태**를 굴려 관군의 화력을 무력화해 전투를 승리로 이끌었 어요.

기세가 오른 농민군은 전주성으로 향했습니다. 마침 4월 27일 이 장날이었으므로 농민군은 장꾼으로 변장해 시장에 들어갔어 요. 변장한 농민군은 총포 소리에 맞춰 장꾼들과 함께 전주성 안 으로 몰려 들어갔습니다. 전주성의 감영군이 홍계훈의 부대에 합류했기 때문에 전주성은 사실상 무방비 상 태였어요. 전주성은 곧 농민군의 수중 에 들어갔지요.

전주성을 점령한 농민군은 곧바 로 한성으로 진격하지 않고 전주성

�‍○ 장태
전봉준은 손재주가 있는 농 민들을 불러 모아 방어용 무 기인 장태를 만들었다. 장태 는 원래는 병아리를 기르기 위한 일종의 둥지로 쓰였다. 관군이 쏘는 총탄이 모두 장 태에 박히면서 서양식 무기 와 화포로 무장한 강력한 홍 계훈의 부대를 무력화할 수 있었다.

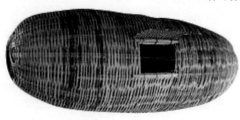

을 수비했어요. 하지만 봉기를 일으켰을 때 수비 체제로 전환하면 상대에게 대처할 시간을 주게 되어 결국은 수세에 몰릴 수밖에 없습니다. 이는 수많은 민란이 주춤거리다가 실패한 것을 보면 잘 알 수 있지요. 농민군이 전주성을 점령하자 조정은 4월 29일 청에 파병을 요청했습니다. 청은 조선에 파병하면서 톈진 조약에 따라 일본에 출병 사실을 통보했어요. 청군이 아산만에 상륙한 지 이틀 후 일본군은 인천항에 상륙했어요.

전주성의 농민군은 홍계훈이 이끄는 관군과 대치하고 있었어요. 청군과 일본군의 상륙 소식이 전해지자, 5월 7일 홍계훈은 농민군의 폐정 개혁안을 받아들여 전주 화약을 맺었습니다. 12개 조항의 폐정 개혁안에는 탐관오리와 악덕 지주 처벌, 봉건적 신분 차별 폐지 등의 내용이 담겨 있었습니다. 농민군은 전주성에서 나온 후 자진 해산했어요.

❂ 갑오동학혁명기념탑
(전북 정읍시)
황토현 전적지 고갯마루에 세워진 기념탑이다. 탑의 기둥에는 서예가 강암 송성용 선생이 쓴 '제폭구민 보국안민'이라는 글자가, 뒷면에는 동학 농민 운동을 다룬 민요 「파랑새」의 가사가 적혀 있다.

◑ 전주 풍남문(보물 제308호, 전북 전주시)
치열한 격전 끝에 승리한 동학 농민 혁명군은 전주부성 4대문 중 한 곳인 풍남문을 통해 전주로 당당히 입성했다.
전주는 원래 성벽으로 둘러싸인 읍성이었지만 현재는 풍남문만 남아있다.

◆ 전주 풍패지관(보물 제583호, 전북 전주시)

풍패는 중국 한 고조의 고향인데, 여기서는 조선 왕조의 발원지인 전주를 비유하는 말로 쓰였다. 조선 시대에 조정의 칙사나 외국에서 온 사신들이 이곳에서 묵었다.

일본군, 경복궁 점령 후 청·일 전쟁을 일으키다

정부는 농민군과의 약속을 지키기 위해 교정청이라는 개혁 기구를 설치했습니다. 또한 일본에 "농민군의 봉기가 진정되었으니 철군하라."고 요청했어요. 하지만 일본은 "동학군이 실제로 해산한 것이 아니고 청군이 증강되었다."라는 이유를 들어 철군을 거부했지요.

일본은 청과 맺은 조약을 파기하고 조선 측에 "3일 내로 청군을 철수시켜 독립 국가임을 보여라."라는 억지 통보를 했어요. 3일이 지나도 조선이 답을 내놓지 않자 일본군은 6월 21일 경복궁을 습격했습니다. 대세가 기울었다고 본 고종은 저항하지 말라는 명을 내렸고, 조선군은 무장을 해제했어요. 경복궁에 난입한 일본군은 고종을 협박해 "청과 맺은 모든 조약을 폐기한다. 청군을 모두 조선에서 내보낸다."라는 협약을 받아 냈어요.

일본의 경복궁 점령에 위기의식을 느낀 청은 일본에 공동 철

❶ 제물포에 상륙하는 일본군(왼쪽)

농민군을 진압하기 위해 청군대가 출동하자 일본도 뒤질세라 군대를 인천에 상륙시켰다. 조선은 곧 전쟁이 터질 듯한 긴장 상태에 빠졌다.

❶ 전투를 대비하는 일본군

군을 제안했지만 일본 측은 받아들이지 않았어요. 오히려 일본은 조선에서 청의 세력을 몰아내고 독점적 지위를 확고히 하고자 했지요.

일본군은 경복궁을 점령한 지 이틀 후인 6월 23일 아산만 앞 풍도 앞바다에서 청의 함대를 기습해 침몰시켰습니다. 청의 이홍장은 일본과의 전쟁을 피하려 했지만 풍도에서 공격을 당하자 결전을 다졌어요. 해전에 약한 청군은 지상전을 전개하기 위해 요동의 군대를 평양으로 이동시켰습니다. 아산에 주둔하던 청군이 평양으로 올라오는 길에 성환에서 일본군과 맞붙었으나 어이없이 패하고 말았어요.

일본군이 경복궁을 장악한 일로 삼남 지방의 여러 곳에서 봉기가 일어났습니다. 전라 감사 김학진은 지금은 농민군과 싸울 때가 아니라고 판단해 농민군의 지휘부에 회담을 제의했어요. 7월 초 농민군 지도자였던 전봉준은 김학진을 만나 정부와 농

○ 평양 전투
일본 화가 미즈노 토시카츠가 풍속화 형태로 묘사한 평양 전투의 모습이다. 일본군과 청군이 치른 두 번째 주요 전투인 평양 전투에서 일본군이 승리함으로써 한반도 내의 모든 청군 세력이 무력화되었다.

● **집강소(기록화, 동학농민
혁명기념관)**

조선 정부는 봉기를 일으킨
농민들을 인정하고 집강소
라는 기관을 설치해 일종의
통치 행위를 할 수 있는 권한
을 부여했다. 1894년 7월부
터 9월까지 약 2개월간 운영
된 집강소는 세계사적으로
도 유래를 찾기 어려운 독특
한 자치 기구이다.

민군이 협력해 전라도 내의 치안을 바로잡기로 약속했습니다.
구체적인 실행을 위해 53개 읍에 **집강소**를 설치해 운영하기로
합의했어요. '국가 행정 협력, 노비 문서 소각, 과부 재가 허락,
무명잡세 폐지' 등 12개조의 폐정 개혁안에도 합의했지요.

폐정 개혁안 12개조(오지영의 『동학사』)

1. 동학 교도는 정부와의 반감을 없애고 모든 행정에 협력한다.

2. 탐관오리는 죄목을 조사해 모두 엄벌에 처한다.

3. 횡포한 부호들을 엄벌에 처한다.

4. 불량한 유림과 양반들을 징계한다.

5. 노비 문서를 불태워 없앤다.

6. 모든 천인의 대우를 개선하고 백정이 쓰는 평량갓을 없앤다.

7. 젊어서 과부가 된 여성의 재가를 허락한다.

8. 규정 이외의 모든 잡다한 세금은 일절 거두지 않는다.

9. 관리 채용에는 문벌을 타파하고 인재를 등용한다.

10. 왜와 내통한 자는 엄벌에 처한다.

11. 공사채를 불문하고 농민이 이전에 진 빚은 모두 무효로 한다.

12. 토지는 균등히 나누어 경작하게 한다.

제1차 김홍집 내각, 제1차 갑오개혁을 주도하다

일본군은 경복궁 점령으로 말미암은 반일 여론을 무마하기 위해 백성의 신망을 받고 있는 대원군에게 함께 개혁을 도모하자며 손을 내밀었습니다.

임오군란 때 군인들도 대원군에게 의지했고, 갑신정변 때도 김옥균이 '대원군의 귀국'을 개혁 조항의 1조에 내걸었으며, 고부 민란 때는 전봉준이 홍계훈에게 보낸 글에서 대원군의 국정 보좌를 요구했지요. 대원군은 청에서 4년이나 억류 생활을 했고 귀국한 후에도 가택 연금 상태로 지내야 했지만 백성에게는 여전히 영향력이 있었어요. 대원군은 불사조처럼 다시 조정으로 돌아왔습니다. 다만, 일본의 도움을 받아 돌아왔으므로 대원군은 일본의 이용 가치 내에서만 권력을 행사할 수 있었어요.

대원군이 섭정하는 가운데 제1차 내각이 성립되었습니다. 제1차 내각은 영의정 김홍집을 중심으로 김윤식, 어윤중, 박정양 등 온건 개화파와 유길준, 김가진 등 급진 개화파로 구성되었어요. 일본의 입김이 반영된 결과였지요.

친일 정권인 김홍집 내각은 농민의 불만과 개혁 요구를 반영하기 위해 7월 27일 입법권을 가진 초정부적 개혁 기구인 **군국기무처**를 신설했습니다. 군국기무처는 3개월 동안 존속했는데 이 기간에 약 210건을 의결했어요. 이때의 개혁 조치를 갑오개혁(제1차 갑오개혁)이라고 합니다.

제1차 갑오개혁은 일본의 강요로 시작되었지만, 일본은 청·일 전쟁 중이어서 적극적으로 간섭할 수 없었어요. 따라서 온건 개화파가 개혁을 일정 부분 주도할 수 있었지요. 또한 비록 동학 농민 운동은 집권 세력과 일본의 개입으로 실패했지만, 갑오개혁 때 농민의 요구가 부분적이나마 반영되었어요.

대원군은 통상 수교를 거부하는 입장이었지만, 오랫동안 청에 볼모로 잡혀 있으면서 반감이 쌓여 귀국 후에는 일본을 적극적으로 배척하지 않았습니다. 일본은 대원군의 이름을 빌려 개혁의 정당성을 확보하려고 했어요.

제1차 갑오개혁 조치는 외교, 정치, 경제, 사회, 문화 등 모든 분야에서 이루어졌어요. 먼저 외교적 측면에서는 청의 종주권을 거부하는 의미로 조선이 개국한 1392년을 기준으로 삼는 개국 기년(開國紀年)을 새로운 연호로 채택했습니다. 정치적 측면에서는 궁내부를 설치해 왕실과 정부의 사무를 분리함으로써 왕실의 정치 개입을 배제하고 권력을 의정부에 집중시켰어요. 또한 6조를 8아문으로 바꾸고 과거제를 폐지했지요. 경제적 측면에서는 재정 업무를 탁지아문으로 일원화하고, 은 본위 화폐 제도를 시행했으며, 도량형을 통일하고 조세의 금납화를 단행했습니다. 사회적 측면에서는 신분제와 노비제를 혁파하고 연좌제를 폐지했으며, 조혼을 금지하고 과부의 재가를 허용했어요.

○ 군국기무처의 회의 모습

일종의 평의회인 군국기무처는 행정권과 입법권을 동시에 가지고 국정 전반을 심의 의결하는 기구였다. 17명이 위원으로 참여했고, 논의 안건은 다수결의 원리에 따라 표결했다.

제2차 동학 농민 봉기, 공주 우금치에서 무너지다

호남 지역 대부분은 농민군의 영향 아래 있었어요. 집강소는 전라도 지역 대부분에 설치되었지만, 농민군의 힘이 센 곳도 있고 관(官)이 우위에 있는 곳도 있었지요. 농민이 나서는 것을 용납할 수 없었던 양반들은 민보군을 조직해 농민군에 대항하기도 했어요. 민보군의 위세에 눌려 집강소가 설치되지 못한 곳도 있었지요.

청·일 전쟁의 추이를 관망하고 있던 농민군 진영에 대원군이 보낸 사람이 찾아왔습니다. 일본에 이용당하고 있다고 판단한 대원군이 농민군과 청군에게 "북에서는 청군이, 남에서는 농민군이 협공해 일본군을 몰아내자."라는 내용의 밀서를 보낸 거예요. 대원군은 유림에게도 일본군을 몰아내기 위해 의병을 일으키자고 제안했으나 유림 측은 "무모한 동학당과는 같이할 수 없다."라며 받아들이지 않았지요.

◑ 외무아문의 관리들

외무아문은 조선 말 외교 사무를 주로 담당한 중앙 행정 기관이다. 갑오개혁이 추진되면서 군국기무처의 의안에 따라 궁내부와 의정부로 나누고 의정부 아래 내무·외무·탁지·법무·학무·공무·군무·농상 등 8아문을 설치했다.

○ 황해 해전

압록강 입구에서 일어난 전쟁으로, 고바야시 기요치카가 그렸다. 청의 군함 11척이 출전했고, 일본의 군함 10척이 이에 맞섰다. 전투 능력에서 청이 더 유리했으나 6시간에 걸친 전투 끝에 청의 북양 함대는 패하고 말았다.

전봉준과 김개남이 재봉기를 결심하고 격문을 돌리자, 10만 명이 넘는 농민이 모여들었어요. 보은 집회 이후 농민군과 거리를 두고 있던 최시형도 "전봉준과 협력해 교조의 억울함을 신원하라."며 동학 교도들의 궐기를 촉구했지요. 전봉준이 이끄는 호남 농민군과 최시형, 손병희가 이끄는 충청 농민군은 논산에 집결했어요. 손화중과 최경선은 나주에 남아 후방을 맡고, 김개남은 전주에 남아 있다가 청주로 나아갔지요. 하지만 총력전을 준비하는 데 많은 시간이 걸리는 바람에 관군이 먼저 전략적 요충지인 공주를 장악했어요.

한편, 대원군의 기대와는 달리 일본군이 청·일 전쟁의 승기를 잡았어요. 평양 전투와 **황해 해전**에서 승리한 일본군은 청군을 요동으로 몰아냈습니다. 기세를 잡은 일본군은 김홍집 내각을 앞세워 조선의 내정에 적극적으로 간섭하는 한편 농민군 토벌을 돕겠다고 제안했어요. 조정이 일본군의 제안을 받아들이자 일본군 한 개 대대가 농민군 토벌에 나섰습니다.

일본군이 농민군을 진압하기 위해 남하한다는 소식이 전해지자, 1894년 9월 12일 전봉준의 남접이 삼례에 집결했어요. 북접도 교주 최시형의 명에 따라 보은에 집결했지요. 전봉준은 최시형이 이끄는 북접과 연합 세력을 형성하는 데 성공해 호남을 중심으로 충청도, 경상도, 황해도 등지로 세력을 확산해 나갔어요. 10월 16일에는 전라도와 충청도 일대의 농민군이 총동원되어 총력전의 형태를 띠었지요.

전봉준의 농민 주력군은 논산에서 북접과 합세해 웅치 방면에서 총공세를 펼쳤어요. 이후 **공주 우금치**를 사이에 두고 일본군과 관군의 연합 부대와 치열한 공방전을 벌였습니다. 일주일 동안 40~50회나 공격을 주고받았지만 우세한 무기를 가진 일본군을 당해 내기는 어려웠어요. 결국 농민군은 크게 패해 후퇴하기 시작했어요. 만여 병력 가운데 살아남은 자가 겨우 500여 명에 불과했지요.

전주의 김개남 부대도 11월 13일 청주에서 대공세를 폈으나 일본군의 화력에 밀려 역시 패하고 말았어요. 전주에서도 밀려난 농민군은 11월 25일 금구, 원평에서 접전을 벌였으나 또다시 밀렸지요. 태인 전투에서도 패배한 후 전봉준은 농민군을 해산하고 말았습니다. 그러자 광주

○ 공주 우금치 전적비
(충남 공주시)
우금치는 공주에서 부여 방면으로 넘어가는 고개이다. 이곳을 장악하면 공주 점령의 기선을 잡을 수 있었다. 농민군은 수적으로 우세했지만 연합군의 사격에 맞서 진격과 후퇴를 거듭한 끝에 거의 전멸했다.

에 있던 손화중과 최경선도 농민군을 해산했어요.

12월 2일 김개남이 태인에서 체포되어 전주에서 처형되었고, 이어서 손화중이 고창에서, 전봉준이 순창에서 각각 체포되어 서울로 압송되었어요. 전봉준은 신문을 받은 후 이듬해 손화중과 함께 사형을 당했습니다.

새야 새야 파랑새야 녹두밭에 앉지 마라
녹두꽃이 떨어지면 청포 장수 울고 간다

녹두 장군으로 불린 전봉준에 관한 동요입니다. 당시 민간에 널리 유행했지요. 여기서 '새'는 무심한 조선 민중을, '녹두꽃'은 전봉준을, '청포 장수'는 청을 의미합니다. 저물어 가는 조선과 청의 운명을 예견하는 말처럼 들리지요.

○ **전봉준 고택지(전북 정읍시)**
전봉준이 동학 농민 운동을 일으킬 당시 거주하던 집이다. 전봉준은 이곳에 살면서 서당을 열어 아이들을 가르치기도 하고 한약방을 차려 한의사 생활을 하기도 했다.

북접을 이끈 최시형과 손병희는 북쪽으로 후퇴하다 12월 말 농민군을 해산하고 피신길에 올랐어요. 최시형은 1898년(고종 35년)에 체포되어 처형되었고 손병희가 동학의 제3대 교주가 되었지요.

일본군은 동학군을 반일 세력으로 간주해 일본의 훈령에 따라 20만 명이 넘는 농민을 살육했어요. 양반들이 조직한 민보군에게 죽임을 당한 농민군도 많았지요.

남은 동학군 세력은 강원도, 황해도, 평안도 지역으로 흩어져 1895년 가을까지 항거를 계속하다가 명성 황후를 시해한 을미사변이 일어나자 항일 의병에 합류했어요. 하지만 항일 의병에 가담한 양반들의 거부로 이미 들어온 농민군과 함께 추방되고 말았지요. 뿌리 깊은 계급 의식 때문에 양반과 평민은 나라에 위기가 닥쳐도 서로 힘을 합치지 못했어요. 당시 성리학에 얽매인 양반 지배층은 왜놈은 받아들일지언정 상놈과는 같이할 수 없다고 생각한 것이지요.

○ 서울로 압송되는 전봉준
전봉준은 체포되기 전에 담을 타고 도망치려다 현상금을 노린 마을 주민에게 몽둥이로 맞아 다리가 심하게 부러졌다. 걷지 못하게 된 전봉준은 가마를 타고 서울로 압송되었다.

✚ 공주 우금치 전투(기록화, 동학농민혁명기념관)
약 2만여 명의 농민군은 우금치에서 5천여 명 남짓한 조·일 연합군과 싸웠다. 농기구와 죽창으로 무장한 농민군은 수적으로는
우세했지만 현대화된 화기로 훈련받은 관군과 일본군을 상대하기에는 역부족이었다.

2 급진 개화파의 부활, 제2차 갑오개혁
갑신정변 실패 이후, 급진 개화파는 어디로 갔나

갑신정변이 실패로 돌아가자 **김옥균**, 박영효, 서광범, 서재필 등은 일본으로 망명했습니다. 혁명의 지도자 김옥균은 일본의 지도층 인사들과 친분이 있었지만, 조선에서 송환을 요구했으므로 일본 정부로서도 대놓고 감싸 주고 보호할 수는 없었어요. 김옥균은 일본의 홀대를 받으며 유배 생활이나 다름없는 8년을 보냈지요. 그러던 어느 날, 프랑스에서 온 **홍종우**가 김옥균에게 접근했습니다.

몰락한 양반 출신인 홍종우는 1890년 법률을 공부하기 위해 프랑스로 유학을 갔어요. 키메 박물관에서 일하며 『춘향전』, 『심청전』 등 한국 고전을 번역하기도 했지요. 홍종우는 프랑스 유학파였지만 조선의 정체성을 지키면서 유럽 문명을 수용해야 한다고 생각했어요. 그는 유학 3년 만에 일본으로 갔다가 이일직을 만났습니다. 이일직은 김옥균과 박영효를 제거하라는 고종의 밀명을 받고 일본에 간 인물이에요.

이일직의 부탁을 받은 홍종우는 김옥균을 꾀어내 함께 상하이로 갔습니다. 1894년 3월 28일 홍종우는 상하이의 미국 조계(租界, 19세기 후반에 영국, 미국, 일본 등 8개국이 중국을 침략하는 근거지로 삼았던 개항 도시의 외국인 거주지) 내에 있는 일본 호텔 동화양행에 투숙한 김옥균을 권총으로 살해하고 경찰에 붙잡혔어요. 홍종우

❖ 홍종우(1850~1913)
조선 최초의 프랑스 유학생이다. 유학 시절에는 늘 한복을 입고 흰 장갑을 끼고 다녔다고 한다.

❖『심청전』
(국립중앙박물관)
홍종우는 프랑스에 머무르면서 1892년 『춘향전』을, 1895년에는 『심청전』을 번역했다.

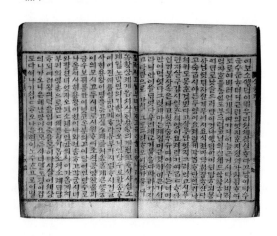

는 조선 정부와 청 정부의 교섭으로 석방되어 4월 13일 청 군함의 호송을 받으면서 김옥균의 시체를 가지고 귀국했습니다. 홍종우는 김옥균 암살의 공으로 고종과 민씨 정권으로부터 홍문관 교리직을 제수받고 한양에 있는 사택까지 하사받아 세도를 누렸어요. 김옥균의 시체는 **양화진**에서 능지처참되었지요.

일본으로 망명한 서재필은 일본 측이 냉담하게 대하자 박영효, 서광범과 함께 다시 미국으로 망명했습니다. 서재필은 미국에서 고학(苦學, 학비를 스스로 벌어서 고생하며 배움)하여 의과 대학까지 마쳤어요. 의사 면허를 취득한 이듬해에 미국 철도 우편 사업 창설자의 딸과 결혼하고 병원도 개업했지요. 서광범도 미국 시민권을 획득하고 미국 정부 교육국의 번역관으로 취업했어요.

박영효는 미국 생활에 적응하지 못하고 다시 일본으로 돌아갔습니다. 1888년 초 박영효는 고종에게 13만여 자에 달하는 장문의 상소를 올렸어요. 국정 전반의 개화에 대한 내용이었지요. 박영효는 상소문을 통해 봉건적 신분 제도의 철폐, 근대적 법치

○ 김옥균을 암살하는 홍종우(왼쪽)
홍종우는 뛰어난 요리 솜씨로 김옥균에게 환심을 샀다. 경계가 느슨해진 틈을 타 암살에 성공한 홍종우는 체포 당시 '나는 조선의 관원이고, 김옥균은 나라의 역적이다. 김옥균의 생존은 동양 삼국의 평화를 깨뜨릴 우려가 있다.'라는 말을 남겼다고 한다.

○ 양화진(서울시 마포구)
시신이 된 김옥균은 양화진에서 죄인의 살을 조금씩 떠내는 능지처참의 형벌을 받았다. 잘린 머리는 대역부도옥균(大逆不道玉均)이라는 죄명을 쓴 깃발과 함께 저잣거리에 내걸렸다.

국가의 확립, 조선의 자주독립과 부국강병 등을 주장했어요. 박영효는 1893년 말 후쿠자와 유키치의 도움을 받아 도쿄에 친린의숙이라는 사립 학교를 세워 유학생들을 교육하기도 했어요. 1894년 봄, 동학 농민군의 봉기를 계기로 청·일 전쟁이 일어나자, 박영효는 일본 정부의 주선으로 그해 8월 귀국했어요. 박영효는 사면을 받았지만 대신들의 반대로 등용되지는 못했지요. 그러다가 친일 세력을 형성하려는 일본 공사 이노우에의 도움을 받아 제2차 김홍집 내각의 내무 대신으로 입각했어요.

○ 김옥균의 묘
(충남 아산시)
개화당 내각이 조직된 후 총리 김홍집의 상소로 김옥균의 반역죄는 용서되었다. 하지만 형 집행 당시 여덟 토막으로 잘려 8도로 보내진 그의 시신을 수습할 길은 없었다. 현재 김옥균의 묘는 가묘 상태로 남아있다.

김홍집·박영효 내각, 제2차 갑오개혁을 추진하다

청·일 전쟁에서 승기를 잡은 일본은 조선을 보호국으로 만들기 위해 개혁에 소극적이었던 대원군을 물러나게 하고 동학 농민군을 철저하게 탄압했습니다.

1894년 11월 갑신정변 때 일본으로 망명했던 급진 개화파 박영효가 내무 대신에 발탁되고, 미국에 있던 서광범도 귀국해 법무 대신에 임명되었어요. 제2차 **김홍집** 내각은 흔히 친일 성격의 '김홍집·박영효 연립 내각'이라고 부르지요.

이노우에 공사의 요구에 따라 1월 7일(음력 12월 12일) 고종은 문무백관을 거느리고 종묘에 나가 자주독립의 뜻을 담은 독립서고문(獨立誓告文)을 낭독하고, 독립서고문에 포함된 홍범 14조를 반포했어요.

국정 개혁의 기본 강령인 홍범 14조에는 자주독립의 확립, 국왕의 친정과 법령의 준수, 왕비와 종친의 정치 간섭 배제, 내정 개혁의 시행, 국가 재정 등이 규정되어 있었습니다. 다만, "청에 의존하지 않고 자주독립의 터전을 튼튼히 한다."라는 홍범 14조 제1조의 내용에는 일본이 조선과 청의 예속 관계를 끊으려는 의도가 깔려 있어요.

제2차 갑오개혁의 개혁안은 제1차 갑오개혁 때의 군국기무처 개혁안과 큰 차이는 없지만, 구체적인 사항에서 진전이 있었습니다. 우선 정치적 측면에서 의정부를 내각으로 고쳐 근대적 성격을 강화했고, 그 아래 8아문을 고쳐 7부를 두었으며, 지방 8도는 23부로 개편해 지방관의 권한을 행정권에 한하도록 축소했어요. 또한 사법권을 행정권으로부터 분리했고, 경찰을 두어 치안 업무를 일원화했지요. 군사적 측면에서는 일본군의 지도를 받아 훈련대라는 군대를 조직했고, 경제적 측면에서는 육의전을

❍ 김홍집(1842~1896)
수신사 일행으로 일본을 방문해 신문물을 견학하고 돌아온 후 조선의 개화와 개항의 중요성을 역설했다. 법률과 제도를 바꾸어 일본의 관제와 복식을 조선에 도입하려고 노력한 한편, 양력과 우편 제도를 도입하기도 했다.

폐지해 상공업을 활성화하고자 했어요.

교육적 측면에서는 교육입국 조서를 반포해 근대 교육을 시행했어요. 이때부터 초등 교육, 중등 교육의 학제가 형성되기 시작했지요. 이에 따라 한성 사범 학교가 설립되고, 외국어 학교 관제가 반포되었어요.

제2차 갑오개혁 때도 일본이 적극적으로 간섭하지는 않았어요. 청·일 전쟁이 끝난 후 삼국 간섭으로 말미암아 일본의 세력이 약해지고 있었기 때문이지요. 이에 따라 박영효는 어느 정도 자주적으로 개혁을 추진할 수 있었어요.

갑오개혁이 조선의 정치·경제·사회 제도를 변화시켰다는 점은 긍정적으로 평가할 수 있습니다. 하지만 갑오개혁은 일본의 영향력 아래 추진되었기 때문에 한계가 있었어요. 일본의 침탈 의도가 반영되어 토지 개혁이 소홀히 다루어졌지요. 그래서 민중의 지지를 받지는 못했답니다.

○ 이사벨라 버드 비숍
(1831~1904)
영국 잉글랜드 출신의 여행가이자 작가이다. 조선 여행 후 출간한 기행문은 당시 영국 출판계의 베스트셀러가 되었다.

영국 여성 비숍, 갑오개혁기의 민생을 들여다보다

제2차 갑오개혁 때 지방관의 권한이 행정권에 한하도록 했지만 관리의 수탈은 여전했어요. 영국 여성 **이사벨라 버드 비숍**의 『조선과 그 이웃 나라들』이라는 책을 보면 19세기 말 조선의 농민들이 일제의 경제 침탈과 관리의 수탈에 얼마나 시달렸는지를 잘 알 수 있습니다.

지리 연구를 위해 평생 세계 곳곳을 찾아다닌 비숍은 조선에 관한 책을 쓰기 위해 청·일 전쟁이 일어난 1894년부터 1897년까지 네 차례 조선을 방문해 11개월이나 현지답사를 했어요.

비숍은 100년 전 조선의 모든 것을 살펴볼 수 있었어요. 자신이 저명한 지리학자라는 사실을 이용해 궁궐에도 자유롭게 출입할 수 있었지요. 고종이 가장 친하게 사귄 외국인 가운데 한 사람이 바로 비숍이었습니다.

비숍은 빈대와 벼룩이 들끓는 주막에 묵으며 조선 백성의 참상을 생생하게 기록했어요. 평안도에서 얼어 죽을 뻔한 적도 있었고 청·일 전쟁이 일어난 직후에는 거지나 다름없이 만주를 헤매기도 했지요.

부산에 도착한 비숍은 "조선인들이 사는 부산의 구시가지는 비참한 장소였다."라고 묘사했어요. 부산항 주변의 일본인 거리에 대해서는 "영사관, 은행, 영국식·**일본식 상점**, 다양한 주택 등이 들어서 있는 넓은 거리가 언덕과 바다 사이에서 아름답게 펼쳐진다."라고 적었지요.

한양에 관해서도 다음과 같이 기록했어요.

"한양의 불가사의한 아름다움은 다른 어느 나라의 수도와도 견줄 만하다. 하지만 그 불결함은 형용할 수 없을 정도로 심하다."

○ **일본식 상점들이 즐비한 조선의 시내 거리**
"어느 점으로 보나 부산의 거주지는 일본식이다. 5,508명의 일본인 이외에도 일본 어부 8,000명이 유동하고 있다." 『조선과 그 이웃나라들』의 한 구절이다. 19세기 말 부산 구도심은 이미 일본화 되어 있었다.

단양의 뱃기미 마을을 답사한 후 비숍은 "700호 남짓 되는 작은 고을에 백성의 노동에 기대 놀고먹는 양반들이 너무 많았다."라고 기록했어요.

임진왜란 이후 납속책이 성행하면서 **흥선 대원군** 집권 시기에는 양반이 절반을 넘었습니다. 그러니 4,000여 명이 사는 고을에서 적어도 양반은 1,500여 명이고, 양반으로 행세하는 사람은 500명 정도 되었을 거예요.

상황이 이렇다 보니 일하지 않는 양반을 먹여 살려야 하는 백성의 고충은 이루 말할 수 없었어요. 백성은 무거운 조세를 부담해야 했고 양반의 수탈에는 저항할 수도 없었어요.

비숍은 뱃기미 마을 백성의 삶을 다음과 같이 묘사했어요.

"상인이나 농부에게 돈이 생기면 양반은 득달같이 빚을 갚으라고 독촉하고, 제때 갚지 못하면 부당한 죄목으로 감옥에 가두기 일쑤였다. 당사자도 못 갚고 친척도 못 갚으면 곤장을 때리거나 양반의 집에 가두었다."

집에 쌀이라도 한두 말 생기면 매가 무서워서라도 모두 내놓을 수밖에 없었어요. 열심히 일해서 모은 것을 걸핏 하면 고리대금으로 빼앗아 갔으므로 백성은 열심히 일할 필요성을 못 느꼈지요. 오죽하면 비숍도 "조선인은 게으를 수밖에 없다."라고 생각했을까요. 조선 말의 향촌 사회는 말이 좋아 양반 사회지 절반은 놀고먹는 사회였어요.

비숍은 한강을 따라 올라가 보고 평양을 지나 대동강을 따라서도 올라가 보았지만 상황은 달라지지 않았습니다. 러시아의 블라디보스토크까지 올라간 비숍은 깜짝 놀랐어요. 조선에서 살기 어려워 떠나온 사람들이 조선에 살고 있는 사람들과는 비교할 수 없을 정도로 깨끗하고 반듯한 집에서 살고 있었기 때문이지요. 연해주의 조선인들은 특유의 근면성을 발휘해 러시아 사람들보다 더 잘살고 있었어요.

한 사람의 능력보다는 그 사회의 시스템이 그 사람의 생활을 좌우합니다. 남한보다 더 잘 살던 북한이 지구상에서 가장 못사는 나라 가운데 하나로 전락한 이유는 사회의 시스템 때문입니다. 지도층을 위한 왜곡된 사회주의가 모든 인민을 옴짝달싹할 수 없는 프레임에 가둔 것이지요. 양반 위주의 왜곡된 성리학적 사회 구조가 모든 백성을 탈출구 없는 프레임에 가둔 것처럼 말입니다.

○ 석파정(서울시 종로구)
석파정의 수려한 경치와 건물이 마음에 든 대원군은 묘수를 내어 본래의 주인인 김홍근에게서 이곳을 빼앗았다. 별장의 이름은 대원군이 자신의 호인 석파를 따서 정했다.

3 을미사변, 을미개혁, 을미의병

삼국 간섭 이후 친러 성격의 제3차 김홍집 내각이 출범하다

청·일 전쟁에서 승리를 거둔 일본은 1895년 4월 청과 시모노세키 조약을 체결했어요. 이토 히로부미와 이홍장이 조약에 조인했지요.

시모노세키 조약

제1조 청은 조선이 완전무결한 독립 자주국임을 확인한다. 따라서 독립 자주성을 훼손하는, 청에 대한 조선의 조공과 책봉 등은 폐지한다.

제2조 청은 요동반도, 타이완, 펑후 제도를 일본에 할양한다.

제4조 청은 배상금 2억 냥을 일본에 지급한다.

청·일 전쟁에서 승리한 일본은 전쟁 배상금을 받아 본격적으로 산업을 발전시켰습니다. 일본은 요동반도를 장악함으로써 중국 진출의 교두보를 마련했어요. 이는 남만주로 세력 확장을 꾀하고 있던 러시아에 큰 위협이 되었지요. 시모노세키 조약이 조인된 직후 러시아는 프랑스, 독일과 함께 일본에 요동반도의 반환을 요구했는데, 이를 삼국 간섭이라고 합니다.

러시아는 극동(極東, 유럽에서 아시아 대륙의 동부와 그 주변의 섬들을 이르는 말)의 평화를 명분으로 삼국 간섭을 주도했지만, 이는 표면적인 이유에 불과했어요. 사실은 남만주 확보라는 자국의 이익이 침해당할 것을 우려한 사전 조처였지요. 일본은 삼국 간섭에 굴복해 추가 배상금을 받기로 하고 요동반도를 청에 반환했어요. 러시아는 삼국 간섭을 계기로 요동반도를 조차하고 만주의 철도 부설권을 획득했어요. 한반도 지배를 둘러싸고 일본과 본격적으로 대립하게 된 것이지요.

러시아의 힘을 알게 된 고종은 러시아 공사 베베르에게 "이노우에 공사와 친일파가 조선을 좌우하고 있다. 러시아의 도움이 필요하다."라고 말했어요. 베베르는 고종의 견해에 동조했지만, 러시아는 시베리아 횡단 철도가 완성될 때까지는 일본과의 충돌을 피하려 했어요.

한편, 대원군은 청군·동학 농민군과 밀약해 일본군을 몰아낸 다음 고종과 명성 황후를 폐하고 손자인 **이준용**을 보위에 앉히려 했어요. 하지만 이 사건의 전모가 드러나 주모자 다섯 명이 처형되고 이준용은 유배되었지요.

박영효가 이준용 역모 사건을 처리하면서 일본 공사와 명성 황후의 신임을 받게 되자 김홍집, 유길준 등이 박영효를 견제하기 시작했어요. 양측의 권력 투쟁 끝에 김홍집이 물러나고 박정양이 새 총리대신이 되었지요. 박영효는 총리대신이 되지는 못했지만 새 내각의 실세가 되었어요. 여기까지는 좋았습니다. 문제는 박영효가 고종의 역린을 건드린 것이었지요.

박영효는 자신의 입지를 강화하기 위해 고종에게 "궁궐 수비 군사를 시위대에서 훈련대로 바꾸십시오."라고 제안했습니다. 당시 시위대는 미군 장교의 훈련을 받았고, 훈련대는 일본군이 육성했어요. 훈련대가 궁궐 수비를 맡는다는 것은 고종이 일본의 감시를 받는 것이나 마찬가지였지요. 당연히 고종은 박영효의 제안을 거부했어요.

민씨 정권은 일본의 간섭에서 벗어나기 위해 러시아와 접촉하

역린(逆鱗)
임금의 노여움을 이르는 말이다. 용의 몸에는 총 81개의 비늘이 붙어 있는데, 이 가운데 용의 턱 아래에 거꾸로 난 비늘을 역린이라고 한다.

◑ 흥친왕 이재면 초상
고종의 친형이자 이준용의
아버지. 조선 헌종과 철종
이 연이어 후사 없이 사망하
면서 유력한 왕위 계승권자
로 거론되었다. 하지만 철종
이 사망할 무렵 성인이었던
이재면은 왕위 계승권 서열
에서 밀려나고 말았다.

◑ 명성 황후 생가
(경기 여주시)
명성 황후가 태어나 8세까
지 살던 집이다. 안채만 남아
있었으나 수리와 복원을 거
쳐 지금의 모습을 갖추게 되
었다.

려 했어요. 이 과정에서 친일 세력인 박영효를 축출할 필요가 있었지요. 민씨 정권이 박영효에게 명성 황후 암살 음모를 꾸민다는 누명을 씌우자 박영효는 다시 망명길에 올랐어요. 박영효가 축출된 후 김홍집이 총리대신으로 복귀해 제3차 김홍집 내각이 출범했습니다. 박정양, 이완용, 이범진, 민영환 등 친미·친러 성향의 정동파가 내각을 꾸려 나갔어요. 정동파는 미국, 러시아, 영국 등 열강의 공사관이 밀집해 있었던 정동(貞洞)의 이름을 따서 붙인 명칭이지요. 정동파는 명성 황후와 가까운 세력이어서 왕비파라고도 불립니다.

을미사변으로 명성 황후가 살해되다

친러 성향의 내각이 출범하고 훈련대 해산 방침까지 정해지자, 일본은 조선에 대한 약해진 영향력을 만회하고자 명성 황후를 제거하려는 음모를 꾸몄어요. 조선 정부가 훈련대를 해산하겠다고 일본 측에 통보하자, 새로 부임한 미우라 공사는 명성 황후를 포함한 친러 세력 제거에 나섰습니다.

1895년 8월 20일 새벽, 일본인 패거리가 대원군과 그의 아들 **이재면**을 납치해 경복궁으로 향했어요. 한편, 일본인 교관은 야간 훈련을 핑계 삼아 훈련대를 광화문 앞에 모았어요. 훈련대에는 일본군과 사복을 입은 낭인(浪人)들도 섞여 있었어요. 이들 앞에서 일본 교관은 "조선의 왕후가 권력을 제멋대로 휘둘러 정치 체제를 무너뜨리니 조선은 망해 없어질 지경이다. 조선이 망하면 일본도, 동양도 지탱하기 어렵다. 명성 황후는 조선의 죄인일 뿐 아니라 일본과 동양의 죄인이다."라는 왜곡된 연설을 했습니다.

새벽 5시에 경복궁 담을 넘어간 낭인들은 일본군의 엄호하에 광화문을 열어젖혔어요. 일본군에 이어 대원군의 가마와 훈련대가 밀고 들어갔지요. 갑작스러운 일본군의 습격에 궁궐 시위대 연대장 홍계훈과 병사 8~10명이 제대로 저항도 못 하고 현장에서 희생되었어요.

건청궁의 **옥호루**에 있던 명성 황후와 궁녀들이 피신하려는 순간 낭인들이 들이닥쳤어요. 다음은 주한 영국 영사 힐리어의 현장 보고입니다.

◐ 옥호루(서울시 종로구)
명성 황후의 침전을 곤녕합이라고 불렀다. 자금성의 곤녕궁에서 이름을 따온 것으로 추정된다. 땅이 편안하다는 뜻을 지닌 곤녕(坤寧)은 왕비의 덕성을 상징한다. 곤녕합의 남쪽 누각이 명성황후가 시해된 옥호루다.

일본군이 외부와의 통로를 봉쇄했다. 야간 훈련 명목으로 동원된 훈련대 병사들은 무슨 일이 벌어지는지조차 몰랐다. 궁내부 대신 이경직이 급보를 전했다. 건청궁의 옥호루에 있던 왕후와 궁녀들이 잠자리에서 서둘러 뛰쳐나와 숨으려는 순간 낭인들이 들이닥쳤다. 이경직이 왕후를 보호하기 위해 두 팔을 벌려 가로막았지만, 이경직의 다급한 행동은 왕후가 누구인지를 알려 준 셈이 되었다. 먼저 이경직의 양 팔목이 잘려 나갔다. 왕후는 뜰 아래로 뛰쳐나갔지만 곧 붙잡혀 내동댕이쳐졌다. 낭인들은 왕후의 가슴을 짓밟으며 일본도로 난자했다. 시신은 낭인들의 발에 연이어 짓밟혔고 향원정의 녹원에서 불태워졌다.

'여우 사냥'이라는 암호명까지 붙여 군사 작전처럼 전개한 명성 황후 시해 사건을 을미사변이라고 합니다. 을미사변에 가담한 낭인들은 단순한 깡패 집단이 아니었어요. 낭인에는 도쿄대 법대 출신의 지식인, 일본인 고문관 등 일본 우익 엘리트들도 상당수 있었어요.

미우라는 현장에 달려온 공사들에게 "왕비의 정적인 대원군과 해산령에 분개한 훈련대가 벌인 일"이라고 둘러댔어요. 하지만

○ **명성 황후 장례식**
국장 일정은 다섯 차례에 걸쳐 연기되었다. 결국 황후가 시해된 지 2년이 지나서야 장례가 치러졌다. 황후의 상여는 경운궁을 떠난 지 8시간 만에 청량리에 당도했다. 장례 후 명성 황후의 신주는 경운궁의 경효전에 안치되었다.

사건을 목격한 궁녀, 훈련대 군사 등의 증언이 합쳐지자 미우라의 말이 거짓임이 드러났지요. 미우라를 비롯한 낭인들은 일본 본토에서 재판을 받았고, 일본 재판부는 "왕비의 전횡, 일본 장교가 애써 키운 훈련대 해산 등에 격분한 무관 출신 미우라 공사가 대원군의 요청을 받아들여 낭인을 동원해 우발적으로 저지른 일"로 결론지었어요.

명성 황후가 시해된 지 이틀 후 고종은 느닷없이 "훈련대를 해산한다 해 변란을 일으키고, 사변이 터지자 임오년에 그랬던 것처럼 짐을 떠나 나타나지 않고 있다."라며 명성 황후를 폐서인한다는 명을 내렸어요. 왕태자가 울며 명을 거두어 줄 것을 청하자 고종은 빈으로 강등하는 선에서 마무리 지었지요. 이때까지도 고종은 명성 황후가 임오군란 때처럼 몸을 숨긴 것으로 알고 있었어요.

제4차 김홍집 내각, 을미개혁을 시행하다

을미사변 이후 고종은 일본군에 의해 사실상 연금 상태에 있었습니다. 대원군이 일본군에 협조한 대가로 손자 이준용은 사면되었어요.

을미사변으로 친러 내각이 붕괴되고 친일파 관료 중심의 제4차 김홍집 내각이 수립되어 급진적이고 친일적인 개혁이 추진되었어요. 이를 을미개혁(제3차 갑오개혁)이라고 합니다. 내각의 수장은 여전히 김홍집이었으므로 3차에 걸친 갑오개혁은 모두 온건 개화파가 주도한 셈이었지요.

새로운 친일 내각은 유길준이 주도했어요. 유길준은 1881년 박규수의 권유로 조사 시찰단을 따라 일본에 갔다가 최초의 일본 유학생이 되었지요. 1883년에는 보빙사 민영익의 수행원으

로 미국에 갔다가 남아서 유학했어요. 1885년에는 서양 여러 나라를 돌아보고 귀국했는데, 이때의 경험을 『서유견문』에 담았어요. 을미개혁이 시작되자 유길준은 앞장서 개혁을 추진했습니다.

을미개혁으로 태양력을 채택하고, 기존의 개국 기년 대신 건양(建陽, 태양력을 썼음을 의미)이라는 연호를 사용했어요. 훈련대와 시위대는 모두 폐지하고 한성에는 **친위대**를, 전주와 평양에는 진위대를 설치했지요. 지석영의 노력에 힘입어 종두법도 시행했어요. 1895년 11월에는 상투를 자르도록 한 단발령이 시행되었습니다. 고종은 솔선수범해 머리카락을 잘랐어요. 유길준이 직접 세자의 머리카락을 자르기도 했지요.

이로써 갑오년에서 을미년에 이른 3차에 걸친 개혁이 모두 종료되었어요. 최초의 근대적 개혁인 갑오개혁은 조선의 정치·경제·사회 제도를 근본적으로 변화시켰습니다. 갑신정변과 동학 농민 운동 때 요구된 사항을 일부 수용했고, 이후 독립 협회와 애국 계몽 운동에 영향을 끼쳤다는 점에서 긍정적으로 평가되지

◐ 상투를 자르는 모습
(왼쪽)
지방 사람들은 단발령 소식
을 접한 후 산골로 숨거나
서둘러 귀향했다. 강제로 상
투를 잘린 사람들은 상투를
주머니에 넣고 통곡하며 도
성을 떠나기도 했다.

◐ 머리를 짧게 자른 고종
고종이 조선인 최초로 단발
을 감행한 날, 김홍집 내각은
단발령을 발표했다. 위생적
이고 편리하다는 것이 당시
내세운 단발령의 근거였다.

요. 하지만 일본의 침략 의도가 반영되어 군제 개혁이나 토지 개
혁이 소홀히 다루어졌고 민중의 지지를 받지 못했다는 한계점도
지니고 있어요.

춘생문 사건, "연금된 고종을 구출하라!"

을미사변 이후 고종은 일본의 위협에 시달렸어요. 헐버트, 언더
우드 등 외국인 선교사에게 침전의 불침번을 서게 할 정도였지
요. 베베르, 알렌 등은 고종이 독살될 것을 우려해 음식을 만들어
오기도 했어요.

을미사변이 벌어진 지 얼마 되지 않아 고종도 명성 황후의 죽
음을 알게 되었고 50일 만에 공식 장례 절차에 들어갔어요.

미우나 고우나 국모였던 명성 황후를 지킬 수 없었던 백성은
크게 자존심이 상했습니다. 울분에 찬 이재순, 이도철 등 친왕파
는 이범진, 이완용 등 친러 · 친미파와 알렌, 베베르 등 외교관들
을 만나 "고종을 미국이나 러시아 공사관으로 탈출시키고 친일
내각을 무너뜨린다."라는 계획을 세웠어요.

1895년(고종 32년) 11월 28일 새벽, 군부 협판 이도철이 800여 명의 군인을 이끌고 건춘문으로 가서 입궐을 시도했어요. 문을 열어 주지 않자 삼청동을 거쳐 **춘생문**(경복궁 북쪽 후원의 문)으로 가서 담을 넘어 입궐하려 했으나 기다리고 있던 군부대신 어윤중에게 제압되었지요. 뜻을 같이하기로 약속했던 친위대 대대장 이진호가 어윤중에게 밀고했던 거예요.

이도철은 처형되었고 이재순, 안경순 등은 징역형을 받았어요. 이범진, 이완용 등 정동파는 외국 공관으로 몸을 피했지요.

일본 측은 "구미의 외교관들도 조선의 내정에 개입하고 있다." 라며 춘생문 사건을 빌미 삼아 미우라 등 명성 황후 시해 관련자들을 모두 석방했어요.

춘생문 사건이 성공했다면 아관 파천(俄館播遷)이 아닌 미관 파천(美館播遷)이 이루어졌을 것이고, 역사의 물줄기도 달라졌 겠지요.

❍ 집옥재 일원
(서울시 종로구)
집옥재는 아관 파천 전에 서재 겸 외국 사신 접견장으로 이용한 건물이다. 가운데 건물이 집옥재이고, 왼쪽 건물이 팔우정, 오른쪽 건물이 협길당이다. 집옥재 뒤편에는 춘생문이 있었다.

◔ 춘생문으로 추정되는 문
봄을 상징하는 동쪽에 있는
문이라는 뜻에서 이름이 유
래되었다. 탈출을 계획하던
당시 고종은 독살의 위험을
피하기 위해 달걀과 캔으로
된 연유 이외의 음식은 입에
대지 않았다고 한다.

을미의병 궐기를 틈타 아관으로 파천하다

베베르의 후임으로 스페에르가 러시아 공사로 부임했어요. 두 사람이 공사관에 함께 있을 때 조선 왕실과 **러시아 공사관** 사이에 긴밀한 협의가 오갔습니다. 춘생문 사건이 실패하자 해외로 탈출했던 친러파 이범진은 비밀리에 귀국해 이완용, 이윤용 등과 함께 러시아 공사관 측과 파천 계획을 모의했어요.

이들은 궁녀 김씨와 고종이 총애하던 엄 상궁(훗날 엄비)을 통해 고종에게 접근한 후 "대원군과 친일파가 고종의 폐위를 공모하고 있으니 왕실의 안전을 위해 잠시 러시아 공사관으로 파천하는 게 좋겠습니다."라고 제안했어요. 을미사변으로 불안에 떨고 있던 고종은 이들의 계획에 동의했지요.

왕실 측은 춘생문 사건의 실패를 거울삼아 조용히 탈출할 계획을 세웠어요. 한편, 고종은 을미사변과 단발령에 분개하던 유림에게 의병 궐기를 촉구하는 밀지를 보냈지요. 이에 유림이 호응해 최초의 대규모 항일 의병인 을미의병이 일어났어요.

⊙ 러시아 공사관
(서울시 중구)
개항기 때 지어진 조선 최초의 러시아 양식 건물이다. 역사적·건축사적 의미가 매우 크다. 4대문 안을 내려다볼 수 있는 이점이 있어 당시 랜드마크 역할을 했다.

김홍집 내각이 훈련대를 해산했고, 왕궁 경비를 위해 설치한
친위대가 의병을 진압하기 위해 한성을 떠났어요. 예상대로 궁
궐 수비가 소홀해졌지요. 러시아 본국은 베베르와 스페에르의
요청에 따라 2월 10일 공사관 보호를 구실로 인천에 정박 중이
던 러시아 군함의 수군 120여 명을 서울로 이동시켰어요. 2월 11
일 새벽, 왕과 왕세자가 극비리에 궁녀의 교자에 타고 경복궁 영
추문을 빠져나와 러시아 공사관으로 들어갔습니다. 러시아 군인
들은 바로 철통같은 경비에 돌입했어요.

당시에는 러시아를 '아라사'라고 불렀고 러시아 공사관을 '아
관'이라고 불렀으므로 이 사건을 '아관 파천'이라고 합니다. 공사
관은 우리나라에 설치되어 있더라도 국제법상 국가의 통치력이
미치지 않는 치외 법권 지역이에요. 따라서 고종이 러시아 공사
관에 머무른다는 것은 국제법상 러시아에 머무르는 것과 똑같은
것이지요.

고종은 러시아 공사관에서 내각 총리대신 김홍집, 내부대신
유길준, 농상공부 대신 정병하 등을 면직했어요. 고종이 아관으
로 파천한 사실을 알게 된 김홍집은 고종을 만나기 위해 급히 러

**○ 러시아 공사관의 옛 모습
(왼쪽)과 고종이 거처하던 방**
고종은 약 1년 동안 이곳에
머물렀다. 수발을 들던 러시
아인 손탁을 신임해 공사관
입구에 호텔을 지어 선물하
기도 했다. 손탁은 호텔 1층
에 식당 겸 커피숍을 열었는
데, 이것이 한국 최초의 커피
숍이 되었다.

시아 공사관으로 갔습니다. 김홍집이 고종을 만나지 못하고 돌아오다 순검(巡檢, 갑오개혁 때 신식 경찰 제도가 시행되면서 설치됨)에게 체포되자, 성난 군중이 김홍집을 발견하고는 에워쌌어요.

군중은 명성 황후 시해 사건과 친일 내각이 주도한 단발령에 반발해 분노가 극에 달해 있었습니다. 결국 총리대신 김홍집은 백성에게 맞아 죽었어요. 피신한 탁지부 대신 어윤중은 다음 날 지방에서 붙잡혀 살해되었지요. 체포 위기에 처한 유길준, 우범선 등은 혼란을 틈타 일본 공사관으로 피했다가 일본으로 망명했어요. 한동안 잠적했던 외부대신 김윤식도 체포되어 다음 해에 제주도로 유배를 갔지요.

고종은 김홍집 내각을 역적으로 규정했어요. 개혁은 모두 취소되었지요. 아관 파천으로 친일 내각은 무너지고, 총리대신 김병시, 궁내부 대신 이재순, 내부대신 박정양, 외부대신 이완용 등으로 구성된 친러·친미 내각이 들어섰습니다. 단발령을 폐지해 자유의사에 따르게 했고, 지방 제도를 구제도인 13도로 개편했어요.

또한 1896년 국세 조사를 목적으로 호구 조사 규칙을 반포해 호구 조사의 원칙과 목적을 분명히 했지요. 대한민국 정부는 호구 조사 규칙이 시행된 9월 1일을 통계의 날로 정해 기념하고 있어요.

고종은 춘생문 사건 관련자들을 석방하고 자신의 밀지에 따라 봉기한 의병들에게 해산을 명령했어요. 새 내각은 친일 정권하에서 일본식으로 개혁했던 '내각' 제도를 '의정부' 제로 되돌렸지요. 지지 기반을 상실한 일본은 독립 국가의 임금이 타국 공사관에 머무르는 것은 체면이 깎이는 일이라고 주장하며 고종의 조속한 **환궁**을 요청했습니다. 하지만 고종은 "불안과 공포가 도사리는 궁궐보다는 러시아 공사관이 더 안정감을 주니 당분간 환궁할 수 없다."라며 거절했어요.

외세 의존에 반발한 을미의병, 신분 갈등으로 무너지다

1895년 명성 황후 시해와 단발령에 분노한 유인석, 이소응 등 유생들이 항일 의병을 주도했어요. 동학 농민군의 잔여 세력과 농민들이 가담해 의병은 전국으로 확대되었지요.

의병으로 봉기했던 항일 의병장 심수택은 당시 상황에 관해 "개화란 본시 백성을 착하게 만들고 풍속을 이룬다는 뜻인데, 지금의 개화는 오랑캐를 끌어들여 우리 백성을 적들 앞에 굴복시키는 것이다."라고 말했어요. 이 말에는 제 힘으로 문제를 해결하지 않고 외세의 힘을 빌리려는 것 자체가 바로 외세의 침탈을 허용하는 것이라는 뜻이 담겨 있지요.

충청도 제천에서 궐기한 유인석 부대는 1896년 충주 전투를 벌여 일본군을 수차례 물리치고 충주성을 한 달 동안 점령하기도 했습니다. 평민 선봉장 김백선은 부하 500여 명을 이끌고 충주 전투에 참여해 일본군과 격전을 벌였어요.

3월 27일에는 가흥에 주둔하고 있던 일본군 수비대를 공격해 일본군 수십 명을 살상했지만, 본진에 요청한 원군이 오지 않아 끝내 패퇴했지요.

김백선은 원군을 보내지 않은 중군장 안승우에게 거세게 항의했어요. 이를 지켜본 유인석은 "평민이 양반에게 불경스러운 행동을 했다."라는 죄목으로 군율에 따라 처형했습니다. 김백선의 죽음으로 의병의 사기가 급격히 떨어져 결국 의병은 와해하고 말았어요. 김백선과 안승우의 다툼은 의병 내부에서 종종 발생하던 양반 유생과 평민·천민 간의 신분 갈등이 표출된 대표적인 사건으로 꼽힙니다.

강원도 춘천에서는 이항로의 문인 이소응이 의병 1,000여 명을 규합해 춘천부를 점거하고 관찰사 조인승을 처치했어요. 이후 이소응은 재정 문제로 병역 유지가 힘들어지자, 2월 17일 제천의 유인석 부대로 이적했지요.

김백선의 죽음 뒤에는 신분 갈등이라는 사회 문제가, 심수택의 주장 뒤에는 지도층의 외세 끌어들이기라는 정치 문제가 깔려 있었어요. 신분 갈등과 외세 의존은 조선의 앞길을 막고 있는 거대한 벽과도 같았지요.

을미의병의 항쟁은 아관 파천을 계기로 친일 정권이 무너지고 단발령이 철회되자 대부분 종식되었어요. 이때 해산한 농민 가운데 일부는 활빈당을 조직해 반봉건·반침략 투쟁을 계속 전개했지요. 활빈당은 『홍길동전』을 사상적 배경으로 삼고, 친일파 관리를 처단하거나 일본 상인의 재물을 빼앗아 빈민에게 나누어 주는 활동을 벌였어요. 1905년 이후 활빈당의 잔여 세력은 후기 의병에 합류했지요.

동학 농민 운동은 어떤 성격을 지니고 있나요?

동학 농민 운동은 농민층이 신분제 폐지 등 전통적 지배 체제에 반대했고, 외세의 침략을 자주적으로 물리치려 했다는 점에서 아래로부터의 반봉건적·반침략적 민족 운동이었습니다. 비록 당시의 집권 세력과 일본 침략 세력의 탄압으로 동학 농민 운동은 실패했지만, 농민의 개혁 요구는 갑오개혁에 일정 부분 반영되었어요. 또한 동학 농민군 가운데 일부는 을미의병에 가담해 항일 투쟁의 토대를 마련했습니다. 나아가 영학당, 활빈당 등 무장 결사를 조직해 투쟁을 계속했지요. 하지만 동학 농민 운동은 근대 국가 건설을 위한 구체적인 방안을 제시하지 못했고, 농민층 이외 계층의 광범위한 지지가 부족했다는 한계를 지니고 있습니다. 또한 한성 진격과 탐관오리 척결을 내걸었지만, 왕조 자체는 부정하지 않았으므로 철저한 반봉건은 아니었지요. 관점에 따라 동학란, 동학 농민 혁명, 갑오 농민 전쟁 등 여러 가지 명칭으로 불려온 동학 농민 운동은 정부군조차 막지 못해 외세의 힘을 빌려야 했을 정도로 혁명적인 사건이었어요. 이전의 민란들이 탐관오리 제거 정도에 그쳤던 것에 비해 동학 농민 운동은 농민군이 집강소를 설치해 직접 행정과 치안을 담당했고, 폐정 개혁안을 실천했다는 점에서 혁명적인 성격을 띠고 있지요. 제2차 봉기에서 농민군이 반외세·반침략을 명분으로 일본군과 싸웠다는 점에서는 전쟁의 성격을 띠고 있기도 합니다.

백산 봉기를 일으킨 전봉준과 농민군

23 고종실록 ④ |
독립 협회, 대한 제국 성립

독 립 협회는 원래 독립문 건설을 추진하던 단체였지만 반침략 운동을 전개하는 정치 단체로 발전했어요. 특히 다양한 토론회와 강연회를 열어 외세의 이권 침탈을 비판하며 민중의 자주독립 정신을 고취했지요. 을미사변 때 러시아 공사관으로 몸을 피했던 고종에게 국가의 위신을 거론하며 환궁을 요구하기도 했어요. 독립 협회의 환궁 촉구에 고종은 러시아 공사관에서 나올 수밖에 없었답니다. 궁으로 돌아온 고종은 대한 제국을 선포하고 자신을 황제라 칭했어요. 조선이 자주독립국임을 만천하에 알린 것이지요. 또한 광무개혁을 추진하고 식산흥업 정책을 시행하는 등 자주독립과 부국강병을 위해 노력했지만 뜻대로 되지 않았어요. 대한 제국의 운명은 러·일 전쟁의 승자인 일본의 손에 달려 있었습니다. 결국 일본은 을사늑약을 강제해 대한 제국의 외교권을 빼앗았어요.

- **1896년** 서재필, 이상재 등이 독립 협회를 창립하고 「독립신문」을 창간하다.
- **1897년** 고종이 경운궁으로 환궁해 대한 제국을 선포하고 황제 즉위식을 올리다.
- **1899년** 대한국 국제를 제정·공포해 대한 제국이 자주 독립국임을 천명하다.
- **1904년** 러·일 전쟁이 일어나고, 대한 제국과 일본 간에 한·일 의정서가 체결되다.
- **1905년** 일본과 을사늑약이 체결되고, 이에 분노한 민중이 을사의병을 일으키다.

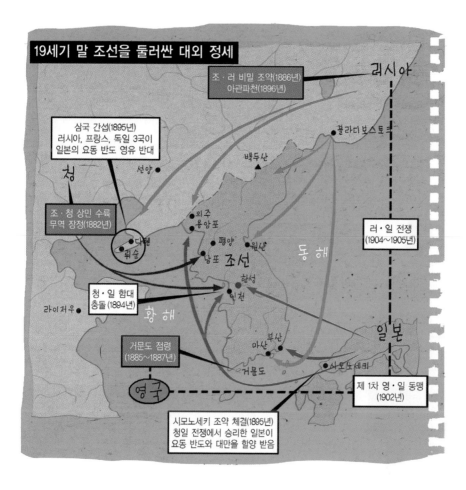

19세기 말 조선을 둘러싼 대외 정세

조·러 비밀 조약(1886년)
아관파천(1896년)

러시아

삼국 간섭(1895년)
러시아, 프랑스, 독일 3국이
일본의 요동 반도 영유 반대

청

블라디보스토크

백두산

선양

조·청 상민 수륙
무역 장정(1882년)

의주
용암포

다롄
뤼순

평양

원산

러·일 전쟁
(1904~1905년)

동해

남포

조선

청·일 함대
충돌(1894년)

한성

라이저우

황해

인천

거문도 점령
(1885~1887년)

마산

부산

일본

거문도

시모노세키

제1차 영·일 동맹
(1902년)

영국

시모노세키 조약 체결(1895년)
청일 전쟁에서 승리한 일본이
요동 반도와 대만을 할양 받음

1 독립 협회, 광무개혁

서재필, 독립 협회를 창립하다

아관 파천으로 일본의 간섭이 잠시 약해졌지만, 조선은 러시아의 내정 간섭과 이권 침탈에 시달리게 되었어요. 이런 상황에서 갑신정변의 주역이었던 서재필이 1895년(고종 32년) 12월에 귀국했습니다. **서재필**은 이미 미국 시민권자 필립 제이슨이 되어 있었어요. 고종은 외국인 서재필에게 관직을 내릴 수 없었으므로 중추원 고문직을 맡겼지요.

서재필은 갑신정변과 갑오개혁이 실패한 원인은 민중의 지지 기반이 없었기 때문이라고 판단했어요. 조정의 후원 아래 서재필은 1896년 4월 7일 **「독립신문」**을 창간해 민중 계몽 운동을 전개했습니다. 이어 고종에게 독립문 건립을 건의했지요. "청에 대한 사대의 상징인 **영은문** 자리에 자주독립의 상징인 **독립문**을 건립해 나라 안팎에 독립 의지를 널리 알리십시오. 뜻있는 이들이 협회를 조직해 백성으로부터 성금을 모으면 쉽게 일을 진행할 수 있을 것입니다." 고종은 흔쾌히 동의하며 "짐도 성금을 보태겠다."라고 호응했지요.

1896년 7월 개혁파 관료들을 중심으로 독립 협회가 창립되었습니다. 회장에는 안경수, 위원장에는 이완용, 고문에는 서재필이 선정되었어요. 모화관을 독립관으로 개칭하고 독립 협회의 본부로 삼았지요. 독립문 건립을 위해 기금을 내면 누구나 독립 협회 회원이 될 수 있었으므로 학생, 여성, 노동자, 상인, 농민 등 광범위한 사회 계층이 기금 마련에 참여했어요. 1897년 11월 20일 마침내 독립문이 완공되었습니다.

서재필은 아펜젤러가 세운 배재 학당에 나가 특강을 하면서 토론회를 조직했어요. 주요 시사 쟁

○ 서재필(1864~1951)
김옥균·박영효·홍영식·서광범과 함께 갑신정변을 일으켰다. 민중의 지지를 얻지 못해 갑신정변이 실패했다고 생각한 서재필은 신문이 계몽의 방법 중 하나라는 유길준의 조언에 따라 「독립신문」을 발간하고 독립 협회를 결성했다.

○○ 독립문과 영은문(서울시 서대문구)

1896년 독립 협회가 한국의 독립을 선언하기 위해 청의 사신을 영접하던 영은문 자리에 세웠다. 영은문은 모화관 앞에 세웠던 문으로, '영예로운 자를 맞이한다.'라는 뜻을 지니고 있다. 모화관은 중국 사신을 영접하던 곳이었는데, 기우제를 지내거나 국가 시험을 볼 때 사용하기도 했다. 한편 독립문은 파리의 개선문을 본떠 만들어졌고, 현판 아래에 대한 제국 황실을 상징하는 오얏꽃이 새겨져 있다. 독립문 앞 돌기둥 한 쌍은 허물고 남은 영은문의 주춧돌이다. 주춧돌은 사적 제33호로 지정되었다.

점에 관해 찬반 토론을 진행했는데, 참석자 모두 어
느 때보다 진지하게 토론에 임했지요. 고무된 서재필은 독립 협
회에서 토론회를 개최했고, 독립 협회 회원, 학생, 신진 관료 등
이 참여해 열띤 토론을 벌였어요.

독립 협회는 제국주의 열강의 간섭과 이권 침탈에 대항해 자
주독립, 자유 민권, 자강 혁신의 민족 운동을 전개했습니다. 자주
독립 운동은 열강의 침략 위기 속에서 자주권을 지키고 빼앗긴
이권을 되찾는 데 초점이 맞추어졌어요.

아관 파천 초기에 러시아는 조선 내각의 자율성을 보장했으
나, 1897년부터는 본격적으로 내정 간섭과 이권 침탈에 나섰습
니다. 러시아는 160명의 군사 교관을 파견하고, 재정 고문으로
알렉세예프를 보내 한 · 러 은행을 설치했어요. 또한 부산 앞바
다에 있는 절영도를 조차해 러시아 해군의 저탄소(貯炭所, 석탄이
나 숯 등을 보관하는 곳)로 사용하고자 했지요. 그러자 독립 협회
는 다양한 토론회와 강연회를 열어 외세의 이권 침탈을 비판하
며 이권 수호 운동을 벌였습니다. 이에 고무된 서재필은 반러 운
동을 대중적으로 확산하기 위해 종로에서 토론회를 벌이자고 제
안했어요.

경운궁으로 환궁한 고종, 대한 제국을 선포하다

고종이 궁궐을 떠나 러시아 공사관에 머무르면서 조선의 위상은 크게 손상되었어요. 정치적으로는 다른 나라의 간섭을 받았고, 경제적으로는 이권 침탈을 당했지요. 이에 따라 독립 협회를 중심으로 고종의 환궁을 요구하는 여론이 높아졌어요. 그러자 고종은 아관 파천 일 년 만인 1897년 2월에 경운궁으로 환궁했지요.

전 승지 이최영, 권달섭, 임상준 등이 "폐하의 덕으로 오늘날 자주독립의 시대를 맞이했으나 아직도 군왕의 지위에 머무르고 있나이다. 자주독립국에 걸맞게 국가의 위상을 높이려면 칭제만 한 것이 없사옵니다."라며 칭제 건원을 청했어요.

● 대한 제국 시기의 복식 (왼쪽)
대한 제국군의 군복은 일본군 군복을 본떠 제작했다. 일본군 군복은 프로이센, 러시아, 프랑스 군복의 영향을 받았다. 군복은 해외에서 수입하거나 부대 내에서 직접 제작했다.

● 서양식 군복을 입은 고종

⊙ 대한 제국 고종 황제 어새(국립고궁박물관)

어새는 황제의 의사를 표현하기 위한 도장이다. 국권이 위협당하는 상황
에서는 기밀 유출 방지가 필수적이었기 때문에 황제가 어새를 직접 가지
고 다녀야 했다. 고종 황제의 어새는 휴대하기 좋게 기존보다 작은 크기
로 제작되었다.

◈ 고종(1852~1919)

고종은 대한 제국의 초대 황제에 올랐다. 서구 열강의 침략과 강제적
인 문호 개방이 가속화되는 시기에 모진 수난과 시련을 겪었다.

❶ 황궁우와 환구단(서울시 중구)

고종은 하늘에 제사를 지내는 환구단(오른쪽 건물)을 건축해 황제 즉위식을 거행했다. 환구단은 일제에 의해 철거되었고, 현재 신위를 모신 부속 건물인 황궁우(왼쪽 건물)만 남아 있다. 위 사진이 지금의 황궁우이다.

고종은 처음에는 거부하다가 의정부 신하들이 몇 번이나 청하자 마지못해 따랐어요. 고종은 1897년 8월 연호를 광무로 고치고, 10월에는 국호를 대한 제국이라 선포했습니다. 1897년(고종 34년) 10월 12일 고종은 황제 즉위식을 치렀어요. 고종의 황제 즉위를 계기로 죽은 왕후에게 명성 황후라는 시호가 내려졌지요. 명성 황후는 1897년 11월 국장으로 홍릉에 안장되었어요.

고종이 대한 제국을 선포하고 자신을 황제라고 칭한 것은 조선이 중국과의 사대 관계에서 벗어났다는 것을 의미합니다. 대

한국 국제 제1조에도 "대한 제국은 세계 만국이 공인한 자주독
립 제국이다."라고 명시되어 있지요. 청은 청·일 전쟁에서 패배
해 우리나라에서 이미 세력을 상실한 상태였으므로 대한 제국
수립으로 청의 종주권을 부인한 것은 큰 의미가 없었을지도 모
릅니다. 하지만 일본과 러시아에 우리나라가 자주독립국임을 우
회적으로 내세울 수 있었지요.

　대한 제국 선포 이후 제정 러시아와 프랑스의 국가 원수가 직
접 축하했고, 영국·미국·독일 등도 승인 의사를 표시했어요.

◐ 만민 공동회

독립 협회가 1898년 3월 10일 개최한 만민 공동
회에는 만여 명의 시민이 참여했다. 독립 협회의
개혁적인 민중 운동을 우려한 정부에서는 반독립
협회 단체인 황국 협회를 조직했다.

◆ 만민 공동회에서 연설하고 있는 이상재
말솜씨가 뛰어났으며 언어유희에도 능했다고 전해진다. 당대 최
고의 독설가로 꼽히기도 했다. 만민 공동회 연설에서 러시아의
내정 간섭과 이권 침탈을 소리 높여 비난해 열띤 호응을 이끌어
냈다.

만민 공동회, 러시아의 이권 침탈을 저지하다

1898년(고종 35년) 3월 종로에 자주독립을 외치는 민중들이 모였습니다. 독립 협회가 만민 공동회를 주최한 것이었지요. 배재학당에 재학 중이던 독립 협회 청년 회원 이승만은 만민 공동회에서 러시아의 이권 침탈과 탐관오리들의 비행을 규탄하는 연설을 했어요. 군중은 이승만의 격정적인 연설에 열광했지요. 뜻밖에도 러시아는 순순히 군사 교련단과 재정 고문을 철수하고, 한·러 은행을 폐쇄했으며, 절영도를 조차하는 것도 없던 일로 했어요.

독립 협회는 아관 파천을 이끈 러시아에 대해서는 적극적으로 견제했지만, 미국·영국·일본에 대해서는 근대 문물을 받아들이기 위해 우호적인 태도를 보였습니다.

만민 공동회 이전에 민영환이 러시아 황제 대관식에 참석한 적이 있었어요. 그때 러시아 군사의 보호를 받고 싶다는 고종의

○ 정관헌(서울시 중구)
1900년 대한 제국 시절 고종이 다과를 들거나 연회를 열고 음악을 감상하기 위해 경운궁 안에 지은 회랑 건축물이다. 러시아 건축 기사 사바틴이 설계한 최초의 서양식 궁궐 건물이다.

뜻을 전달했지만 러시아는 소극적인 태도를 보였지요. 러시아가 조선에 개입하면 일본이나 영국이 반발해 자신들이 눈독 들이던 만주를 포기해야 하는 상황이 벌어질 수도 있다고 보았던 거예요. 러시아로서는 청으로부터 삼국 간섭의 대가로 얻은 동청 철도 부설권이 조선보다 더 중요했습니다. 사정이야 어찌 되었든 고종은 러시아와의 관계를 불편하게 만든 독립 협회가 못마땅했지요.

고종은 독립 협회의 요구대로 러시아 교관과 재정 고문을 해임하면서 중추원 고문 서재필도 해임했어요. 독립 협회 회원들의 만류에도 서재필은 미국으로 돌아갔지요. 조정의 관리들도 고종의 눈치를 보며 독립 협회와 거리를 두기 시작했어요.

한편, 독립 협회는 자주독립 운동과 더불어 국민의 신체와 재산권 보호, 언론·출판·집회·결사의 자유 등을 확보하려는 자유 민권 운동도 전개했습니다. 국민의 자유와 평등 및 국민 주권의 확립을 위해 민중에게 다양한 계몽 운동을 전개해 자유 민권 의식을 고취했지요.

김홍륙 독차 사건을 계기로 박정양 진보 내각이 수립되다

이완용이 독립 협회 제2대 회장에 선임되었으나 전라북도 관찰사로 부임되는 바람에 독립 협회에서 나오게 되었어요. 이어 윤치호가 제3대 회장에, **이상재**가 부회장에 뽑혔지요.

윤치호는 독립 협회를 백성의 의사를 대변할 수 있는 의회로 발전시키려고 했어요. 중추원이 의회 기능을 하기를 바랐던 윤치호는 뜻을 같이하는 600여 명의 독립 협회 회원들과 연명으로 상소를 올렸습니다.

동청 철도(東淸鐵道)
러시아는 청·일 전쟁에서 이긴 일본이 요동반도를 영유하는 것을 막은 대가로 1896년 러·청 밀약에 의해 치타~만주 북부~블라디보스토크에 이르는 동청 철도 부설권을 얻었다. 1898년 3월 러시아는 뤼순항과 다롄항 일대를 조차하고 하얼빈에서 다롄에 이르는 남만주 철도의 부설권도 얻어냈다. 하지만 러·일 전쟁에서 일본이 승리한 후 맺은 포츠머스 조약에 따라 장춘 이남의 남만주 철도는 일본의 소유가 되었다. 1918년 러시아 제국이 멸망하자 소련이 동청 철도의 이권을 계승했다.

"유럽 국가들은 전제 정치를 하면서도 상하 양원을 두어 민의를 반영하고 있으니, 뛰어난 사람들을 널리 구하시고 백성의 마음을 굽어살피시옵소서."

독립 협회는 더 나아가 각종 폐단을 일으킨 조병식이 의정부 참정에 제수되자 사퇴를 촉구하는 서신을 보냈고, 만민 공동회에서도 그의 잘못을 성토해 결국 조병식은 면직되었어요. 광산 개발과 화폐 주조의 폐단을 문제 삼아 황제의 비자금을 담당하던 이용익을 고등 재판소에 고발하기도 했지요.

독립 협회는 1898년에 이르러 전국에 4,000여 명의 회원을 가진 민중의 대표 기관으로 성장했습니다. 이에 국민 참정권을 확립하기 위해 의회 설립 운동을 본격적으로 전개했어요. 갈수록 독립 협회에 힘이 실리는 가운데 9월 12일 김홍륙 독차 사건이 터졌습니다.

김홍륙은 1894년(고종 31년) 이범진이 러시아 공사 베베르와 조·러 통상 조약을 체결할 때 통역관으로 활약했고, 러시아 공사관 인사들과의 친분에 힘입어 고속 출세했어요. 1898년 8월 러시아와 교섭하는 과정에서 사리를 취했다는 죄목으로 유배형에 처해졌지요. 앙심을 품은 김홍륙은 고종의 생일인 9월 12일(음력 7월 25일) 주방을 담당하던 공홍식에게 1,000냥의 뇌물을 주고 그를 매수했어요. 공홍식은 서양 요리를 하던 이종화에게 고종과 태자(훗날 순종)가 마시는 커피에 아편을 넣게 했습니다. 커피를 즐기던 고종은 냄새가 이상하다는 것을 느끼고 곧바로 뱉어 냈지만, 태자는 그냥 마시다가 실신했어요. 이 사건의 전모가 드러나자 조정은 김홍륙, 공홍식을 교수형에 처한 후 시신을 거리에 내다 버렸고, 성난 민중은 김홍륙의 시신을 난도질했습니다.

각국 공사는 비문명적인 처사에 항의했어요. 독립 협회는 "옛 법을 부활해 이웃 나라의 공분을 사게 한 자를 처벌하소서."라고 요구했지요. 독립 협회가 군중 시위를 주도하며 강력히 문제를 제기하자, 고종은 독립 협회의 요구대로 일곱 명의 신하를 모두 교체했어요.

새로 들어선 **박정양** 내각은 독립 협회 대표들과 중추원 관제 개편에 대해 논의했어요. 그 결과 국왕 자문 기구인 중추원을 근대적인 상원 형태로 편성하기로 결정했지요. 중추원 관원은 50명으로 하되 황제가 25명을 임명하고, 독립 협회 회원의 투표로 25명을 선출하기로 정했습니다. 우리나라 역사상 최초로 의회가 설립될 날이 머지않아 보였어요.

❍ 박정양(1841~1904)
갑오개혁과 김홍집 내각에 참여하는 등 개혁에 앞장섰고 젊은 개화파 인사들을 이끌었다. 조선 최초의 주미 대사로 워싱턴에 부임할 당시 클리블랜드 대통령에게 큰 절을 한 일이 화제가 되기도 했다.

박정양 내각, 만민 공동회에 참석하다

자신감을 얻은 독립 협회는 의정부 대신을 비롯해 전직 · 현직 관리들을 만민 공동회에 초대했어요. 다음 날 만민 공동회가 열렸지만 대신들은 고종의 눈치를 보며 참석하지 않았지요. 만민 공동회가 흩어질 기미를 보이지 않자, 고종은 마지못해 대신들의 참석을 허락했어요. 이렇게 해서 만민 공동회는 관민 공동회로 발전하게 되었습니다. 관민 공동회에서 백정 출신 박성춘은 백성을 '장대'로 임금을 '차일'로 비유하는 명연설을 해 열띤 호응을 얻었어요.

"나는 대한에서 가장 천한 사람이고 무지몰각합니다. 하지만 충군애국(忠君愛國)의 뜻은 대강 알고 있습니다. 이국편민(利國便民)의 길은 관민이 합심한 연후에야 가능하다고 생각합니다. 저 차일(遮日)에 비유하건대 한 개의 장대로 받치면 역부족이나, 많은 장대를 합하면 그 힘이 공고합니다. 원컨대 관민이 합심해 황제의 성덕에 보답하고, 국운이 만만세 이어지게 합시다."

관민 공동회는 1898년 10월 28일에서 11월 2일까지 6일간 종로에서 열렸습니다. 둘째 날인 10월 29일에는 '헌의 6조'라는 건의문을 채택하고 황제에게 헌의(獻議, 윗사람에게 의견을 아룀)했어요. 고종은 헌의 6조를 그대로 시행할 것을 약속하고, 중추원 관제를 제정 · 공포했습니다.

헌의 6조
1. 외국인에게 의지하지 말고 관민이 협력해 전제 황권을 공고히 할 것(→ 황제의 권한을 인정하는 범위 안에서 개혁 추진)
2. 정부와 외국과의 조약은 각 대신과 중추원 의장이 합동 날인해 시행할 것(→ 황제권 제한)

3. 국가 재정은 탁지부가 전담하고 예산과 결산을 인민에게 공포
할 것(→ 재정 일원화)

4. 중대한 범죄는 공판하되 피고의 인권을 존중할 것

5. 칙임관을 임명할 때는 정부에 그 뜻을 물어 중의에 따를 것
(→ 황제권 제한)

6. 정해진 규정을 실천할 것

독립 협회가 와해되고 '민본의 나라'는 물 건너가다

독립 협회의 탄핵으로 면직되었다가 얼마 후 찬정에 제수된 조
병식이 고종에게 독립 협회를 비방하는 익명서를 올렸어요.

"독립 협회가 11월 5일 대회를 열고 박정양을 대통령으로, 윤
치호를 부통령으로, 이상재를 내부대신으로 선출하고 공화정 체
제로 바꾸려 했나이다."

고종은 익명서가 어설픈 조작임을 알아차렸겠지만 이를 빌
미로 모든 협회 활동을 금했어요. 독립 협회에 할당된 중추원
의관(議官) 25명을 선출하던 날, 수많은 한성 사람들이 우리나
라 사상 최초의 국회의원 선거를 구경하기 위해 독립관으로 갈
채비를 차리고 있었어요. 이때 고종의 명에 따라 이상재 등 17
명의 지도자들이 경무청에 끌려갔어요. 개혁파 정부가 붕괴되
었다는 소식에 흥분한 민중이 경무청 앞으로 몰려들었어요. 어
느새 경무청 앞은 만민 공동회 대회장으로 바뀌었지요. 체포된
자들이 고등 재판소로 넘겨지자 만민 공동회도 따라와서 닷새
나 밤을 새우며 시위했어요. 고종은 이들을 석방할 수밖에 없
었어요.

연이은 만민 공동회의 시위에 고종은 "헌의 6조를 시행하고,
독립 협회를 재설치하겠으며, 익명서를 조작한 조병식 등 다섯

명을 체포하겠다."라고 말했어요. 하지만 곧 속임수임이 드러났습니다. 만민 공동회가 안심하고 있는 사이에 고종의 사주를 받은 길영수, 홍종우가 황국 협회 소속의 **보부상** 2,000여 명을 이끌고 와서 만민 공동회를 습격했거든요. 연일 계속되던 만민 공동회는 갑작스러운 보부상의 기습에 흩어지고 말았어요. 날이 밝자 분개한 민중들은 약속이나 한 듯이 몰려와 보부상들에게 돌멩이를 던졌어요. 이어 군중은 조병식, 홍종우, 길영수 등의 집도 부수어 버렸지요. 만민 공동회가 시위대 성격을 띠며 재개되자, 이번 사태에 책임이 있는 고종은 독립 협회와 시위 군중의 대표 200여 명을 궁궐 밖에서 만났어요. 고종은 "이전의 죄는 묻지 않겠으니 새롭게 출발하자."라고 대표들을 달랬어요. 독립 협회 측은 "독립 협회 재설치, 보부상 혁파, 조병식과 홍종우의 처벌"을 요구했지요.

고종은 "독립 협회 복설은 허용하겠으나 토론은 문명 진보에 관한 것에 한하고 정부 조치에 간섭하는 것은 허락할 수 없다."라고 못 박았어요. 또한 "보부상 조직은 이미 폐지하라는 명을 내렸으나 홍종우 등 세 명은 만민 공동회와 보부상이 서로 사이 좋게 지내라는 의미로 용서하는 게 좋겠다."라고 제안했습니다.

하지만 고종은 약속과는 달리 보부상 조직을 없애지 않았고, 조병식도 체포하지 않았어요. 독립 협회는 다시 만민 공동회를 열어 항의했지요. 고종은 군대를 동원해 독립 협회를 해산했어요. 고종은 12월 25일 민회의 11가지 죄를 거론하며 민중의 정치 활동을 금지했습니다. 헌의 6조는 실현되지 못한 채 폐지되었고, 진보 내각인 박정양 내각도 해산되었어요. 이후 독립 협회는 만민 공동회라는 이름으로 존속하다가 1898년 말 해산되었고, 대한 자강회와 대한 협회로 그 정신이 이어졌답니다.

만민 공동회를 관민 공동회까지 발전시킨 독립 협회는 의회를 설립하려는 단계에서 안타깝게 좌절하고 말았습니다. 황제 한 명을 위한 낡은 사고방식이 걸림돌이 되는 바람에 조선은 애써 만든 좋은 기회를 또다시 놓치고 말았지요. 일본은 메이지 유신을 이루었는데, 왜 우리는 못 했을까요? 최익현의 독립 협회 비판 상소에 그 해답이 있는지도 모릅니다.

"오늘날 무식한 무리를 불러 모은 민당이 패거리를 규합해 임금을 탓하고 정승을 능욕하고 있나이다. 이대로 가다가는 권세가 모두 백성에게 옮겨 가고 말 것입니다."

최익현의 말로만 판단하면 조선은 백성의 나라가 아니라 '왕과 사대부의 나라'였던 거예요.

❍ 보부상
봇짐장수인 보상과 등짐장수인 부상을 아우르는 말이다. 장을 옮겨 다녔으므로 전국적으로 강한 네트워크를 형성하고 있었다.

2 광무개혁
대한 제국, 점진적인 광무개혁을 시행하다

독립 협회가 해산된 후 대한 제국은 세 차례의 갑오개혁이 급진적이었다고 비판하며, '옛것을 근본으로 삼고 새것을 참고한다.'라는 구본신참(舊本新參)의 원칙에 따라 점진적인 광무개혁을 시행했습니다.

먼저 대한 제국은 1899년(고종 36년) 8월 황제 직속으로 법규 교정소라는 특별 입법 기구를 만들어 대한국 국제를 제정했어요. 대한국 국제에서 '대한 제국은 세계 만국이 공인한 자주독립 제국이고, 황제에게 모든 권한이 집중된 전제 군주 국가'임을 분명히 했지요.

1900년에는 군신의 복식을 서양식으로 바꾸었어요. 원수부를 설치해 황제가 중앙과 지방의 군대를 통솔하게 했고, 친위대(親衛隊, 훈련대를 고쳐 만든 서울 수비 군대)를 증강했지요. 시위대(侍衛隊, 왕의 호위를 위해 조직된 군대)를 다시 설치했고, 지방마다 진위대를 두었어요. 이로써 조선은 중앙군 만 명, 지방군 2만 명에 육박하는 상비군을 갖게 되었습니다. 국가 재정의 40%가 군을 유지하는 데 소요되었지요.

1898년에는 경운궁에 전화가 설치되었고, 한성 전기 회사가 설립되면서 전기가 들어오고 전차가 달리기 시작했어요. 궁궐에 전화를 설치한 주목적은 고종의 명을 정부 부처에 전달하는 것이었어요. 전화를 받는 사람은 면전에서 상대방을 대하듯이 격식을 갖춘 후에 전화를 받았다고 합니다. 고종의 전화를 받을 때는 사모관대를 갖추고 네 번의

⊙ 초창기의 전화 교환원
1896년 궁 안에 자석식 교환기가 설치되면서 전화 통화가 가능해졌다. 왕의 목소리를 전해 주는 전화기는 왕의 분신과 같은 존재로 여겨졌다.

◆ 대한 제국의 군인들
대한 제국군은 황제를 지키는 친위군이
었다. 훈련 무기는 모두 외국에서 수입
했다. 총기와 탄약을 제작하기 위해 포
공국을 설치하고 제조 설비를 수입했지
만 실적을 내기는 어려운 상황이었다.

큰절을 올린 후에 무릎을 꿇고 수화기를 귀에 가져다 댔다고 해요.

1899년에는 **경인선**이 개통되었습니다. 하지만 개통식에는 태극기 대신 일장기와 성조기가 펄럭였어요. 일본의 기술과 자본으로 건설된 철로 위를 미국이 만든 증기 기관차가 달렸기 때문이지요.

고종은 권력 유지를 위한 자금을 확보하기 위해 궁내부에 내장원을 두어 황실 자금을 관리하게 했어요. 내장원 자본의 절반은 황실의 권위를 세우기 위한 축하연 등에 쓰였지요. 내장원경 **이용익**은 명성 황후가 충주로 피난했을 때 궁궐과의 연락을 담당해 왕실의 신임을 얻은 인물이었습니다.

이용익은 1902년 탁지부 대신이 되어 화폐 개혁을 단행했어요. 전환국장을 겸할 때 국가 재정을 충당하기 위해 **백동화**를 대량으로 발행했지요. 1900년에 공포된 개정 화폐 조례에 따라 적동화는 1전, 백동화는 5전의 가치가 있었으므로 황실은 많은 이득을 남길 수 있었어요. 황실 자금 확보를 위해 인삼을 황실 전매 사업화해 막대한 이익을 얻었고, 광산과 철도 등의 개발권을 넘기는 대가도 단단히 챙겼어요. 내장원은 각종 사업으로 재정을 확보했지만, 정작 탁지부는 재정이 빈약해 신하들의 월급을 지급하기에도 빠듯했어요. 백성의 생활은 내장원의 잡세로 말미암아 더욱 어려워졌어요.

○ 백동화

개항 이후 만성적인 적자에 시달리던 정부는 재정 문제를 해결하기 위해 백동화를 만들어 유통했다. 면허세를 납부한 민간인도 주조할 수 있도록 한 탓에 엄청난 양의 불법 백동화가 유통되면서 심각한 인플레이션이 발생했다.

강력한 황제권을 바탕으로 어느 정도 자금을 확보한 고종은 상공업 진흥을 위해 식산흥업(산업 진흥) 정책을 시행했어요. 일본 자본을 막고 대한 제국의 상권을 보호하기 위해 다양한 노력을 기울이기도 했지요. 근대적인 공장과 회사를 세웠고, 새로운 기술자와 경영인 양성을 위해 상공 학교, 광무 학교 등의 실업 학교와 의학교도 설립했어요. 근대적인 산업 기술을 습득하기 위해 해외에 유학생을 파견하기도 했지요. 그러나 식산흥업 정책은 기술 부족, 자본주의 경영에 대한 이해 부족 등으로 제대로 효과를 내지는 못했어요.

미국인 측량 기사를 초빙해 전국적으로 양전 사업을 시행하고, 강원도와 충청남도 일대에 **지계**라는 토지 소유권 증서도 발급했습니다. 이로써 근대적 토지 소유권이 확립되고, 국가 재정 개선의 토대가 마련되었지요.

○ 지계

대한 제국은 토지 제도의 근대적 개혁을 위해 양지아문을 설치하고 토지 조사 사업을 시작했다. 토지의 소유권을 인정하는 문서가 필요해지자 양지아문을 지계아문으로 바꾸고 지계를 발행했다.

광무개혁은 갑오개혁기의 정책을 대체로 계승했지만, 황실과 황제의 측근 세력 중심으로 추진되었어요. 따라서 민권보다는 국권이 우선시되었지요. 짧은 기간에 국방·산업·교육 측면에서 적지 않은 성과를 거두었지만, 집권층의 보수적 성향과 열강의 간섭으로 큰 성과를 거두지는 못했어요. 특히 정부 고관의 외세 의존적인 태도로 말미암아 외국 열강에 의해 이권을 침탈당하는 결과가 초래되었습니다.

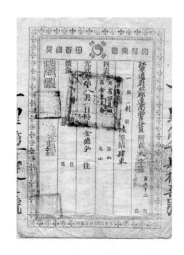

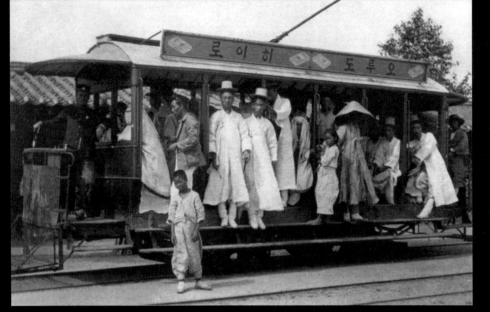

◆ 1919년 남대문 전차 대기소
빠르고 편리한 전차는 시민들에게 인기를 끌었다. 전차를 타 보기 위해 지방에서 상경하는 사람도 많았다. 생업을 잊고 전차만 타다가 파산한 사람이 속출했다는 이야기도 전해진다.

◆ 전차 381호(서울역사박물관)
1930년경 일본에서 수입해 1968년 11월까지 약 38년간 서울 시내를 운행한 전차이다. 현재 서울역사박물관 앞에 전시 중이다.

◆ **보신각 앞 전차**

서울은 아시아에서 교토에
이어 두 번째로 전차가 다니
기 시작한 도시였다. 당시 전
차는 별도의 정류장을 두지
않고 타거나 내리려는 승객
이 있는 곳에 멈췄다.

◆ 전차 381호 내부(서울역사박물관)

3 러·일 전쟁, 영토 문제

러·일 전쟁, 조선의 운명을 좌우하다

러시아는 삼국 간섭의 대가로 1896년 치타~블라디보스토크 노선인 동청 철도에 이어 1898년 하얼빈~뤼순 노선인 남만주 철도 부설권을 획득했어요.

1899년에는 서양 세력에 대한 반발로 청에서 의화단 운동이 일어나 전역으로 확산되었어요. 1900년 의화단 세력이 베이징에 육박하자 러시아는 서양 세력의 일원으로 적극 진압에 나섰습니다.

의화단 봉기가 만주로 확산하면서 동청 철도까지 파괴되자, 러시아는 난이 진압된 이후에도 만주에서 군대를 철수하지 않았어요. 1902년 1월 영국과 일본은 영·일 동맹을 맺어 러시아에 철병 압력을 가했습니다. 러시아는 청과 만주 철병에 관한 협정을 맺고 1차 철병을 했으나, 2차 철병이 예정된 때에는 오히려 봉천성 남부와 지린성 전역을 점령해 버렸어요.

1903년 4월에는 러시아가 압록강 상류의 삼림 벌채권을 확보하고 종업원들을 보호한다는 구실로 **용암포**를 점령했어요. 7월

○ 용암포
국경 지대에 위치한 작은 어촌 마을이었다. 수심이 깊어 큰 배가 드나들 수 있고 압록강을 접하고 있어 강물을 이용할 수 있다는 장점이 있었다.

에는 용암포를 강제로 조차했지요. 용암포 조차 사건은 한반도에서 각축을 벌이던 러시아와 일본의 대립을 격화해 러·일 전쟁이 일어나는 계기가 되었어요.

의화단 봉기를 계기로 대립하던 일본과 러시아는 협상에 들어갔습니다. 일본은 "러시아가 만주에서의 우월한 권리를 갖는 대신, 대한 제국은 일본 관할로 두어야 한다."라고 제안했어요. 하지만 러시아는 "북위 39도 이북 지역은 중립화해야 한다."라고 맞섰지요. 결국 협상은 결렬되었어요. 하지만 러시아로서는 믿는 구석이 있었습니다. 동청 철도와 남만주 철도가 완성되었으므로 이제 시베리아 횡단 철도만 연결되면 병력과 물자를 만주까지 실어 나를 수 있었으니까요.

하지만 그때까지 넋 놓고 있을 일본이 아니었어요. 육군 병력만 120만 명에 달하는 일본은 러시아와의 일전을 벼르고 있었습

○ 바락함과 카레이크함
1904년 러·일 전쟁 당시 인천 앞바다에 침몰했다. 바락함 선원들을 영웅으로 기억하는 러시아인들에게 인천은 성지와 같은 곳으로 받아들여지고 있다. 2005년에는 바락함를 위한 추모비가 세워지기도 했다.

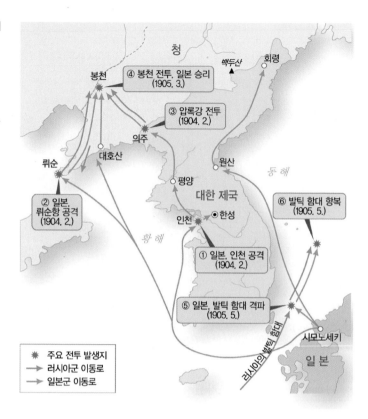

니다. 영국과 미국의 지원도 이미 약속받은 상태였지요.

러 · 일 전쟁의 기운이 감돌자 1904년 1월 대한 제국은 즉각
중립을 선언했어요. 하지만 대한 제국은 또다시 열강의 전쟁터
가 되어 외국 군대에 짓밟히게 되었지요. 1904년 2월 8일 밤, 일
본 해군은 뤼순항에 정박해 있던 러시아 함선들에 선제공격을
감행했어요. 2월 9일에는 제물포 앞바다에서 러시아 함대를 격
침한 후 선전 포고를 했지요. 제물포 해전 당시 러시아의 **바략호**
는 항복하지 않고 자폭의 길을 택했는데, 폭발음이 제물포 일대
를 뒤흔들었다고 합니다.

일본은 러 · 일 전쟁이 시작되자마자 대한 제국의 중립 선언을
무시하고 1904년 2월 한 · 일 의정서 체결을 강요했습니다. 주목

해야 할 조항은 대한 제국 영토를 군사 용지로 활용한다는 4조와 상호 승인 없이 타국과의 조약 체결을 금지하는 5조예요.

1904년 5월 31일 일본은 대한 제국으로부터 획득한 이권을 강화하기 위해 대한 시설 강령을 작성했어요. 대한 시설 강령은 대한 제국을 식민지화하기 위한 구체적인 방침이 담겨 있는 일본 내각의 문서랍니다. 일본은 대한 시설 강령에 근거하여 조선의 국유지는 무상으로, 사유지는 헐값으로 확보했습니다. 철도 부지와 군용지 확보를 위한 조치였지요. 일본은 러 · 일 전쟁을 효과적으로 수행하기 위해 전쟁 중에 경부선을 완공했어요. 1905년 1월 1일부터 영업을 시작했지요. 경의선 건설도 빠르게 진행되고 있었어요.

러 · 일 전쟁에서 승기를 잡은 일본은 1904년 8월 제1차 한 · 일 협약 체결을 강요했습니다. 일본인과 외국인 각 한 명을 재정 및 외교 고문으로 초빙한다는 내용에 따라 재정 분야에는 일본인 메가타가, 외교 분야에는 미국인 스티븐스가 고문으로 임명되었어요.

❍ 인천에 상륙하는 일본군 선발대의 모습
대한 제국은 러·일 전쟁 발발 전 중립국임을 선언했지만 일본은 이를 무시하고 군대를 투입했다. 일본군 선발대는 인천에 상륙한 후 서울로 이동해 대한 제국을 제압하고 유리한 전략 체제를 확립했다.

1905년 1월 일본은 해상을 봉쇄한 후 육지로부터 포위해 들어가 힘들게 뤼순항을 장악했어요. 3월 봉천 전투에서도 승리한 일본은 5월에 대마도 앞바다에서 러시아의 발트 함대를 격파하면서 승리를 굳혔습니다.

일본의 한 아사히 신문 기자가 러시아 발트 함대를 궤멸한 일본 사령관 도고 헤이하치로에게 "당신은 영국의 넬슨, 조선의 이순신과 함께 군신(軍神)"이라고 치켜세웠어요. 그러자 도고는 다음과 같이 대답했다고 합니다.

"내가 발트 함대를 무찌른 것은 300년 전 우리 수군을 물리친 이순신의 학익진(鶴翼陣, 학이 날개를 편 듯이 치는 진으로 적을 둘러싸기에 편리한 진형) 전법을 배웠기 때문에 가능했다. 이순신과 비교한다면 나는 그저 하사관에 불과하다. 넬슨이나 나는 국가의 전폭적인 뒷받침을 받으며 결전에 임했지만 이순신은 그런 지원 없이 전략으로 홀로 싸워 이겼으니 이 세상에 군신은 이순신밖에 없다."

러 · 일 전쟁에서도 승리한 일본은 미국의 주선으로 1905년 9월 포츠머스 조약을 체결하고, 국제 사회로부터 한반도에 대한 독점적 지배권을 승인받았어요. 또한 일본은 '러시아군의 만주 철수, 요동반도 조차권 및 남만주 철도 지배권 양도, 사할린 남부 할양' 등의 이권을 얻어 냈지요. 일본의 러 · 일 전쟁 승리는 대한 제국 국권 침탈과 중국 침략이 본격화되었음을 의미합니다.

러·일 전쟁 중에 일본이 독도를 불법 편입하다

독도는 울릉도의 부속 섬이에요. 삼국 시대부터 우리나라의 고유 영토였지요. 『삼국사기』 신라본기에는 "지증왕 13년 이찬 이사부가 우산국을 정벌해 복속했다."라는 기록이 있는데, 여기서 우산국은 울릉도와 우산도(독도)를 함께 가리키는 말이에요.

독도가 우리 영토였다는 사실은 각종 지도나 기록을 통해 확인할 수 있습니다. 『세종실록지리지』에는 "현(울진현)의 정동 쪽에 있는 우산(독도)과 무릉(울릉도)은 거리가 멀지 않아 날씨가 청명하면 가히 바라볼 수 있다."라는 기록이 있어요. 16세기 『신증동국여지승람』의 팔도총도에는 독도가 그려져 있습니다. 심지어 일본의 옛 지도에도 독도가 조선 땅으로 표시되어 있지요.

조선 태종 때 쇄환 정책을 취한 이후 일본 어민들이 자주 이곳을 침입했습니다. 우리가 울릉도를 비워 둔 틈을 타 일본 어민들이 울릉도와 독도까지 와서 고기를 잡아갔던 거예요. 숙종 때 안용복의 활약이 있었지만, 19세기 중엽에도 일본 어민들의 불법

❍ 독도 전경

동도와 서도, 크고 작은 96개의 부속도서로 이루어져 있다. 한류와 난류가 만나는 천혜의 어장인 독도에는 다른 지역에서는 찾아보기 힘든 생물들이 서식하고 있다. 바다사자의 아종인 강치의 주 서식지이기도 했다. 하지만 일본인들의 남획으로 멸종되고 말았다.

어로 행위가 잦았어요. 조선 정부는 이에 항의하고 울릉도 및 부속 도서에 대한 쇄환 정책을 중단했지요.

고종은 1882년 울릉도 개척령을 발표해 관리를 파견하고 주민을 이주했습니다. 19세기 후반에는 일본도 독도를 우리 영토로 인정했어요. 1877년 일본 메이지 시대 최고 행정 기관인 태정관의 문서에는 "울릉도와 독도는 일본과 관계없다."라고 기록되어 있지요.

○ 태정관 지령
울릉도와 독도가 일본과 관계가 없다고 밝힌 메이지 시대 최고 행정 기관 태정관의 지령이다.

일본인의 조선 근해 조업이 활발해지자 대한 제국은 1900년 칙령 제41호를 반포해 울릉도를 울도군으로 승격하고 독도를 울도군 안에 포함했습니다. 대한 제국은 칙령 제41호를 중앙 관보에 게재해 독도가 대한 제국의 고유 영토임을 세계에 공표했어요. 대한 제국 시기의 울도군 절목(시행 세칙)에는 울도군(울릉군)이 독도에서 강치(독도에 서식하던 물갯과의 바다짐승)잡이를 하던 일본 어부들에게 세금을 부과한 사실도 기록되어 있지요.

1904년 일본의 강요로 체결한 한·일 의정서에는 일본이 러·일 전쟁을 수행하는 데 필요로 하는 한국 영토를 자유롭게 사용하도록 허락한다는 내용이 담겨 있었습니다. 이에 따라 일본은 동해에서 러시아와 해전을 앞둔 상황에서 독도의 군사적 가치를 고려해 독도를 강탈했습니다. 독도를 다케시마(죽도)라 명명하고 1905년 2월 2일부터 자국의 시마네현 오키시마에 편입시킨 거예요.

이승만 정부의 인접 해양의 주권에 관한 대통령 선언 발표 후 독도를 둘러싼 일본과의 영토 분쟁이 시작되었습니다. 한국은 국내외 및 일본 측 사료를 근거로 내세우며 독도가 우리 영토라고 주장했어요. 일본은 1905년의 시마네현 고시 제40호, 즉 "독도는 주인이 없는 땅이므로 일본 시마네현 소속의 도서로 편입한다."라는 조항에 근거해 독도 영유권을 주장하고 있어요. 하지만 당시 관보 및 일간지에 게재되지 않았으므로 국내외적으로 법적 효력을 가지지 못합니다.

　오늘날 국제 사회에서 영토 문제는 과거의 역사보다는 실효적 지배에 대체로 무게를 두고 있어요. 독도 수비대가 독도를 점거한 이후 우리가 실효적으로 독도를 지배하고 있지요. 물론 역사적으로도 독도는 명백히 우리 땅이에요. 일본이 과거에 일시적으로 어업 활동을 하고 불법 편입을 했다고 해서 일본의 땅이 될 수는 없지요. 일본의 독도 영유권 주장에 대해서는 역사를 바탕으로 하여 현재 시점에서 냉엄하게 대응하는 것이 필요합니다.

○ 삼국접양지도

1785년 일본의 하야시 시헤이가 그린 지도이다. 울릉도와 독도가 조선의 영토를 나타내는 노란색으로 채색되어 있을 뿐 아니라 '조선의 것'이라고 기록되어 있다.

○ 독도를 한국 땅으로 표기한 근대 일본 교과서

1887년 일본에서 발행된 신천지지(新撰地誌) 지리 교과서이다. 본문 지도에는 국가의 영토 주권이 미치는 영역이 빗금으로 표시되어 있다. 울릉도와 독도가 조선의 영토 주권이 미치는 곳에 포함되어 있는 것을 확인할 수 있다.

일본이 불법으로 간도 협약을 체결하다

조선과 청은 두 나라 사이의 국경을 확정하기 위해 1712년(숙종 38년) **백두산정계비**를 세웠습니다. 19세기 세도 정치에 신음하던 조선 농민들이 아무도 거주하지 않는 **간도**로 이주해 황무지를 개간하며 정착했어요. 그런데 1882년 청이 뒤늦게 간도를 다시 개간한다면서 우리 민족에게 떠날 것을 요구해 왔어요.

조선과 청 사이에서는 백두산정계비의 비문 해석을 둘러싸고 논쟁이 벌어졌어요. 서쪽으로는 압록강, 동쪽으로는 토문강을 경계로 한다는 내용에서 서쪽 경계인 압록강을 두고는 이견이 없었는데, 문제는 토문강의 위치였습니다. 대한 제국에서는 이를 만주 북부의 쑹화강 상류라고 해석했고, 청에서는 두만강이라고 해석했어요.

대한 제국은 간도 문제에 적극적으로 대응했어요. 조선 정부는 이중하를 보내 "백두산정계비의 비문에 경계로 되어 있는 토문강이 쑹화강의 상류이므로 간도는 우리 영토"라고

⊙ 함북에 포함된 간도
대한 제국이 발간한 대한신지지부지도(1907)의 대한 전도에는 간도의 일부가 함북에 포함되어 있다.

⊙ 백두산정계비
백두산 장군봉과 대연지봉 사이 해발 2,150m의 고지에 위치했다. 백두산 천지에서 동쪽으로 약 4km 떨어져 있는 곳이다. 만주사변 직후 일제에 의해 철거돼 지금은 모습을 찾아볼 수 없다.

주장하고, 어윤중을 서북 경략사로 임명해 이에 대처하도록 했어요. 1897년과 1898년에는 간도 현지를 답사하고 간도가 우리 영토임을 재차 확인했지요.

1900년에 청의 약세를 틈타 러시아가 간도를 점령했습니다. 그러자 조선 정부는 1902년 이범윤을 간도에 파견해 주민들을 안정시키고, 이듬해에 그를 다시 간도 관리사로 임명하여 간도를 함경도의 행정 구역에 포함한 후 이를 청에 통고했어요.

러·일 전쟁에서 승리한 일본은 여세를 몰아 을사늑약을 강요해 대한 제국을 보호국으로 삼았습니다. 일본은 내정 간섭을 위해 한성에 통감부를 설치한 후 간도에 통감부의 파출소를 두었어요. 이는 사실상 간도가 대한 제국의 영토라는 주장을 인정하는 것이었습니다. 이어 일본은 간도 출장소를 설치했어요.

간도 파출소가 편찬한 '한·청 국경 문제의 연혁'이라는 문서를 통해 일본은 '토문강이 쑹화강 상류로서 두만강과 관계없으며, 두만강이 결코 천연의 국경선일 수 없다.'라고 여러 조항에 걸쳐 논증하고 있습니다. 간도 출장소에 소장으로 취임한 일본

○ 간도의 한국인 부락
어지러운 국내 상황에서 벗어나고자 조선 말기 간도로 이주하는 사람이 늘어났다. 간도로 이주한 사람들은 척박한 땅을 개척해 농경지로 만들었다.

인 사이토는 "간도를 한국의 영토로 간주하고 행동할 것"을 분명히 했어요. 이어 통감부는 1909년 청에 "간도는 한국 영토의 일부이기에 간도 거주 한국인은 청 정부에 대한 납세 의무가 없다."라는 사실을 알렸지요.

그러나 일본은 1909년 청과 간도 협약을 체결해 남만주 지역의 철도 부설권과 푸순(무순) 탄광 채굴권을 얻는 대가로 간도를 청의 영토로 인정했어요.

일본이 을사늑약으로 대한 제국의 외교권을 박탈한 상태였으므로 일본이 적법 행위를 한 것처럼 보입니다. 하지만 을사늑약의 최종 비준권자인 고종은 "짐이 비준하지 않았으므로 을사늑약은 국제법상 원천적으로 무효"라고 선언했어요. 따라서 을사늑약을 근거로 맺은 간도 협약도 무효가 되는 셈이지요.

4 을사늑약, 의혈 투쟁, 의병 운동

루스벨트의 딸, 홍릉의 석상에 올라타다

1905년 9월 미국의 유력 정치인들과 루스벨트 대통령의 딸인 **앨리스 루스벨트**가 대한 제국을 방문했습니다. 당시 앨리스 루스벨트는 앨리스 공주라고 불릴 정도로 사교계의 꽃이었어요. 그녀가 일본을 방문했을 때에는 천황이 직접 알현했고, 청을 방문했을 때에는 서태후가 직접 만났을 정도였지요.

앨리스가 대한 제국을 방문하자 조정에서는 황실 가마를 배정했고, 한성의 모든 집에 성조기를 게양하게 했습니다. 그런데 앨리스가 명성 황후의 무덤인 **홍릉**을 방문했을 때 문제가 생겼어요. 대한 제국 의전 담당이었던 독일 여성 엠마 크뢰벨은 자서전인『내가 어떻게 조선의 궁정에 들어가게 되었는가』에서 충격적인 내용을 소개했습니다.

❍ 앨리스 루즈벨트
(1884~1980)

괴팍한 성격과 독설로 유명했다. 아버지인 루스벨트는 공개적으로 '나는 나라를 통치하든지, 아니면 딸을 단속하든지 둘 중의 한 가지 밖에 할 수 없다. 이 두 가지를 같이 하는 것은 불가능하다.' 라고 말할 정도였다.

우리가 도착한 지 얼마 되지 않아 먼지가 이는 속에서 한 여성이 위세 당당하게 말을 타고 나타났다. 그녀는 승마복을 입고 있었고 승마용 채찍을 한 손에 들고 입에는 시가를 물고 있었다. 바로 미스 앨리스 루스벨트였다. 그녀는 무덤을 수호하고 있는 동물 석상에 관심을 가졌다. 특히 말 석상이 그녀의 눈길을 끌었다. 앨리스는 재빨리 말에서 내려 순식간에 말 석상에 올라탔다. 그토록 신성한 곳에서 그토록 무례한 짓을 저지른 것은 한국 외교사에서 찾아볼 수 없는 일이다. 그러나 앨리스는 자신이 무슨 짓을 저질렀는지도 모르는 듯했다.

앨리스는 고종이 보는 앞에서 외교 사절이 해서는 안 될 행동을 한 거예요. 1934년에 앨리스는 자서전에서 한국에 대해 다음과 같이 표현했습니다.

한국은 원하지는 않았으나 일본의 손아귀에 끌려 들어가고 있었다. 황제와 마지막 황제가 될 그의 아들(순종)은 우리 공사관 곁에 있던 궁전에서 내밀한 삶을 이어 가고 있었다. 우리가 도착한 지 며칠 후 그 궁전(경운궁)의 유럽식 건물에서 점심을 같이했다. 음식은 한국식이었는데, 황실 문장으로 장식된 그릇에 담겨 있었다. 내가 사용한 그릇들을 나에게 선물로 주었다. 내가 궁전을 떠날 때 황제와 그의 아들은 나에게 자신들의 사진을 주었다. 그 두 사람은 애처롭고 둔감한 인물들이었으며 황제와 황태자로서의 존재도 이제 얼마 남지 않은 상태였다.

◐ 석상에 올라탄 앨리스
앨리스의 남편 롱워스는 앨리스가 홍릉의 석상에 올라탄 사건은 사실이 아니라며 반박했다. 하지만 당시 미국 공사관 서기였던 윌러드 스트레이트가 코넬대학교 도서관에 남긴 사진이 발견되면서 사실로 밝혀졌다.

◐ 홍릉 석물
다른 능에서는 찾아보기 힘든 다양한 동물 일곱 마리가 문관, 무관과 함께 양쪽으로 늘어서 있다. 낙타, 기린, 코끼리 등 다소 낯선 동물은 황제릉 양식에 따라 조성하는 과정에서 놓인 것으로 보인다.

앨리스는 순종이 마지막 황제가 될 것이라는 사실을 알고 있었습니다. 어떻게 알았을까요?

1905년 앨리스가 아시아를 순방했을 때 일본에서 미국과 일본이 맺은 조약과 관련이 있습니다. 앨리스의 순방 일행 중에 **윌리엄 태프트**가 있었어요. 태프트는 당시 육군 장관이었지요. 태프트는 1905년 7월 일본 총리 **가쓰라 다로**를 만나 '미국의 필리핀 영유권을 인정받는 대가로 일본의 한반도 영유권을 인정한다.'라는 내용의 가쓰라 · 태프트 밀약을 맺었습니다.

이 밀약은 '제3국이 조약을 체결한 어느 한 국가에 대해 모욕적인 행위를 하게 되면 반드시 서로 돕는다.'라는 조 · 미 수호 통상 조약 제1조를 명백히 위반한 것이에요. 이렇듯 미국과 일본 사이에 비밀리에 협약이 맺어질 때 대한 제국은 온갖 모욕을 참으면서 미국 순방단을 극진히 대접했어요. 앨리스가 말 석상에 올라탄 사건은 결국 을사늑약의 신호탄이었던 것이지요.

❶ 가쓰라 다로
(왼쪽, 1848~1913)
일본의 군비 확장과 대외 세력 확대를 위해 힘썼다. 군인 출신으로 총리에 올랐다. 총리가 되면 군인 신분을 내려 놓는 것이 일반적이었으나 군인 신분을 계속 유지했다.

❷ 윌리엄 태프트
(1857~1930)
루스벨트 대통령의 보좌관이었다. 특사 자격으로 가쓰라·태프트 밀약을 맺었다. 루스벨트의 뒤를 이어 미국 제27대 대통령이 되었다.

이토 히로부미, 을사늑약을 강요하다

러·일 전쟁에서 일본의 승리는 확실해졌어요. 러시아의 남하를 저지할 아시아 동반자가 필요했던 영국과 아시아 침략의 교두보가 필요했던 미국은 일본과 손을 잡았지요. 1905년 8월 제2차 영·일 동맹을 체결해 영국은 일본의 한국 지배를 인정해 주고, 일본은 영국의 인도 지배를 옹호했어요. 1905년 9월에는 러·일 전쟁에서 승리한 일본이 러시아와 포츠머스 조약을 체결해 국제 사회로부터 한반도에 대한 독점적 지배권을 승인받았습니다. 사전 준비를 끝낸 일본은 대한 제국을 보호국으로 만들기 위해 **이토 히로부미**를 파견했어요.

⊙ 이토 히로부미
(1841~1909)
전봉준의 동학 농민 운동을 계기로 조선의 내정에 간섭하기 시작했다. 을사늑약 체결로 조선 통감부가 설치된 후 초대 통감에 취임했다. 1909년 안중근이 하얼빈 역에서 쏜 총을 맞고 사망했다.

1905년 11월 10일 일본에서 특별 파견한 대사 자격으로 이토 히로부미는 **중명전**에서 고종을 만나 천황의 친서를 바쳤어요. "동양 평화를 유지하기 위해 대사를 특파하노니 대사의 지휘에 따라 조처하기 바라오." 이토 히로부미의 지휘에 따르라는 말은 자주국의 황제로서 받아들일 수 없는 일이었지요.

11월 17일 일본 공사는 대한 제국의 각부 대신들을 일본 공사관으로 불러들여 한·일 협약안을 승인하라고 협박했어요. 아침부터 오후 3시가 넘도록 협박과 회유가 계속되었고, 나중에는 궁궐로 데리고 가서 고종과 대신들을 함께 협박했지요. 일본군이 궁궐 주위와 한성 시가지를 행진하면서 공포 분위기를 자아냈어요. 그래도 대신들은 어전 회의에서 한·일 협약안을 거부한다는 결정을 내렸어요. 이토 히로부미가 고종에게 알현을 청했지만 "인후에 탈이 나서 만나기 어려우니 대신들과 잘 협상해 처리하라."는 전갈만 받았어요. 이토 히로부미는 대신들을 숙소인 손탁 호텔로 불러 회유와 협박을 되풀이했습니다.

　사전 작업을 끝낸 이토 히로부미와 하야시 곤스케는 11월 17일 경운궁에서 어전 회의를 열도록 했어요. 어전에는 무거운 공기만 감돌았지요. 어전 회의에서 다섯 시간이 지나도록 결론이 나지 않자 초조해진 이토 히로부미는 하세가와 군사령관과 헌병 대장을 대동하고 일본 헌병 수십 명의 호위를 받으며 궐내로 들어갔어요.

　이토 히로부미는 직접 메모 용지와 연필을 들고 대신들에게 가부를 따져 물었습니다. 참정대신 한규설이 갑자기 소리 높여 통곡하기 시작하자 별실로 끌고 나갔어요. 조약 체결을 거부할 수 없다고 생각한 학부대신 이완용은 "고치거나 첨삭할 필요가 있다."라고 한발 물러나는 모습을 보이며 다른 대신들이 찬성으로 돌아설 명분을 마련해 주었지요. 학부대신 이완용, 군부대신 이근택, 내부대신 이지용, 외부대신 박제순, 농상공부 대신 권중

손탁 호텔(Sontag Hotel)
독일인 여성 손탁이 1902년 무렵 문을 연 서양식 호텔이다. 1층은 보통실과 식당, 2층은 귀빈실로 이루어졌고 건물은 러시아풍으로 지어졌다. 1918년 문을 닫은 후 이화 학당에서 이 건물을 사들여 기숙사로 사용하다가 1923년 호텔을 헐고 새 건물을 지었다.

❶ 대한 제국기의 한성
(1904)

1904년 2월 러·일 전쟁을 시작으로 대한 제국에는 심상치 않은 일들이 계속 일어났다. 특히 4월에는 덕수궁에 화재가 발생해 궁의 일부가 소실되었는데, 이를 불길한 징조로 여기는 사람들이 많았다.

현 등이 한·일 협약안에 동의를 표시했어요. 을사늑약에 찬성한 이 다섯 명을 **을사 5적**이라 합니다. 이토 히로부미는 여덟 명의 대신 가운데 다섯 명이 찬성했으므로 안건이 가결되었다고 선언했어요. 이렇게 해서 11월 18일 새벽 2시에 대한 제국의 외교권 박탈을 명시한 을사늑약이 체결되었습니다.

을사늑약

제1조 일본 정부는 동경 주재 외무성을 통해 한국의 외국에 대한 관계 및 사무를 지휘할 것이며, 일본의 외교 대표자 및 영사는 외국에 체류하는 한국의 신민 및 이익을 보호할 것이다.

제2조 일본국 정부는 한국과 타국 간에 현존하는 조약의 실행을 완수하는 임무를 담당하고, 한국 정부는 지금부터 일본국 정부의 중개를 거치지 않고서는 국제적 성격을 지닌 어떤 조약이나 약속도 맺지 않을 것을 서로 약속한다.

○ **중명전(서울시 중구)**
1897년 왕실 도서관으로 지어졌다. 을사늑약을 체결한 비운의 장소이다. 고종이 1907년 을사늑약의 부당성을 호소하기 위해 헤이그 만국 평화 회의에 특사를 파견하기로 결정한 곳도 중명전이었다.

🔵 **을사늑약에 서명한 을사 5적**

왼쪽부터 차례로 외부대신 박제순, 내부대신 이지용, 군부대신 이근택, 학부대신 이완용, 농상공부대신 권중현이다. 이들은 매국노의 대명사로 불린다. 을사늑약 이후 숱한 암살 위협에 시달렸다.

🔵 **을사늑약이 체결된 후 촬영한 일본군 장성과 공사관원들의 기념 사진**

앞줄 가운데에 앉아 있는 인물이 이토 히로부미이다. 일본 추밀원 의장 겸 특파 대사로 조약 체결을 이끌었다. 대한 제국은 을사늑약 체결로 인해 외교권을 박탈당했다.

○ 호머 헐버트(1863~1949)
선교사로 입국하여 육영 공원의 영어 교사로 근무했다. 한국의 자주 독립운동을 적극 지지하고 지원한 헐버트는 "나는 웨스트민스터 사원보다 한국 땅에 묻히기를 원한다."라는 말을 남길 정도로 한국을 사랑했다.

○ 헐버트의 묘
(서울 양화진)

　　당시 고종은 을사늑약에 끝까지 서명을 거부했어요. 대한 제국의 황제가 외국과의 조약 체결권을 가지고 있었으므로 황제의 서명이 없는 을사늑약은 사실상 무효라고 할 수 있습니다. 고종은 미국의 **호머 헐버트** 박사에게 조약에 반대한다는 내용의 전보를 보냈어요.

　　"최근 한국과 일본 사이에 체결된 소위 보호 조약이 총검과 공갈하에 억지로 된 것이기 때문에 무효임을 선언한다. 짐은 이에 동의한 일이 없으며 앞으로도 동의하지 않을 것이니 이 뜻을 미국에 전달하기 바라오."

　　고종은 헐버트가 미국에서 조약 반대 운동을 벌이도록 했지만, 가쓰라 · 태프트 밀약으로 말미암아 별다른 성과를 거두지는 못했습니다.

1906년 1월 31일 주한 일본 공사관이 폐쇄되고, 1906년 2월 1일부터 일본은 정치 전반을 간섭하기 위해 통감부를 설치했어요. 초대 통감으로는 이토 히로부미가 부임했지요.

순국한 애국지사들, "구차히 산다 한들 욕됨만 더할 뿐!"

을사늑약이 체결되자 전국적으로 항일 운동이 일어났어요. 상인들은 상가 철시 운동을 전개했고, 학생들은 동맹 휴학으로 저항했지요. 조병세, 이상설, 안병찬 등은 황제에게 을사늑약에 서명한 대신들의 처벌과 조약의 폐기를 요구하는 상소를 올렸어요.

일찍이 영국 정부는 주영 대한 제국 공사관을 폐쇄하는 등 영·일 동맹을 강화하려고 했습니다. 주영 서리 공사로 있던 이한응은 이를 막기 위해 동분서주했으나 힘이 못 미쳤어요. 결국 을사늑약 체결을 내다보기라도 한 듯이 1905년 5월 12일 이한응은 "온 겨레가 남의 종이 되겠구나. 구차히 산다 한들 욕됨만 더할 뿐이다."라고 분개하며 음독자살했지요.

이한응의 자결 소식이 국내에 알려지고 을사늑약이 체결되자 **민영환**, 홍만식, 조병세 등이 원통함을 이기지 못하고 자결했어요. 민영환은 다음과 같은 유서를 남기고 자결했습니다.

"살기를 바라는 자는 반드시 죽고, 죽기를 기약하는 자는 삶을 얻을 것이다. 이 민영환은 한번 죽어 황은에 보답하고 2,000만 동포에게 사죄하려 한다. 나는 죽지만 죽지 않고 구천에서도 여러분을 도울 것이니 힘을 다해 자주독립을 회복한다면 지하에서도 기뻐할 것이다."

민영환의 행랑채에 살았던 인력거꾼조차도 민영환의 자

○ **민영환**(1861~1905)
독립 협회의 활동을 지지한 진보적인 인물이었다. 자결했던 방의 마룻바닥에서 대나무가 돋아났는데, 사람들은 민영환의 피가 대나무가 되었다고 생각해 이를 혈죽(血竹)이라 불렀다.

○ 시일야방성대곡
「황성신문」의 사장이자 주필이었던 장지연이 쓴 글의 제목이다. '이 날에 목 놓아 통곡하노라.'는 뜻을 지니고 있다. 황제의 승인을 받지 않은 을사늑약의 부당함을 알리고 이토 히로부미와 을사 5적을 규탄했다.

결 소식을 듣고 슬픔을 이기지 못해 뒷산의 소나무에서 목을 맸다고 해요. 학부 주사 이상철, 평양 진위대 상등병 김봉학, 유림 송병선 등이 민영환의 뒤를 따랐지요.

장지연은 을사늑약에 비분강개하며 「황성신문」에 「시일야방성대곡」이라는 사설을 실었어요.

"저 개돼지만도 못한 이른바 우리 조정의 대신이라는 자들은 자기 일신의 영달과 이익이나 바라면서 위협에 겁먹어 머뭇대거나 벌벌 떨며 나라를 팔아먹는 도적이 되기를 감수했다. 아, 4,000년의 강토와 500년의 사직을 다른 나라에 갖다 바치고, 2,000만 국민을 타국인의 노예가 되게 했으니, …… 아! 원통한지고. 아! 분한지고. 타국인의 노예가 된 우리 2,000만 동포여! 살았는가, 죽었는가? 단군, 기자 이후 4,000년 국민정신이 하룻밤 사이에 갑자기 망하고 말 것인가. 원통하고 원통하다. 동포여! 동포여!"

계몽 운동가이자 강직한 언론인으로 추앙받은 장지연은 1962년 대한민국 건국 훈장 국민장에 추서되었습니다. 하지만 장지연은 1914년부터 4년간 조선 총독부의 기관지인 「매일신보」에 친일 시를 게재하고 총독부를 찬양하는 글을 썼다고 해요. 1915년 12월 26일 자 「매일신보」 1면에는 이토 히로부미의 말을 인용해 "조선인은 단결성이 없는 인종"이라고 적기도 했지요. 논란 끝에 2011년 4월 국무 회의에서 건국 훈장 서훈이 취소되었으나, 2012년 장지연의 유족들이 낸 항소심에서 서훈 취소 무효 판결이 내려졌어요.

의혈 투쟁과 을사의병

을사 5적을 향한 민족의 분노는 컸습니다. 나철(나인영), 오기호 등은 을사 5적을 처단하기 위해 5적 암살단을 조직했어요. 첫 번째 거사일은 음력 정월 초하루인 2월 13일로 정했지요. 이들은 을사 5적이 신년 하례를 드리기 위해 입궐할 때 암살을 시도했으나 안타깝게도 모두 불발로 끝났어요. 군부대신 권중현을 저격하는 데는 성공했지만 부상을 입히는 데 그쳤지요. 이후 음력 2월에도 세 차례에 걸쳐 을사 5적을 암살하려 했으나 모두 실패했어요.

이 와중에 나철의 동지가 체포되었어요. **나철**과 오기호는 자발적으로 일본 수사 기관에 출두해 유배형을 받았지요. 같은 해 12월 나철은 고종의 특사로 유배 4개월 만에 오기호 등과 함께 풀려났어요. 그 후 나철은 오기호와 함께 민족 신앙인 대종교를 창립해 민족의식과 독립 정신을 고취하는 데 힘썼답니다.

1908년 3월에는 장인환, 전명운 의사가 샌프란시스코에서 일본의 침략을 지지한 친일 외교관 **스티븐스**를 사살했어요. 스티븐스는 1908년 일본 특사 자격으로 미국에 돌아와 '일본의 대한 제국 지배는 대한 제국에 유익하다.'라는 제목의 친일 성명을 발표했습니다. 샌프란시스코 한인들이 강경하게 항의하자, 신변의 불안을 느낀 스티븐스는 급히 워싱턴으로 떠나려 했어요.

3월 23일 오전 9시 30분경 통감부의 밀명을 받은 스티븐스가 워싱턴으로 가기 위해 페리 부두 선착장에 들어서려는 순간 기다리고 있던

○ 나철(1863~1916)
원래 이름은 두영(斗永)이었다. 인영(寅永)으로 개명하고 대종교 창교 후 다시 철(喆)로 바꿨다. '나라는 망해도 정신은 존재한다.'라는 신념을 바탕으로 대종교를 창시했다.

전명운이 앞으로 다가서며 권총의 방아쇠를 당겼어요. 공교롭게도 총은 불발되었지요. 전명운은 총대를 잡고 스티븐스의 얼굴을 마구 때린 후 달아났고 스티븐스가 뒤쫓았어요.

이때 스티븐스의 뒤에서 장인환이 방아쇠를 세 번 당겼습니다. 첫 번째 총알은 스티븐스와 전명운이 뒤엉키는 바람에 전명운의 어깨를 관통했어요. 두 번째 총알은 스티븐스의 오른쪽 어깨뼈에 맞았고, 마지막 한 발은 스티븐스의 복부를 관통했지요. 치명상을 입은 스티븐스는 응급 수술을 받았으나 이틀 후인 25일에 사망했어요. 장인환, 전명운 의사의 의거는 안중근, 윤봉길 등 국내외 의혈 투쟁을 촉발했지요.

을사늑약을 계기로 봉기한 을사의병은 을사늑약의 폐기와 친일 내각의 타도를 내세우며 무장 항전을 벌였습니다.

민종식이 이끈 1,200여 명의 의병 부대는 **홍주성**을 점령했어요. 홍주는 한성으로 가는 교통의 중심지였으므로 홍주 의병은 일본군에게 큰 골칫거리였습니다. 민종식의 의병 부대는 한성에서 파견된 일본군 토벌대와 열흘 넘게 혈전을 치렀어요. 하지만 일본군의 우세한 화력에 밀려 홍주성을 내주고 말았지요.

최익현은 전라북도 태인에서 의병을 일으켜 순창으로 진격했습니다. 최익현의 의병 부대는 순창에서 대한 제국 정부가 보낸 진위대와 대

치하자 "일본군이라면 죽음을 각오하고 싸우겠지만, 임금의 군대와는 싸울 수 없다."라며 스스로 포로가 되었어요. 그 후 최익현은 일본의 대마도로 끌려가 단식 끝에 74세를 일기로 숨을 거두었지요.

의병 운동이 본격화되면서 평민 출신의 의병장이 등장했습니다. 특히 **신돌석**은 의병 3,000여 명을 이끌고 동해안의 평해와 울진 일대에서 군사 작전 개념을 도입한 유격전을 벌여 일본군에게 큰 타격을 입혔어요.

을미의병 때와 마찬가지로 을사의병이 봉기하는 데에는 고종이 내린 밀지가 큰 영향을 끼쳤어요. 고종은 겉으로는 의병 해산을 촉구했지만, 의병에 측근을 보내 밀지와 군자금을 전달했지요.

◐ 신돌석의 전투(기록화, 독립기념관)

신돌석이 일으킨 의병은 주로 농민으로 구성되어 있었다. 산악 지역에서 유격 작전을 펼쳐 지세에 익숙하지 못한 일본군을 상대로 대승을 거두었다.

▨ **신돌석(1878~1908)**

19세에 평민 출신 항일 의병장이 되었다. 을미사변과 을사늑약 이후 경상도, 강원도 일대에서 일본군에게 큰 타격을 입혔다. '태백산 호랑이'라는 별명을 가지고 있을 정도로 용맹했다.

최익현(1833~1906)
위정척사 사상을 주창한 유학자
이자 항일 의병장이었다. 고종이
친히 나라를 다스려야 한다는 상
소문을 올려 흥선 대원군을 정계
에서 물러나게 했다. 후에 일본 탄
압에 맞서 호남 지방에서 의병을
일으켰다.

일본으로 끌려가는 최익현
최익현은 대마도로 유배 가기 전 부산 앞바다에서 신발에 모래를 채웠다. 일본으로 가지만 일본 땅은 밟
지 않겠다는 의지를 보여준 것이다. 유배지에서는 일본의 곡식을 먹을 수 없다는 이유로 단식하다 죽음
을 맞이했다.

채산사(경기 포천시)
유림들이 최익현의 우국충정을 기리기 위해 세웠다. 1927년 일본군에 의해 훼손되었으나, 광복 후 사당이 복원되었다. 1989년부터 독립운
동가 최면식의 위패와 영정을 함께 안치하고 있다.

5 자강 운동, 애국 계몽 운동

윤치호, 사회 진화론을 받아들여 일본 침략을 수긍하다

민영환, 조병세 등은 자결했지만 외부대신 윤치호는 생각이 달랐어요. 전 독립 협회 지도자였던 윤치호는 다음과 같은 상소를 올렸습니다.

"지난날의 조약을 도로 없앨 수 있다면, 죽기를 마다치 않고 나아가지 않을 이가 누가 있겠나이까. 독립의 길은 스스로 강해지는 데 있습니다."

윤치호 외에 독립 협회를 거쳐 간 상당수 지식인도 한두 사람이 자결하거나 의병이 궐기한다고 해서 달라질 것은 없다고 생각했어요. 이들 계몽사상가는 당시 국제 사회를 약육강식과 적자생존의 원리가 지배하는 곳으로 인식해 민족의 실력을 양성하는 것이 급선무라고 생각했지요.

이처럼 애국 계몽 운동에는 **허버트 스펜서**의 사회 진화론이 내재해 있었어요. 조선이 약해서 일본의 보호국이 된 것이므로 스스로 실력을 양성해야 한다고 생각한 거예요. 심지어 일본의 보호를 받는 것조차 문명을 전수받는 과정이라고 생각해 일본의 조선 침략을 수긍하기도 했어요. 조선의 일부 지식인은 일본이 주창하는 '동양 평화론'에도 동조했습니다. 동양 평화론은 '러시아가 만주를 지배하면 청이 약해진다. 그러면 조선도 위험해지고 조선마저 망하면 아시아가 백인의 지배 아래에 들어간다.'라는 주장이에요.

1906년 윤치호는 장지연 등과 함께 대한 자강회를 조직해 교육 사업에 힘썼어요. 1907년

○ 허버트 스펜서
(1820~1903)
사회 진화론을 주창한 영국인 사회학자이다. 사회 진화론은 다윈이 주장한 생물학적 진화론의 개념인 약육강식과 적자생존 등을 인간 사회와 국제 관계에 적용한 개념이다. 사회 진화론은 제국주의 열강의 약소국 지배를 정당화하는 논리로 이용되었다.

○ 105인 사건

1910년 안중근의 사촌인 안명근은 서간도에 무관 학교를 설립하기 위한 자금을 모금하다 잡혔다. 일제는 이를 데라우치 총독 암살을 위한 모금 활동으로 날조하고 배후 세력으로 신민회를 지목해 신민회 회원 105명을 기소 처리했다.

에는 안창호, 양기탁, 이동휘 등과 함께 신민회를 설립해 국민 계몽 운동에 헌신했지요. **윤치호**는 1910년 안창호가 설립한 대성 학교의 교장으로 재직하던 중 1911년 '**105인 사건**'으로 6년형을 선고받았다가 3년 만에 출소했습니다. 윤치호는 출소 후 조선 총독부 일간지인 「매일신보」를 통해 일본 제국주의를 찬양하고 "중·일 전쟁에 청년들이 자원입대할 것"을 호소했어요. 그 공로로 귀족원 의원을 지냈지요. 애국 지사가 친일 인물로 바뀐 거예요.

윤치호를 애국가의 작사가로 추정하기도 해요. 안창호는 대성 학교에 재직할 때 수학 교사 채필근에게 "애국가 작사자는 윤치호 선생"이라고 밝혔다고 합니다. 윤치호가 애국가의 작사가로 추정되는 또 다른 이유가 있어요. 윤치호가 미국에서 유학 생활을 할 때 작성한 문서 중에 친필로 '윤치호 작 애국가'라고 써 놓은 자료가 광복 후에 발견되었습니다. 다만, 영어를 배운 지 얼마 안 되었을 때부터 영어로 일기를 썼다는 윤치호의 방대한 일기장에 애국가가 언급되어 있지 않다는 것이 의문점으로 제기되기도 하지요.

○ 윤치호(1865~1945)

서재필, 이상재와 독립 협회를 조직하고 장지연과 대한 자강회를 조직하는 등 교육과 계몽 사업에 적극적으로 참여했다. 105인 사건으로 3년간 감옥에 있었고, 출소한 후 친일파로 변절했다

애국 계몽 운동을 벌이다

자강을 앞세운 개화 지식인들은 잇달아 애국 계몽 단체를 결성했어요. 1904년 보안회는 일본의 황무지 개간권 요구에 반대해 이를 저지하는 데 성공했지만 일본의 탄압으로 해산되었지요.

　1905년에는 애국 계몽 운동가들이 헌정 연구회를 조직해 의회 제도를 중심으로 한 입헌 정치의 수립을 목표로 활동했어요. 헌정 연구회는 **일진회**와 대립하다가 통감부가 설치된 직후 해체되었지요. 보안회의 활동에는 독립 협회의 이권 수호 운동의 정신이, 헌정 연구회의 활동에는 독립 협회의 입헌 군주제 수립 운동의 정신이 이어졌어요.

　을사늑약 이후에는 대한 자강회, 대한 협회, 신민회 등의 단체들이 국권 회복을 위한 계몽 운동을 전개했어요. 헌정 연구회를 계승한 대한 자강회는 1907년 고종의 강제 퇴위 반대 운동을 주도하다가 강제로 해산을 당했지요.

　통감부의 억압이 날로 심해져 합법적인 활동이 어려워지자 1907년 **안창호**, 양기탁, 윤치호, 이승훈, 이회영

○ 대성 학교(위)
안창호가 평양에 설립한 중
등 교육 기관이다. 1912년
봄 제1회 졸업생 19명을 배
출한 후 일제에 의해 폐교당
했다.

○ 안창호(1878~1938)
연설 능력이 매우 뛰어났
다. 독립 협회 활동 중 '대국
민 계몽 연설'을 한 적이 있
었는데, 당시 이 연설에 크
게 감명 받아 독립운동에
참여한 사람이 많았다.

등이 주도해 비밀 결사 형태로 신민회를 조직했습니다. 여
러 계층으로 이루어진 800여 명의 회원을 둔 신민회는 국
권 회복과 공화정 체제의 국민 국가 건설을 목표로 삼았
어요.

신민회는 실력 양성 운동을 전개해 민족 교육과 민족 산
업의 육성에 중점을 두고 활동했습니다. 안창호는 평양에
대성 학교를, 이승훈은 정주에 오산 학교를 설립해 인재를
양성했어요. 신민회 인사들은 평양에 자기 회사를, 대구에
교과서와 서적을 보급하기 위한 태극 서관을 설립해 경제적 실
력 양성에도 힘썼지요.

나라가 국권 상실의 위기에 처하자 신민회의 일부 간부는 국
내에서 실력 양성 운동을 전개하기 어렵다고 판단하고, 만주로
망명해 무장 투쟁을 준비했어요. 안창호는 미국으로 건너가 흥
사단을 조직해 문화 활동을 계속했지요. 하지만 국내에 남아 있
던 신민회 회원들은 105인 사건을 계기로 흩어졌어요.

1907년 2월에는 **김광제, 서상돈** 등이 일본에서 빌려 온 차관을

○「대한매일신보」편집국

영국 일간지 「데일리 메일」의 특파원이 찍은 「대한매일신보」 편집국의 초창기 사진이다. 오른쪽 뒤에 앉아 있는 사람이 양기탁이다. 「대한매일신보」는 일제의 침략 행위를 비판하는 논설과 기사를 연일 보도하고 국민의 애국 정신을 고취시킨 대표적 항일 언론이었다.

○「대한매일신보」 발행인 베델
(왼쪽, 1872~1909)

항일 언론 활동에 참여한 영국인이다. 양기탁 선생과 뜻을 모아 「대한매일신보」를 발행했다. 고종은 베델에게 '배설(裵說)'이라는 한국명과 함께 베델이 하는 모든 일에 편의를 제공하라는 내용의 특허장을 하사하기도 했다.

○「대한매일신보」(서울대학교 도서관)

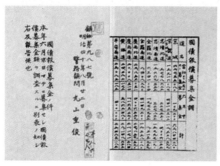

갚아 국권을 회복하자는 **국채 보상 운동**을 제창했습니다. 일본은 침략을 강화하기 위해 화폐 정리 사업을 추진하면서 식민지 시설을 갖추는 데 필요한 자금을 일본으로부터 들여오게 했거든요. 이렇게 들여온 차관이 우리나라의 일 년 예산과 맞먹었답니다.

대구에서 시작된 국채 보상 운동은 「대한매일신보」, 「황성신문」, 「제국신문」, 「만세보」 등 언론 기관의 적극적인 홍보에 힘입어 전국으로 확산되었습니다. 특히 1904년에 창간된 「대한매일신보」는 영국인 **베델**이 발행인이었으므로 검열로부터 비교적 자유로웠어요. 남자들은 담배를 끊었고, 부녀자들은 비녀와 반지를 내놓았지요.

하지만 통감부는 국채 보상 운동을 일본 배척 운동으로 받아들여 친일 단체인 일진회를 이용해 활동을 방해했어요. 또한 지도자 가운데 한 사람인 양기탁에게 보상금 횡령이라는 누명을 씌워 구속했지요. 일제의 방해와 탄압으로 국채 보상 운동은 결국 중단되고 말았어요.

애국 계몽 운동과 의병 운동은 어떤 차이가 있나요?

애국 계몽 운동과 의병 운동은 국권 회복이라는 공통 목표를 가지고 상호 보완적인 구실을 했지만, 사상적 배경과 전개 양상에는 큰 차이가 있었습니다. 우선 애국 계몽 운동은 민중 계몽, 근대 교육, 식산흥업을 통해 민족의 실력을 양성하여 국권을 회복하려는 운동이었어요. 항일 단체인 보안회는 일본의 황무지 개간권 요구를 저지했고, 항일 비밀 결사 단체인 신민회는 민족 교육의 추진, 민족 산업의 육성에 주력했지요. 하지만 한계점도 있었어요. 계몽 사상가들은 당시 국제 관계를 약육강식과 적자생존의 원리가 지배하는 것으로 인식하여 민족의 실력을 양성하는 것이 급선무라고 생각했어요. 스펜서의 사회 진화론이 내재되어 있었지요. 강자의 약자 지배를 수용하는 사회 진화론의 논리는 일본의 한국 침략을 긍정하는 측면도 있었습니다. 한편, 의병 운동은 외세의 침탈 위기 속에서 자발적으로 봉기하여 무력으로 국권을 회복하려는 운동이었어요. 국가와 민족이 위기에 처해 있을 때 일어난 구국 운동이었고, 양반 유생에서 농민에 이르기까지 광범위한 사회 계층이 참여한 민족 운동이었어요. 을미의병은 단발령에 반기를 들었고, 을사의병은 을사늑약에 반발했으며, 정미의병은 군대 해산을 계기로 의병 전쟁으로까지 발전했지요. 20세기 초 열강의 약소국 침략이 극심하던 시기에 의병들이 무장 투쟁을 전개했다는 점은 세계 약소민족의 독립 운동사에서 커다란 의의를 지닙니다.

사회 진화론을 주창한 허버트 스펜서

24 순종실록 |
정미의병, 한국 병합 조약

고종은 을사늑약의 부당함을 세계 만방에 알리기 위해 만국 평화 회의가 열리는 네덜란드 헤이그에 밀사를 파견했어요. 이 사건을 계기로 고종은 강제 퇴위당하고 대한 제국의 마지막 황제인 순종이 즉위하게 되었습니다. 정치 · 경제 전반이 이미 일본에 예속된 상황에서 순종은 꼭두각시 황제에 불과했어요. 하지만 국내외 곳곳에서 국권을 지키기 위한 노력이 전개되었습니다. 해산된 대한 제국 군인들은 의병 부대에 합류해 항일 투쟁을 이어나갔어요. 대한 의용군 참모 중장 안중근은 하얼빈역에서 이토 히로부미를 향해 방아쇠를 당겼지요. 조국을 위해 목숨을 건 노력들이 이어졌지만 결국 한국 병합 조약이 조인되고 대한 제국은 역사 속으로 사라지고 말았습니다.

- **1907년** 을사늑약의 부당함을 알리기 위해 헤이그 특사를 파견한 것을 빌미로 일본이 고종을 강제 퇴위시키다.
- **1907년** 일본이 대한 제국 군대 해산령을 내리다. 해산된 군인들을 중심으로 정미의병이 일어나다.
- **1909년** 안중근이 하얼빈역에서 초대 통감 이토 히로부미를 사살하다.
- **1910년** 한국 병합 조약이 체결되고, 일제가 헌병 경찰을 동원하여 무단 통치를 시행하다.

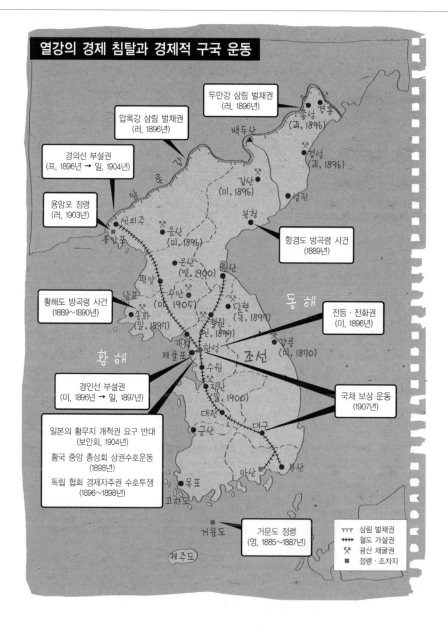

열강의 경제 침탈과 경제적 구국 운동

1 순종실록

이준·이위종·이상설, '열강의 평화 잔치'에 불청객이 되다

1906년(광무 10년) 2월 일본은 한국을 손아귀에 넣을 목적으로 통감부를 설치했어요. 초대 통감은 이토 히로부미가 맡았지요. 내정에는 간섭하지 않는다는 애초의 약속과는 달리, 통감이 부별로 둔 고문관을 감독함으로써 사실상 내정에도 깊이 관여했어요. 고종은 황제권을 제약하는 통감부에 맞서 을사늑약이 무효임을 밝히는 친서를 「트리뷴」과 「대한매일신보」에 실리도록 했습니다. 고종은 이토 히로부미를 통감이라고 부르지 않고 후작이라고 불러 불편한 심기를 드러냈지요.

1907년 4월경 제2차 만국 평화 회의가

개최된다는 소식이 로이터 통신을 통해 한국에 전해졌습니다. 고종은 이준을 불러 "블라디보스토크에 가서 이상설을 만나 함께 헤이그로 가라."고 지시했어요. 이준은 1907년 4월 22일 한성을 출발해 블라디보스토크에서 **이상설**과 합류했지요.

두 사람은 시베리아 횡단 열차를 타고 당시 제정 러시아의 수도였던 상트페테르부르크에 도착해 이범진과 만났어요. 전 러시아 주재 공사 이범진은 을사늑약 때 소환되었지만 귀국하지 않고 러시아에 남아 고종의 밀사 역할을 하고 있었지요. 이준과 이상설은 영어에 능통한 이범진의 아들 이위종과 함께 길을 떠나 6월 24일 헤이그에 도착했어요.

✪ **이상설(1871~1917)**
중국과 러시아에서 조국의 독립을 위해 힘썼다. '광복을 이루지 못했으니 몸과 유품은 불태우고 제사도 지내지 말라.'는 유언을 남겼다.

⭕ 제2차 만국 평화 회의

1907년 4월 고종 황제는 경운궁(덕수궁) 돈덕전에 감금당한 상태에서도 외교권 강탈의 부당함을 세계에 알리기 위해 제2차 만국 평화 회의가 열리고 있는 네덜란드의 수도 헤이그에 밀사를 파견했다. 이 사건을 계기로 고종이 퇴위하고 순종이 즉위했다.

○ 헤이그 특사

왼쪽부터 이준, 이상설, 이위종이다. 고종의 밀서를 받고 1907년 6월 헤이그에 도착한 밀사들은 만국 평화 회의 참석을 신청했으나 거절당했다. 프랑스 신문은 헤이그 밀사에 관한 기사를 특종으로 다뤘다. 이준의 순국 후 이상설과 이위종은 곧바로 귀국하지 않고 여러 나라를 돌아다니며 대한 제국의 독립을 위한 지지를 호소했다. 일본은 헤이그 특사 사건을 빌미로 고종을 강제 폐위했다.

○ 이준 열사 묘
(서울시 강북구)

숨을 거두며 "나라를 구하시
오. 일본이 끊임없이 유린하
고 있소"라는 말을 남겼다고
한다. 헤이그 서쪽 외곽의 시
립 공동묘지에 묻혔다가 사
후 56년이 되던 해에 서울로
옮겨져 안장되었다.

1907년 들어 러 · 일 협약이 한창 무르익고 있는 단계여서 만국 평화 회의 의장 넬리도프에게는 '한국의 특사들이 협조를 요청해 오면 정중히 거절할 것'이라는 훈령이 내려진 상태였어요. 헤이그 특사들은 넬리도프를 만나 고종의 신임장(信任狀, 특정인을 외교 사절로 파견하는 취지와 그 사람의 신분을 통고하는 문서)을 제시하고 "한국의 전권 위원으로 회의에 참석시켜 달라."고 요청했지만 성사되지 않았어요. 넬리도프는 초청국인 네덜란드에 책임을 미루었어요. 네덜란드는 "각국 정부가 을사늑약을 이미 승인했으니 한국 정부의 외교권을 승인할 수 없다."라는 이유로 우리 대표의 참석을 허락하지 않았지요.

특사들은 기자들에게 조약의 부당성을 적극적으로 알려 현지 신문에 실리도록 했어요. 이준은 현지에서 순국했지요. 이준이 분을 못 이겨 자결했는지는 확인되지 않고 있어요.

이 사실을 알게 된 일본은 고종을 감금하다시피 하며 한국 대표의 회의 참석을 방해했어요. 1930년대에 출간된 『일한합방비사』라는 책에 따르면 어전 회의 때 농상공부 대신 송병준은 고종에게 모욕적인 언사까지 서슴지 않았습니다.

"어떻게 이런 일을 벌이셨습니까? 일본 천황 폐하께 가서 사과하거나 대한문 앞에서 하세가와 사령관에게 사과하십시오."

예전에 이런 말을 했다면 목숨을 부지하기도 힘들었을 거예요. 이완용과 송병준은 한술 더 떠 황제의 퇴위를 요구했습니다. 물론 이토 히로부미와 사전에 협의했지요.

완강히 저항하던 고종은 7월 18일 전례에 따라 황태자에게 대리청정을 시키는 것으로 알고 섭정을 수용했어요. 하지만 일제와 친일 각료들은 섭정을 양위(讓位, 임금의 자리를 물려줌)로 왜곡해 발표했지요. 7월 20일에는 황제와 황태자가 없는 가운데 약식으로 양위식을 강행했어요.

○ 순종 황제(1874~1926)
대한 제국 최후의 황제이다. 역관 김홍륙이 커피에 아편을 넣어 고종을 독살하려고 한 사건이 있었다. 맛이 이상해 바로 뱉어버린 고종과는 달리 순종은 눈치를 채지 못하고 마셔 버렸고, 이로 인해 건강을 크게 해쳤다고 한다.

껍데기뿐인 나라의 마지막 황제 순종

일제의 엉터리 양위식으로 황태자 이척이 대한 제국의 마지막 황제로 즉위했어요. 그에게는 순명효 황후 민씨와 계비인 **순정효 황후** 윤씨 등 두 명의 정비가 있었으나 자식은 없었지요.

1907년 7월 20일 대한 제국의 황제로 즉위한 순종은 연호를 융희로 고치고 이복동생인 영친왕(고종의 일곱째 아들)을 황태자로 책봉했어요. 거처는 덕수궁(경운궁)에서 창덕궁으로 옮겼지요. 순종을 만나 본 외국인들은 대체로 "고종은 우유부단하기는 했지만 총명하고 재치가 있었다. 하지만 순종은 둔하고 못생겼다."라며 박하게 평가했어요.

이름뿐인 황제가 할 수 있는 일이라고는 덕수궁을 찾아 고종에게 문안 인사를 올리고 일본이 시키는 대로 친일 대신들에

❂ 덕수궁에 갇힌 고종
(1907)

덕수궁 돈덕전 2층에서 평복 차림으로 갓을 쓴 고종(2층 가운데 정 중앙)이 일본군의 무력 시위 현장을 바라보고 있다.

❂ 일본군의 무력 시위
(1907)

무장한 일본군은 고종의 거처인 돈덕전 앞까지 몰려와 고종을 위협했다.

❂ 조선의 황가(1915년경)

영친왕의 일시 귀국을 기념해 덕수궁 석조전에서 촬영한 가족 사진이다. 왼쪽부터 황태자 영친왕, 순종, 고종, 순종효 황후, 덕혜 옹주가 앉아 있다.

게 훈장을 수여하는 정도였어요.

순종은 기차를 타고 대구, 부산, 마산을 비롯해 개성, 평양, 신의주를 돌아보았습니다. 1909년(순종 2년) 1월 7일 임시 궁정 열차를 타고 온 순종이 대구역에 내렸을 때 대대적인 환영식이 있었어요. 순종이 경부선 · 경의선을 타고 곳곳을 유람함으로써 일본은 자신들이 건설한 철도의 편리성을 대한 제국 백성에게 선전하는 효과를 거두었어요.

1907년 7월에서 1910년 8월까지 4년에 걸친 재위 기간에 순종은 일본의 무력 강점을 무기력하게 지켜볼 수밖에 없었어요. 고종이 강제 퇴위당한 지 나흘 후인 1907년 7월 24일에는 이완용과 이토 히로부미가 한 · 일 신협약(정미 7조약)을 체결함에 따라 통감이 일본인을 각 부의 차관으로 임명할 수 있게 되었습니다. 이른바 차관 정치가 시작된 것이지요.

❍ 순종과 순정효 황후 윤씨
1910년 경술국치 당시 순종은 친일파 대신들로부터 한국 병합 조약에 옥새를 날인할 것을 강요당했다. 함께 있던 순정효 황후는 옥새를 치맛자락 속에 감추고 내주지 않았다고 한다. 순정효 황후는 결국 큰아버지이자 친일파였던 윤덕영에게 옥새를 빼앗겼다.

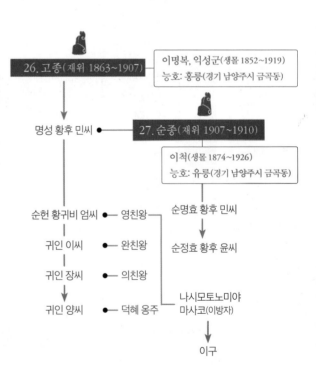

26. 고종(재위 1863~1907) — 이명복, 익성군(생몰 1852~1919)
능호: 홍릉(경기 남양주시 금곡동)

명성 황후 민씨 ● 27. 순종(재위 1907~1910)

이척(생몰 1874~1926)
능호: 유릉(경기 남양주시 금곡동)

순헌 황귀비 엄씨 ● 영친왕   순명효 황후 민씨

귀인 이씨 ─ ● 완친왕   순정효 황후 윤씨

귀인 장씨 ─ ● 의친왕

귀인 양씨 ─ ● 덕혜 옹주   나시모토노미야 마사코(이방자)

이구

◑ 순종이 타고 다닌 가마
(국립고궁박물관)

위로 볼록하게 솟은 지붕 위
네 귀퉁이에 봉황머리 장식
이 달려 있다. 아래쪽 난간 부
분에는 기린, 코끼리, 해태 등
상서로운 동물들이 그려져
있다. 앞뒤로 8명씩, 총 16명
이 어깨에 메고 이동했다.

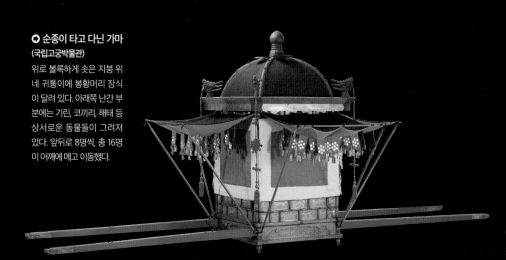

◑ 순종 황후 어차
(국립고궁박물관)

영국 다임러(Daimirer)사가
1914년 제작한 리무진이다.
우리나라에서 가장 오래된
자동차로, 전 세계에 단 3대
만 남아 있다. 황실의 상징인
오얏꽃 무늬가 곳곳에 장식
되어 있으며 내부 바닥에는
고급 카펫이 깔려 있다.

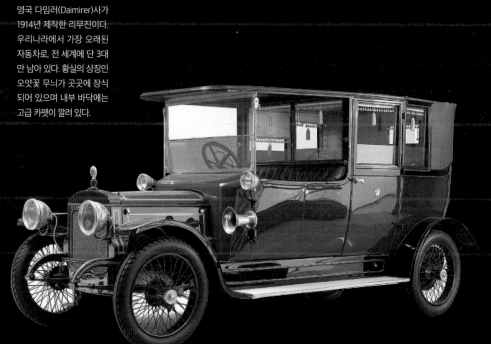

◎ 석조전과 돈덕전

석조전 뒤에 보이는 돈덕전은 석조전보다 역사적으로 더 의미가 있는 건물이다. 일본은 돈덕전을 헐기 위해 1922년과 1923년 사이에 한국인의 궁궐 출입을 막았다. 이로써 조선 왕조의 마지막 즉위식이 거행된 곳이 아무도 모르게 사라졌다.

2 정미의병, 안중근

정미의병, 군대 해산 이후 의병 전쟁으로 발전하다

1907년 7월 31일 대한 제국 군대 해산령이 내려졌습니다. 일본 측은 비무장 상태로 훈련원에 군대를 집합시켜 해산식을 치를 계획이었으나 시위대 제1연대 대대장 **박승환**이 권총으로 자결함으로써 차질이 빚어졌어요. 병사들은 즉각 무장하고 거리에서 일본군과 총격전을 벌였지요.

해산한 군인들이 의병 부대에 합류하면서 의병들의 항일 투쟁은 범국민적인 대일 전쟁의 성격을 띠게 되었습니다. 해산한 대한 제국군 8,800여 명 중 5,000명에 이르는 병사가 의병에 합류하였지요. 이들을 정미의병이라고 하는데, 대한 제국의 정규군이 포함되었기 때문에 을미의병이나 을사의병보다 규모가 훨씬 컸답니다.

대한 제국을 대표하는 병사들이 의병에 합류해 일본군과 싸웠으므로 이들의 전투를 의병 전쟁으로 규정할 수 있게 되었어요. 의병들도 독립군이라고 자처했지요.

1907년 9월 관동 창의 대장 **이인영**은 한성에 주재하는 각국 영사관에 몰래 사람을 보내 "의병은 순수한 애국 단체이니 국제

○ **박승환(1869~1907)**
18세의 젊은 나이로 무과에 급제해 무관 생활을 시작했다. 군대 해산 이후 "군대가 나라를 지키지 못하고 신하가 충성을 다하지 못한다면 만 번 죽어도 아깝지 않다."라는 내용의 유서를 남겼다.

법상의 합법적 교전 단체로 인정하고 적극적으로 도
와줄 것을 바란다."라는 서한을 발송하기도 했어요.

의병 운동이 확산되는 가운데 1907년 11월 만여 명
의 의병이 양주에 집결해 이인영을 총대장으로 하는
13도 창의군을 결성하고 서울 진공 작전을 계획했습
니다. 의병 부대는 동대문 밖에 모여서 일거에 한성을
공략할 작전을 세우고 진격을 개시했어요.

그런데 이 중대한 시기에 이인영은 아버지의 사망
소식을 전해 들었습니다. 그는 장례를 치르기 위해 곧장 문경으
로 내려갔어요. 의병들이 여러 번 찾아가 다시 궐기할 것을 권유
했지만 이인영은 아버지의 3년상을 마친 후 다시 13도 창의군을
일으켜 일본인들을 소탕하겠다고 말하면서 권유를 받아들이지
않았습니다.

1908년 가을, 허위가 이끈 300여 명의 선발대가 동대문 밖 30
리 지점까지 진출한 후 모든 의병이 도착하기를 기다렸어요. 그
러나 이미 후속 부대와 연락이 끊어진 상태였지요. 이를 눈치챈
일본군은 여러 곳에서 밀려오던 의병 부대를 개별적으로 무너뜨
렸습니다. 군사장 허위도 갑자기 몰려온 일본군과 총격전을 펼
쳤으나 기다리던 후원군이 오지 않아 패배하고 말았지요.

서울 진공 작전이 실패한 후 의병들은 소규모 부대를 편성해
유격전을 전개했어요. 특히 호남 지역을 중심으로 끈질기게 저
항했지요. 1909년 일제는 호남 지역을 해안과 육지에서 봉쇄하
고, 호남 지역의 의병 출몰 지역을 반복적으로 공격하는 남한 대
토벌 작전을 전개했어요. 일본군의 대공세로 국내 의병 활동은
위축되었고, 이들 가운데 일부는 간도와 연해주로 이동해 항전
을 계속했습니다.

○ 이인영(1868~1909)
부친상을 당해 총대장직을
사임한 후 가명을 쓰고 숨어
지냈다. 1909년 충청북도에
서 체포되었다. 사형 선고를
받고 서대문형무소의 전신
인 경성감옥에서 교수형에
처해졌다.

✪ 의병들의 모습

1907년 일본에 의해 대한 제국의 군대가 강제 해산당하자 해산 군인들은 의병들과 합세했다. 사진은 영국의 종군기자 매켄지가 1907년에 촬영한 의병들의 훈련 모습이다. 매켄지는 의병을 직접 만나기 위해 경기도, 강원도 등의 접전지를 찾아다녔다고 한다.

❍ 벨기에 브라우닝 권총 (왼쪽)

안중근이 이토 히로부미를 저격한 총이다. 안중근은 사격의 명수였다. 안중근의 아버지와 친분이 있었던 김구는 『백범일지』에서 안중근을 "안씨 집안의 총 잘 쏘는 청년"으로 묘사했다.

❍ 봉천역에 도착한 이토 히로부미 일행

봉천역은 현재 중국의 심양역이다. 이토 히로부미는 자신의 사진이 시중에 돌아다니는 것을 경계했고 이동할 때는 여러 명의 수행원을 데리고 다녔다.

참모 중장 안중근, 이토 히로부미를 저격하다

을사늑약으로 나라의 외교권을 빼앗긴 지 4년이 흘렀어요. 1909년 10월 26일 새벽, 안중근은 하얼빈역 안의 찻집에서 **이토 히로부미**가 도착하기를 기다리고 있었습니다. 이토 히로부미가 러시아의 영토였던 하얼빈에 온 이유는 만주 철도를 누가 경영할 것인가를 놓고 러시아 재무 장관 코코프체프와 회담을 하기 위해서였어요. 한·일 합병 사실을 러시아에 알리기 위한 목적도 있었지요. 하얼빈역에는 러시아 군대가 늘어서 있었고 환영 나온 인파가 몰려 있었어요.

오전 9시에 이토 히로부미가 탄 특별 열차가 하얼빈역에 도착했습니다. 이토 히로부미는 9시 30분쯤 환영 나온 코코프체프의 안내를 받으며 역내에 늘어선 러시아 의장대를 사열한 후 환영 군중 쪽으로 발길을 옮겼어요. 그 순간 어디선가 총성이 울려 퍼졌습니다.

의장대의 후방에 서 있던 안중근이 앞으로 뛰어나가며 **브라우닝 권총**으로 이토 히로부미에게 세 발의 총탄을 발사했습니다. 이토 히로부미는 중심을 잡지 못하고 휘청거렸어요. 안중근은 혹시 옆에 있는 사람들이 이토 히로부미일 수도 있겠다는 생각에 뒤따르던 일본인들을 향해 세 발의 총탄을 더 쏘았지요. 이토 히로부미에 이어 일본인 수행원 세 명도 잇따라 쓰러졌어요.

그때 안중근은 러시아어로 "코레야 우라, 코레야 우라!"라고 우렁차게 외쳤어요. '코레야 우라'는 우리말로 '대한 만세'라는 뜻입니다.

안중근은 그 자리에서 체포되었고 치명상을 입은 이토 히로부미는 사망했어요. 안중근은 **뤼순 감옥**에 갇혔습니다. 법정에서 러시아 검찰관이 심문할 때 안중근은 연해주에서 활동한 정미의병의 의병장으로서 거사 동기를 분명히 밝혔어요.

"이토 히로부미가 대한 제국의 주권을 침탈하고 동양 평화를 교란했기에 대한 의용군 참모 중장의 자격으로 죽인 것이지, 나 개인을 위한 것은 아니다. 오늘 이 법정에 나온 것은 바로 의병 전쟁에서 내가 포로가 되었기 때문이다. 나는 암살자로 심문받을 이유가 없다."

✪ 안중근(위, 1879~1910)
1909년 항일 투사 11명과 함께 동의단지회를 결성했다. 회원들은 왼손 네 번째 손가락 첫 마디를 잘라 혈서로 독립운동에 헌신할 것을 다짐했다. 사진에서도 잘려진 네 번째 손가락을 확인할 수 있다.

✪ 안중근의 마지막 면회
일본인 재판장과 검찰관들은 재판 과정에서 안중근이 보여 준 논리정연하고 당당한 태도에 탄복했다. 안중근은 사형 선고를 받은 후에도 전혀 동요하지 않고 독서와 집필에 매진했다.

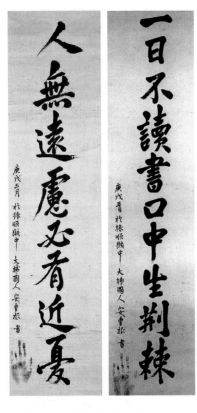

◎ 안중근의 글씨

왼쪽은 '사람이 염려가 없으면 반드시 가까운 근심이 있다.'라는 뜻의 "인무원려필유근"이고, 오른쪽은 '하루라도 책을 읽지 아니하면 입안에 가시가 돋친다.'라는 뜻의 "일일부독서구중생형극"이다.

일주일 후인 2월 14일 공판에서 일본은 각본대로 안중근에게 사형을 선고했습니다. 일본은 처형에 앞서 안중근에게 두 동생을 만날 수 있도록 허락했어요. 안중근은 오히려 슬퍼하는 두 동생 안정근, 안공근을 위로하며 다음과 같이 유언을 남겼습니다.

"사람은 꼭 한 번은 죽는 법이다. 죽음을 두려워할 내가 아니다. 삶은 꿈과 같고 죽음은 잠드는 것과 같다. 그러니 조금도 슬퍼 말아라. 내가 죽거든 우리나라가 독립하기 전에는 시체를 고향으로 옮기지 마라. 대한 독립의 소리가 천국에 들려오면 그때 마땅히 춤추며 만세를 부를 것이다."

안중근은 공소를 포기한 후 거사의 진정한 이유를 설명하기 위해 뤼순 감옥에서 『동양평화론』이라는 책을 썼습니다. 안중근은 집필이 끝날 때까지 사형 집행을 연기해 달라고 요구했지만 일본은 이것마저도 허락하지 않았어요. 안중근은 머리말과 제1장의 일부밖에 쓰지 못한 채 3월 26일 형장의 이슬로 사라졌지요. 이 책의 한 대목을 살펴보면 안중근이 이토 히로부미를 죽인 이유를 알 수 있습니다.

지금 서양 세력이 동양으로 뻗쳐 오는 환난을 동양 사람들이 일치단결해서 막아 내는 것이 최상책이라는 것은 어린아이라도 다 아는 일이다. 그런데 무슨 까닭으로 일본은 이런 형세를 돌아보지 않고 같은 황인종인 이웃 나라를 치고 우의를 끊어 방휼(조개와 도요새)의 형세를 만들어 마치 어부를 기다리는 듯하는가……

안중근은 아시아의 단결을 주장하는 '동양 평화론'을 주창함으로써 아시아를 보호국화 하려는 이토 히로부미의 '동양 평화론'과는 분명히 선을 그었습니다.

안중근은 자신에게 사형을 선고한 고등 법원 소속의 감찰관, 통역자, 감옥 소장, 자신을 감시한 헌병에게 붓글씨를 선물했습니다. 이들에게 전달된 유묵에는 기증받는 자의 이름이 주로 적혀 있어요.

안중근이 처형된 날, 두 동생은 형의 시신과 유품을 인도받기 위해 뤼순 감옥 밖에서 기다렸습니다. 하지만 유가족에게 시신을 인도하지 말라는 지시를 받은 감옥 소장은 시신은 물론 유품도 돌려주지 않았어요.

◑ 뤼순 감옥(중국 다롄시)

원래 러시아가 중국인을 억압하기 위해 지었으나, 러·일 전쟁에서 일본이 뤼순을 점령하면서 규모를 확장했다. 2천여 명을 동시에 수용할 수 있고, 주로 한국인, 중국인, 러시아인이 수감되었다. 안중근, 신채호, 이회영 등 많은 독립운동가가 이곳에서 순국했다.

◑ 안중근 가묘와 삼의사 묘(서울시 용산구)

독립운동에 헌신한 이들을 위해 김구가 만든 네 개의 무덤이다. 제일 왼쪽 묘비가 없는 무덤이 안중근의 가묘이다. 가묘는 시신이 없지만 미리 만들어 둔 봉분을 말한다. 김구는 언젠가 안중근의 유해를 찾아내게 될 것이라고 믿었다. 안중근 가묘 오른쪽에 이봉창, 윤봉길, 백정기 의사의 묘인 '삼의사 묘'가 있다.

한국 병합 조약, "영구히 일본 황제에게 양여한다"

당시 정치 세력화한 일진회는 황제가 통치권을 일본 천황에게 양도해 이름만 유지하게 하고 자신들이 내각을 장악하려는 계획을 세웠어요. 일진회는 뜻을 함께하던 대한 협회에 일·한 합방 성명서 공동 발표에 대한 의사를 타진했으나 대한 협회는 아직은 시기상조라는 태도를 보였지요.

1909년 12월 일진회 측은 일진회장 이용구와 100만 회원 이름으로 순종에게는 합방 상소문을 올리고, 내각에는 편지를, 통감에게는 청원서를 올렸어요. 이완용은 주도권을 빼앗기지 않기 위해 따로 일본에 사람을 보내 한국 병합 방안을 타진했지요. 1909년 12월 22일 이완용은 명동 성당 앞에서 이재명의 칼을 맞고 오른쪽 폐를 관통당했지만 용케 목숨을 건졌어요. 이완용이 치료를 위해 몇 달 물러나 있는 동안, 일본은 러시아와 영국으로부터 한국 병합에 대한 동의를 얻어 냈지요.

○ 데라우치 마사타케
(1852~1919)
제3대 조선 통감으로 부임했다가 초대 총독 자리에 올랐다. 일본 육군 대신을 겸직했다. 총독 취임사에 "조선인은 일본 통치에 복종하든지 죽든지 하나를 택해야 한다."라는 내용이 포함되어 있었다.

1910년 5월 **데라우치**가 제3대 통감으로 부임했어요. 데라우치는 한국 식민화의 막바지 작업으로 헌병 경찰제를 강화했습니다. 1907년 10월 일본은 이미 한국 경찰을 일본 경찰에 통합했는데, 1910년(순종 3년) 6월 24일에는 각서를 교환함으로써 사법권·경찰권 이외에 일반 경찰권까지 완전히 장악했어요. 일본은 한국 병합 조약을 체결할 시기만을 저울질했지요.

1910년 8월 16일 데라우치는 비밀리에 총리대신 이완용에게 한국 병합 조약안을 제시하고 수락할 것을 촉구했어요. 1910년 8월 22일 이완용과 데라우치 사이에 한국 병합 조약이 조인되었습니다. 8개조로 된 한국 병합 조약 제1조에는 "한국 황제는 한국 정부에 관한 일체의 통치권을 완전히, 또 영구히 일본 황제 폐하에게 양여한다."라고 규정되어 있어요.

조약이 체결된 후 일본은 우리 백성의 항거가 두려워 발표를 뒤로 미루었다가 대신들을 연금한 후인 8월 29일에야 순종에게 발표하도록 했어요. 조선 왕조가 건국된 지 519년 만에, 그리고 대한 제국이 성립된 지 14년 만에 한국은 암흑의 일제 강점기 36년을 맞이하게 되었습니다. 일본은 통감부를 폐지한 후 총독부를 세웠고, 초대 총독으로 데라우치를 임명했어요. 이제 내각은 사라졌고 중추원은 이름만 남게 되었지요.

일본은 귀족령을 만들어 황족과 한국 병합에 공이 큰 75명에게 작위와 은사금(恩賜金, 은혜롭게 베풀어 준 돈이라는 뜻으로, 임금이나 상전이 내려 준 돈을 이르던 말)을 내렸어요. 을사늑약에 반대했던 민영기와 이하영도 작위를 받았지요. 김석진은 작위를 받은 것을 수치로 여겨 아편을 먹고 자결했고, 한규설은 작위를 반납했어요. 전 러시아 주재 공사 이범진은 고종에게 "조국은 이미 죽었습니다. 무기력한 소신은 자결 외에는 아무것도 할 수 없습니다."라는 전보를 보낸 후 거실에서 목을 매 자결했어요. 『매천야록』을 남긴 재야 사학자 **황현**은 절명시 4수를 남기고 목숨을 끊었어요.

○ **황현**(1855~1910)
혼란한 시국에 실망해 벼슬을 포기하고 전라남도 구례로 낙향한 후, 『매천야록』과 『오하기문』 등의 저술을 남겼다. 특히 『매천야록』에는 실록이나 역사서, 외국 자료 등에서 찾아볼 수 없는 독특한 이야기들이 기록되어 있다.

새와 짐승도 슬피 울고 산과 바다도 고통에 못 이겨 찡그리는데
무궁화 삼천리 금수강산은 이미 가라앉아 버렸네
가을밤 등불 밑에 책을 덮고 천고를 회상하니
인간으로 태어나 선비 노릇을 하기 참으로 어렵구나

3 망국, 그 이후

나라 잃은 황손, 나라 밖을 떠돌다

1919년 고종은 68세를 일기로 세상을 떠났습니다. 1919년 1월 21일 고종은 덕수궁 함녕전에서 식혜 세 모금을 마시고 피를 토하며 쓰러졌어요. 고종의 다섯째 아들 **의친왕 이강**이 직접 시체를 보니 얼굴은 시커멓고 입술은 새파랗게 변해 있었으며, 몸은 바지를 벗길 수 없을 정도로 부어 있었다고 합니다. 의친왕은 고종이 독살당한 것을 확신했어요.

의친왕은 태화관에서 손병희를 만나 33인을 규합했습니다. 의친왕이 3·1 운동의 도화선에 불을 붙인 것이지요. 고종의 죽음은 한국인의 반일 감정을 자극했습니다.

손병희, 이승훈, 한용운 등 종교 지도자들로 구성된 민족 대표 33인 가운데 29인은 태화관에서 은밀하게 독립 선언서(기미 독립 선언서)를 낭독하고 만세 삼창을 불렀어요. 이들은 독립 선언의 소식을 알리고 일본 경찰에 연행되었어요. 탑골 공원에 모인 학생과 시민들은 따로 독립 선언식을 하고 만세 시위를 전개했지요.

태화관(泰和館)
요릿집인 명월관의 분점이다. 원래 이완용의 집이었는데, 매국노로 죽을 수도 있을 것 같아 팔았다고 한다. 지금의 서울시 종로구 인사동에 있었다.

○ 순종 유릉(경기 남양주)
순종, 비 순명효 황후, 계비 순정효 황후의 무덤이다. 조선 왕조 무덤 중 유일하게 한 봉우리에 3개의 방이 있는 동봉삼실릉이다. 고종과 명성 황후의 무덤인 홍릉 바로 옆에 위치해 있다.

고종이 죽은 지 7년 후인 1926년 4월 25일 순종이 숨을 거두어 고종의 옆에 묻혔어요. 향년 53세였지요. 순종의 인산일을 기해 6·10 만세 운동이 일어났습니다.

고종에게는 아들로 순종 이척, 의친왕 이강, 대한 제국의 마지막 황태자 이은이 있었고, 고명딸로 덕혜 옹주가 있었어요. 의친왕 이강은 적극적으로 항일 운동에 투신했습니다. 1919년에는 상하이 임시 정부로 탈출을 모색했으나 일본 경찰에게 발각되어 국내로 압송되었지요. 일제가 끊임없이 회유했지만 의친왕 이강은 끝까지 항일의 정신을 굽히지 않았어요. 이런 이유로 광고 지면에도 등장할 정도로 민중의 사랑을 받았습니다.

대한 제국의 마지막 황태자 이은은 흔히 영친왕으로 알려져 있습니다. 1900년 8월 영왕에 봉해지고 1907년 황태자에 책봉되었지요. 이은은 그해 12월 초대 통감 이토 히로부미에 의해 유학이라는 명목으로 일본에 인질로 잡혀갔어요. 1910년 국권이

❖ 의친왕 이강
(1877~1955)
고종의 다섯째 아들이다. 일본에서 우연히 만나 친분을 쌓은 손병희와 뜻을 모아 3·1 운동의 발상지인 봉황각을 세웠다. 해방 후에는 황실 인사를 배척하던 이승만이 정권을 잡으면서 정치적·경제적으로 소외당했다.

❖ 이방자(1901~1989)
일본 메이지 천황의 조카인
나시모토노미야 모리마사
친왕의 딸이다. 영친왕 이은
과 정략 결혼을 해 황태자비
가 되었다.

❖ 낙선재(서울 종로구)
본래 국상을 당한 왕후와 후
궁들이 소복 차림으로 거주
하던 곳이었다. 마지막 황태
자 영친왕 이은과 황실의 마
지막 여인들인 순정효 황후,
이방자 여사, 덕혜 옹주 등이
낙선재에서 여생을 보냈다.

상실되고 순종이 폐위되어 이왕이 됨에 따라 황태자 영왕
은 왕세제로 격하되었습니다. 1920년 4월에는 일본과 조
선은 하나라는 내선일체(內鮮一體) 정책에 따라 일본 왕족
나시모토노미야 모리마사의 맏딸인 **나시모토노미야 마사
코(한국명 이방자)**와 정략적으로 결혼했어요. 마사코는 일
본의 황태자 히로히토의 강력한 배우자 후보였으나 정치
적 기반이 약하고 불임의 가능성이 있다는 이유로 결혼은
성사되지 못했지요. 이은은 1926년 순종이 죽자 형식상
으로는 왕위 계승자가 되어 제2대 창덕궁 이왕으로 불렸어요.

이은은 일본에 강제 체류하는 동안 일본식 교육을 받았습니
다. 일본 육군 사관 학교를 졸업하고 일본 육군 장교로 복무해 육
군 중장을 지냈지요. 1945년 광복이 되어 대한민국으로 돌아오
고자 했으나 일본과의 국교 단절과 국내 정치의 벽에 부딪혀 좌
절되었어요. 5·16 군사 정변 이후인 1963년 11월에 박정희 대
통령의 주선으로 대한민국 국적을 회복해 귀국할 수 있었지요.

고종의 고명딸 **덕혜 옹주**는 1912년 회갑을 맞은 고종과 궁녀
인 복녕당 양귀인 사이에서 태어났습니다. 고종의 귀여움을 독

차지했던 덕혜 옹주는 1921년 경성에서 히노데 소학교에 다녔어요. 그동안 '복녕당 아기씨'로 불리다가 이 무렵에 덕혜라는 호를 받았지요.

왕족은 일본에서 교육을 받아야 한다는 일제의 요구에 따라 덕혜 옹주는 1925년 일본으로 끌려가서 대마도 도주의 후예인 소 다케유키와 정략결혼을 해 딸 정혜를 낳았어요.

덕혜 옹주는 1930년 봄부터 몽유병 증세를 보였습니다. 영친왕 이은의 거처로 옮겨 치료를 받았는데, 조발성 치매증으로 진단되었지요. 덕혜 옹주의 병세는 더욱 악화되었고, 남편과 주변 사람들의 간호에도 병세가 호전되지 않았어요. 결국 1955년 덕혜 옹주는 소 다케유키와 이혼하게 되었지요.

○ 덕혜 옹주
1912년 5월 25일 회갑을 맞은 고종과 궁녀인 복녕당 양귀인 사이에서 태어났다. 어머니가 측실이어서 옹주(翁主)라고 칭했다.

1962년 1월 덕혜 옹주는 대한민국으로 돌아왔어요. 덕혜 옹주는 실어증과 지병으로 고생하다 1989년 **낙선재**에서 76세를 일기로 세상을 떠났습니다. 낙선재는 마지막 황태자 이은과 황태자비(이방자 여사)가 숨을 거둔 곳이기도 하지요.

일본에 간 황녀, 조선에 온 황녀

덕혜 옹주는 고종이 뒤늦게 얻은 귀한 딸이었다. 덕수궁에 있던 어린 시절에는 '덕수궁의 꽃'이란 별명으로 불렸다. 일본으로 강제 유학을 떠나 결혼과 이혼, 딸의 실종 등 비극을 겪고 귀국해 순탄치 않은 생활 끝에 세상을 떠난 비운의 황녀이다.

✪ 히노데 소학교 시절의 덕혜 옹주
가운데 앉아 고개를 숙인 채 책을 보고 있는 하얀 얼굴의 소녀가 덕혜 옹주이다. 덕혜 옹주는 그림과 글, 자수에 남다른 재능을 보였다.

✪ 유학을 떠나는 덕혜 옹주
덕혜 옹주는 고종이 세상을 떠난 후 황족이라면 일본 교육을 받아야 한다는 일본 총독부의 강압에 못 이겨 일본으로 유학을 떠났다. 유학은 황족을 일본 땅에 볼모로 잡아 두려는 그럴듯한 명분에 불과했다.

✪ 덕혜 옹주와 소 다케유키
덕혜 옹주와 소 다케유키는 동경 저택에서 일본식으로 혼례를 올렸다. 두 사람은 신혼 초 각종 행사에 부부 동반으로 참석했다고 한다.

☉ 영친왕과 이방자 여사

영친왕도 덕혜 옹주와 마찬가지로 일본으로 끌려가 철저히 일본식 교육을 받았
으며 일본 여성 이방자와 강제로 결혼했다. 정략결혼을 한 경우 당사자들의 사
이가 좋지 않은 것이 일반적이지만 이방자 여사와 영친왕은 그렇지 않았다고
한다.

☉ 영친왕과 이토 히로부미

일본에 인질로 잡혀간 영친왕의 어린 시절 모습이다. 이토 히
로부미는 영친왕의 스승을 자처하며 보호자처럼 영친왕을
데리고 다녔다.

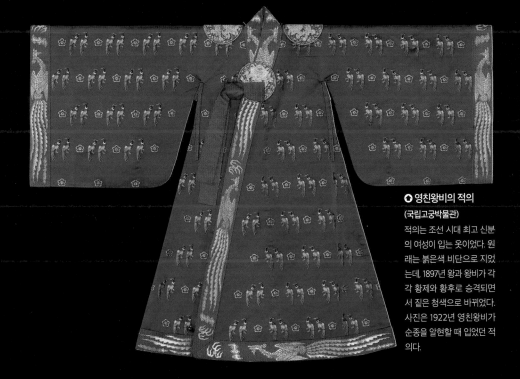

☉ 영친왕비의 적의
(국립고궁박물관)

적의는 조선 시대 최고 신분
의 여성이 입는 옷이었다. 원
래는 붉은색 비단으로 지었
는데, 1897년 왕과 왕비가 각
각 황제와 황후로 승격되면
서 짙은 청색으로 바뀌었다.
사진은 1922년 영친왕비가
순종을 알현할 때 입었던 적
의다.

고종의 손자, '비둘기 집을 짓다'

13남 9녀를 둔 의친왕 이강의 열 번째 아들 **이석**은 「비둘기 집」 등 국민의 마음을 어루만져 주는 히트곡을 낸 가수로 잘 알려져 있어요. 1959년 의친왕 이강이 사망하면서 이석은 어렵게 생활했습니다. 종로의 음악다방에서 DJ로 일하며 학비를 충당하고, 한국외국어대학교 서반아어과 재학 시에는 미 8군에서 노래를 부르기도 했지요. 1966년 6월에는 이등병을 달고 베트남 전쟁에 참전했다가 다쳐 국가 유공자가 되었어요. 2013년 이석은 KBS의 한 프로그램에 출연해 자신이 살아온 이야기를 털어놓았습니다.

"광복 후 궁에서 쫓겨나 옛 황실 사무 총국에서 국가 지원금을 받아 생계를 이어 나갔다. 하지만 1960년대 혁명이 일어나면서

○ 승광재(전북 전주시)
'광무 황제를 잇는 곳'이라는 의미를 지니고 있다. 이석이 머물렀던 곳이다.

화재가 발생해 역사 자료가 사라지는 바람에 생계비 지원이 끊겼다. 그때 형님께서 피를 토하고 돌아가셨다. 극심한 슬픔과 함께 더는 여기서 못 살겠다고 생각해 미국행을 결심했다. 그때가 1979년 12월 9일이었다. 미국에서는 직업도 없었고 돈도 없었다. 3개월이 지나자 불법 체류자 신세가 되었다. 결국 직업을 가져야 했기에 수영장 청소를 했다. 높은 빌딩에서 쓰레기통 청소도 했고, 밤에는 권총을 차고 나가 경비원으로도 일했다. 26세 때

○ 가수 활동 당시 이석
이석은 국내에서 가수로도 활동했다. 황족들은 이석의 가수 활동을 광대 노릇이라고 생각해 혼을 냈다고 한다.

부터 자살 시도를 아홉 번이나 했다. 약을 사서 술에 타 마시기도 했다. 도봉산 바위에 올라가서 굴러 떨어졌는데, 눈을 떠 보니 나뭇가지에 걸려 있더라. '죽을 때가 아니었나 보다.'라고 생각했다."

이석은 전주시 한옥 마을의 촌장으로 **승광재**를 관장하였고, 전국을 돌며 역사 강의를 하였습니다. 이석의 첫째 딸 이홍은 화가이자 연예인으로, 둘째 딸 이진은 도예가로 활약하고 있으며, 막내 이정훈은 육군으로 만기 제대한 후 미국으로 떠났지요.

이성계의 6대조 이안사가 반란 혐의를 받아 변방을 떠돌았는데, 안타깝게도 나라 잃은 황손도 나라 밖을 떠돌았습니다. 고종의 손자는 목조 이안사가 떠났던 전주로 다시 돌아와 새로운 '비둘기 집'을 지었지요. "비둘기처럼 다정한 사람들이라면 장미꽃 덩굴 우거진 그런 집을 지어요." 노래 가사처럼 "포근한 사랑 엮어 갈 그런 집"을 꿈꾸면서 말입니다.

다음 페이지의 사진은 이석의 딸 이진이 기상 관측용 풍선을 대기권에 올려 지구의 곡선을 포착한 작품 사진입니다.

⊙ 지구의 곡선

이석의 딸인 이진은 기상 관측용 풍선에 카메라를 장착해 대기권에 띄워 올렸다. 세계 최초로 대기권 예술 전시에 성공한 것이다. 촬영 화면에서 지구의 아름다운 곡선을 감상할 수 있다. 이 작품은 예술과 과학을 접목한 사진영상전 '드래곤'에 전시되었다.

우리가 언제 어디서 무엇을 하며 살든, 지구가 돌아가듯이

세 상 도

돌 아 갑 니 다

과거만이 역사가 아니에요. 오늘도 과거가 만들어 놓은 역사입니다. 오늘의 역사가 또 미래의 역사를 만들겠지요. 세상은 지금도 돌아가니까요.

그리고 그렇게,

세상은 계속됩니다.

○ 황실의 복식(승광재)
황제와 황후의 복식이다. 단정하면서도 화려한 멋을 풍긴다. 대한 제국 황실 연구에 귀중한 자료로 활용되고 있다.

일본의 '동양 평화론'과 안중근의 '동양 평화론'은 무엇이 다른가요?

일본은 1895년 삼국 간섭 이후 "백인인 러시아의 침략을 막아 내고 동아시아의 평화를 지키기 위해 황인종이 단결해야 한다."라는 논리를 내세웠습니다. 1903년 8월 「황성신문」조차 "러시아가 만주를 지배하면 한국이 위험하고 중국이 분열된다. 나아가 러시아가 일본을 병탄(竝吞)하면 동아시아의 황인종이 멸종할 것이다."라고 보도하였어요. 일본의 '동양 평화론'은 일본의 침략 행위를 숨기고 새로운 여론을 형성하여 러·일 전쟁에서 일본이 승리하는 데 일조했지요. 고종이 전시 중립 선언을 추진하고 있었을 때였지만 일본의 동양 평화론으로 인해 전시 중립 선언은 무력해졌어요. 한국과 청은 옛 원한을 접어 두고 일본군에게 운수, 도로, 철도 건설, 정탐 등에 협조했어요. 특히 송병준이 만든 일진회는 러시아와 싸우던 일본을 돕는 데 앞장섰어요. 일본은 러·일 전쟁에서 승리하자 약속을 어기고 한국의 국권을 빼앗기 시작했지요. 하지만 안중근은 한·중·일 3국간의 상설 기구인 동양 평화 회의를 뤼순에서 조직하고, 동북아 3국 공동 평화군을 창설하자는 구체적인 구상을 밝혔어요. 경제적으로는 동북아 3국 공동 은행 설립까지 주장했지요. 일본의 동양 평화론이 아시아 침략을 위장한 것이었다면, 안중근의 동양 평화론은 평화적 공존 프로그램을 구체적으로 제시한 것입니다. 유럽 연합 창설 100년 전에 안중근은 이미 아시아 연합을 주창한 거예요.

∞

동양 평화론을 제시한 안중근

참고 문헌

『(2015개정)고등학교 한국사 교과서』, 이익주·나일수·박찬영·차주호·위지숙·이화영·정대연, ㈜리베르스쿨, 2020

『(2015개정)중학교 역사 ②』, 이익주·나일수·박찬영·송영심·차주호·위지숙·이화영·정대연·최서연, ㈜리베르스쿨, 2020

『고등학교 한국사 교과서』, 최준채·윤영호·안정희·남궁원·박찬영, ㈜리베르스쿨, 2013

『고등학생이 꼭 읽어야 할 한국사 개념서』, 박찬영, 리베르, 2014

『국립중앙박물관(국문판)』, 국립중앙박물관 편집부, 국립중앙박물관, 2007

『그림으로 본 조선』, 이영경·규장각한국학연구원, 글항아리, 2014

『그림이 된 임진왜란』, 김시덕, 학고재, 2014

『근대를 말하다』, 이덕일, 역사의아침, 2012

『난중일기』, 이순신, 도서출판 여해, 2014

『노컷 조선왕조실록』, 김남, 어젠다, 2012

『대비, 왕 위의 여자』, 김수지·권태균, 인문서원, 2014

『대한제국멸망사』, 호머 헐버트, 집문당, 1999

『동양철학사를 보다』, 강성률, ㈜리베르스쿨, 2014

『박시백의 조선왕조실록』(전 20권), 박시백, 휴머니스트, 2014

『사진으로 보는 근대한국(상): 산하와 풍물』, 이규헌, 서문당, 1986

『사진으로 보는 조선시대: 생활과 풍속』, 조풍연, 서문당, 1999

『살아있는 한국 근현대사 교과서』, 김육훈, 휴머니스트, 2007

『세계사를 보다』(전 3권), 박찬영·버질 힐라이어, ㈜리베르스쿨, 2012

『신들의 정원, 조선왕릉』, 이정근, 책으로보는세상(책보세), 2010

『신봉승의 조선사 나들이』, 신봉승, 답게, 1996

『신의 정원 조선왕릉』, 이창환, 한숲, 2014

『신편 고려사절요(상)』, 김종서, 민족문화추진회 역, 신서원, 2004

『신편 고려사절요(하)』, 김종서, 민족문화추진회 역, 신서원, 2004

『언제나 민생을 염려하노니』, 이정철, 역사비평사, 2013

『왕과 아들, 조선시대 왕위 계승사』, 한명기·신병주·강문식, 책과함께, 2013

『우리 역사의 수수께끼』(전 3권), 이덕일 외, 김영사, 1999

『우리가 몰랐던 조선』, 장학근, 플래닛미디어, 2010

『이순신, 신은 이미 준비를 마치었나이다』, 김종대 지음, 가디언, 2014

『이순신은 전사하지 않았다』, 남천우, 미다스북스, 2008

『임진왜란 해전사』, 이민웅, 청어람미디어, 2004

『임진왜란과 한중관계』, 한명기, 역사비평사, 1999

『조선 왕을 말하다』(전 2권), 이덕일·권태균, 역사의아침, 2010

『조선왕조사』, 이성무, 수막새, 2011

『조선왕조실록 국역본』, 국사편찬위원회

『조선평전』, 신병주, 글항아리, 2011

『조선을 움직인 사건들』, 신병주, 새문사, 2009

『한국과 그 이웃나라들』, 이사벨라 버드 비숍, 살림, 1994

『한국사, 드라마가 되다』(전 2권), 호머 헐버트, 리베르, 2009

『한 권으로 보는 그림 문화재 백과』, 이광표, 진선아이, 2010

『한 권으로 읽는 조선왕조실록』, 박영규, 웅진지식하우스, 1994

『한국사능력검정시험 고급(1, 2급) 기출로 끝내라』, 박찬영 외, 리베르, 2014

『한국사를 보다』(전 5권), 박찬영·정호일, ㈜리베르스쿨, 2011